数字金融影响城市绿色经济韧性的机制与提升路径研究

何乔 贾佳 李维 温菁 著

中国财经出版传媒集团
中国财政经济出版社
· 北京 ·

图书在版编目（CIP）数据

数字金融影响城市绿色经济韧性的机制与提升路径研究 / 何乔等著. -- 北京 : 中国财政经济出版社，2025. 7. -- ISBN 978-7-5223-4097-5

Ⅰ. F299.2

中国国家版本馆CIP数据核字第2025CQ1306号

责任编辑：吕小军　　责任校对：张　凡

封面设计：卜建辰　　责任印制：张　健

数字金融影响城市绿色经济韧性的机制与提升路径研究

SHUZI JINRONG YINGXIANG CHENGSHI LÜSE JINGJI RENXING DE JIZHI YU TISHENG LUJING YANJIU

中国财政经济出版社 出版

URL：http：//www. cfeph. cn

E－mail：cfeph@ cfeph. cn

社址：北京市海淀区阜成路甲 28 号　邮政编码：100142

营销中心电话：010－88191522

天猫网店：中国财政经济出版社旗舰店

网址：https：//zgczjjcbs. tmall. com

涿州汇美亿浓印刷有限公司印刷　各地新华书店经销

成品尺寸：170mm×240mm　16 开　18. 5 印张　257 000 字

2025 年 7 月第 1 版　2025 年 7 月河北第 1 次印刷

定价：72. 00 元

ISBN 978－7－5223－4097－5

（图书出现印装问题，本社负责调换，电话：010－88190548）

本社质量投诉电话：010－88190744

打击盗版举报热线：010－88191661　QQ：2242791300

序　言

在《“十四五”新型城镇化实施方案》中，韧性建设被明确树立为新型城市发展的核心任务。绿色经济作为一种以市场为导向、以传统经济为基础的与环境和谐发展的新型经济，提升其经济韧性（绿色经济韧性）是数字经济时代“稳字当头、稳中求进”工作总基调的内在要求，也是中国实现经济高质量发展的必要手段。这一战略定位不仅反映了中国城市面对复杂多变国际环境的现实需求，也体现了对未来城市发展模式的深刻洞察。党的二十大报告进一步描绘了构建“宜居、韧性、智慧城市”的宏伟蓝图，这一愿景不仅关乎城市的物理形态与基础设施，更促进城市经济体系、社会治理、生态环境保护等多个层面的深刻变革。

在当前全球局势动荡、经济不确定性加剧的背景下，增强城市绿色经济韧性已成为中国应对外部挑战、实现可持续发展的关键战略决策。绿色经济韧性，作为城市抵御风险、快速恢复并抓住新机遇的能力，对于保障城市经济社会稳定运行、提升居民生活质量具有至关重要的作用。

数字金融，作为传统金融机构与互联网商家深度融合电子信息技术所催生的新型金融服务模式，正伴随着数字基础设施的不断迭代升级以及互联网、区块链、大数据等前沿技术的广泛渗透而展现出蓬勃的生命力。这些技术的创新应用，不仅重塑了金融服务的形态与流程，更深刻地改变了金融资源的配置方式与效率。

一方面，借助大数据技术的强大分析能力，金融平台能够实施更为精细、全面的贷款主体风险评估，从而有效降低金融准入门槛，缓解金融排斥现象，使更多中小企业和个人能够享受到便捷、高效的金融服务。同时，通过大数据风控模型的精准预测，金融平台能够更有效地识别并控制潜在风险，显著降低不良债务与坏账风险，为经济体系的包容性增长提供有力支撑。

另一方面，在数字技术的催化下，金融产品与服务持续创新，服务渠道不断拓宽，市场信息不对称问题得到显著缓解。这不仅为投资者提供了更多元化的投资选择，也为融资者提供了更便捷、低成本的融资渠道，为经济的可持续发展注入了新的活力与动力。因此，推动新一代数字技术与实体经济的深度融合，充分发挥金融作为国民经济“润滑剂”的效能，提升数字金融服务经济发展的能力，已成为“十四五”规划期间建设数字中国、推动经济高质量发展的题中应有之义。

本研究正是在这一背景下，聚焦于探讨数字金融对全国各大城市绿色经济韧性的影响机制。城市的绿色发展与经济韧性提升对于推动区域乃至全国的可持续发展具有重要意义。本研究通过搜集全国八个城市的经济、金融及绿色项目数据，结合经济韧性理论与金融科技理论，运用稳健性分析、异质性分析、政策文本分析及行动研究等多种方法，深入剖析了数字金融如何通过优化资金配置、缩减融资成本、激发技术创新与产业升级等路径，显著提升城市的绿色经济发展水平与经济韧性。

研究发现，数字金融不仅促进了金融资源的精准投放与高效利用，还催生了知识技术与金融资源的空间溢出效应，为全国各大城市的绿色发展提供了强有力的支撑。同时，数字金融的广泛应用还强化了城市经济体系的韧性，使城市在面对外部风险时能够更快地恢复并抓住新的发展机遇。

基于这些发现，本研究进一步提出了加强数字金融与绿色经济深度融合、制定差异化发展策略、构建长效机制、强化数字基础设施建设等策略建议。这些建议旨在为政府和金融机构提供科学指导，推动全国城市的绿色发展与经济韧性提升迈上新台阶。

现今全国各城市的数字金融正以其独特的优势为环保与可持续发展

项目注入资金活力，运用金融科技手段精准评估风险收益，引导资本流向绿色、可持续领域。同时，数字金融还降低了中小企业的融资难度，助力其技术创新与产业升级，从而强化了城市的经济韧性。此外，数字金融还促进了知识与金融资源的区域共享，推动了更广泛区域内的协同发展与合作共赢。

展望未来，随着数字技术的不断革新与应用的持续深化，数字金融将在推动绿色发展与提升经济韧性方面发挥更加重要的作用。政府和金融机构应携手并进，共同探索数字金融与绿色经济深度融合的新路径与新模式，为构建更加宜居、韧性、智慧的未来城市贡献力量。

何乔

2025 年 3 月于西安理工大学

目　录

第一章 研究背景及意义

第一节 研究的背景

在数字经济时代，提高绿色经济的经济韧性（绿色经济韧性）被视为“稳中求进、以稳促进”的总体工作方向，这也是实现中国经济高质量发展的核心策略。在《“十四五”新型城镇化实施方案》中，韧性被明确为新型城市建设的核心要素。党的二十大报告进一步提出了构建“宜居、韧性、智慧型城市”的城市发展目标[1]，强调了产业结构的调整和优化、基础设施建设的加强、公共设施服务质量和水平的提升。该方案旨在推动城市走向智慧化，增强城市群和中心城市在经济和人口方面的吸纳能力，从而促进区域间的和谐发展，并提高城市群的整体抗冲击和恢复能力。本研究的核心目标是促进社会、经济和环境三者之间的和谐发展，并增强城市面对各种风险和挑战的应变能力[2]。这明确地表明，在当前复杂的国际环境变动中，提高城市经济的韧性成为中国的关键策略选择[1]。

习近平总书记深入地强调，绿色发展构成了高质量发展的基础，而新的生产力本质上也代表了绿色生产力。绿色经济代表了一种市场导向的经济模式，它建立在传统经济之上，并与环境和谐共生[3]。其中，经济韧性指的是经济实体对外部突发事件的应对和恢复能力，这也是经济体系应对风险的能力体现[1]。自党的十八大起，新的发展观念，即以绿色发展为核心，已经深深植根于人们的心中。在“五位一体”的整体规划中，生态文明的建设被视为关键的一部分[4]；在追求社会主义现代化强国的宏伟目标中，美丽中国无疑是众多目标之一[5]。2020 年 9 月，习近平主席正式向全球社会宣布了“双碳”的目标，并带领我国的生态文明建设步入了以“降碳”作为核心战略的新时期[6]。2021 年 2 月，国务院发布了多项关于加速构建和完善绿色低碳循环经济体系的指导建议，其中强调了“全方位推进绿色规划、绿色设计、绿色投资、绿色建设、绿色生产、绿色流通、绿色生活和绿色消费”的重要性[7]。2023 年 1 月，国务院新闻办新发布了《新时代的中国绿色发展》白皮书，强调中国要坚定不移走绿色发展之路[8]。2024 年 2 月，国家发展改革委等部门印发《绿色低碳转型产业指导目录（2024 年版）》，为“培育壮大绿色发展新动能，加快发展方式绿色转型”提供指导[9]。

“十四五”规划建设数字中国的核心目标是使新一代的数字技术与实体经济深度整合，充分利用金融国民经济的“润滑油”特性，并增强数字金融为经济发展提供的服务能力[1]。此外，这也是中国为响应全球科技进步、促进经济的转型与升级以及追求高品质发展所采纳的关键策略之一。数字金融指的是传统的金融机构和在线商家利用电子信息技术来提供支付、项目投资、股权融资等新型金融服务。随着数字基础设施的不断更新和互联网、区块链、供应链以及大数据信息等新兴技术的广泛应用，数字元素已经从产品制造行业扩展到了经济和金融领域，在“十四五”这一时期，我国的数字经济应更多地向深化应用、规范化发展和普惠共享的新方向发展[10]。2023 年 2 月，中共中央和国务院发布的《数字中国建设整体布局规划》明确表示，构建数字中国是在数字时代推动中国特色现代化的关键动力[11]。2024 年 4 月，国家发展改革委办公厅与国家数据局综合司共同发布了《数字经济 2024 年工作要点》，强调了深化和推动数字经济发展的重要性[12]。

近几年来，全国各大城市在响应国家生态文明建设号召的引领下，正以前所未有的速度和决心加速构建和完善一个绿色、低碳、循环的经济发展体系。这一体系的核心目标在于全面推动经济社会的高质量发展与高水平的生态环境保护，力求在经济发展与环境保护之间找到最佳的平衡点，从而有效促进经济结构的深度优化和全面升级[13]。

以西北地区为例，各级政府积极响应国家号召，陆续出台了一系列旨在促进绿色低碳循环经济发展的地方性法规和政策文件。陕西省人民政府发布了《陕西省人民政府关于印发加快建立健全绿色低碳循环发展经济体系若干措施的通知》，该通知从多个维度详细规划了如何在本省内实施绿色低碳转型，包括产业结构调整、能源结构优化、生态环境保护等多个方面。同时，《西安市城市绿化条例》的出台，进一步强调了城市绿化在提升生态环境质量、促进绿色经济发展中的重要性。

此外，为了更深入地推进绿色低碳循环发展，党和国家发布了一系列相关政策，如《中共中央关于进一步全面深化改革、推进中国式现代化的决定》中明确提出要加快构建绿色低碳循环发展的经济体系；《加快建立健全绿色低碳循环发展经济体系若干措施》则为具体实施提供了更为详尽的操作指南。西北地区也发布了相关政策，如《陕西省人民政府转发国务院关于加快发展循环经济若干意见的通知》强调了循环经济在推动绿色低碳发展中的关键作用；而《中共陕西省委办公厅　陕西省人民政府办公厅印发〈关于加强秦岭区域生态环境保护推动高质量发展的实施意见〉的通知》则特别关注了秦岭这一重要生态区域的保护与发展问题，旨在通过科学规划与严格管理，实现生态保护与经济发展的双赢。

值得注意的是，《陕西省“十四五”金融业高质量发展规划》的发布，更是将绿色金融作为推动经济高质量发展的关键一环，强调通过创新金融产品和服务模式，加大对绿色低碳项目的支持力度，为绿色经济的发展提供强有力的金融保障。

在党中央的坚强领导下，中共中央政治局会议在审议《进一步推动西部大开发形成新格局的若干政策措施》时，明确提出了聚焦大保护、大开放、高质量发展的战略方向。这一决策不仅为西部地区的未来发展指明了道路，也为全国范围内的绿色低碳循环发展提供了重要遵循。加快构建新发展格局，提升区域整体实力和可持续发展能力，已成为新时代推动经济社会高质量发展的硬道理[14]。

高质量发展，作为全面建设社会主义现代化国家的首要战略任务，不仅承载着经济持续健康发展的重要使命，更是实现生态环境持续改善、推动人与自然和谐共生美好愿景的必由之路。这一发展理念深刻体现了对经济社会发展规律与生态环境保护规律的科学把握，以及对人民群众对美好生活向往的积极回应。在全国各地，一系列科学有效、针对性强的政策措施正被逐步实施，旨在推动绿色低碳循环经济的深入发展。这些政策措施涵盖了产业结构优化升级、能源消费结构调整、生态环境保护与修复、绿色技术创新与应用等多个方面，形成了一套完整、系统的政策体系。在产业结构优化升级方面，政府通过引导传统产业转型升级、培育壮大新兴产业、发展现代服务业等措施，推动经济体系向更加绿色、低碳、循环的方向转变。这不仅有助于提升经济的整体质量与效益，还能有效减少资源消耗与环境污染，实现经济效益与生态效益的双赢。在能源消费结构调整方面，政府大力推广清洁能源与可再生能源的应用，减少化石能源的依赖，降低碳排放强度。通过政策扶持、技术创新与市场机制相结合，推动能源消费结构的持续优化，为绿色低碳循环经济的发展提供有力支撑。在生态环境保护与修复方面，政府加大生态治理与修复力度，强化生态环境监管与执法，推动生态环境质量的持续改善。同时，通过构建生态补偿机制、推动绿色发展示范区建设等措施，激发社会各界参与生态环境保护的积极性与主动性，形成全社会共同推进生态文明建设的良好氛围。在绿色技术创新与应用方面，政府鼓励企业加大研发投入，推动绿色技术的创新与应用。通过政策引导、资金支持与产学研合作等方式，促进绿色技术的研发、转化与推广，为绿色低碳循环经济的发展提供强大的技术支撑。

从全国各大城市的综合发展状况审视，尽管在围绕“绿色经济”这一核心发展目标上，各城市已在多个关键领域取得了显著进展，包括积极构建绿色产业体系、加速发挥政府主导作用的实践应用、深化企业与社会各界的广泛参与，以及探索市场化运营机制以促进经济可持续性的实现等。然而，在数字金融这一新兴且至关重要的领域，其实际应用于推动绿色经济发展的潜力尚未得到充分挖掘，存在明显的短板与不足。尽管数字金融以其独特的优势，如降低交易成本、提高资源配置效率、增强风险管理能力等，在理论上应为绿色经济的发展提供强有力的支撑，但在实际操作层面，仍面临诸多挑战与障碍，如数字鸿沟的扩大、数据安全与隐私保护的难题、绿色金融产品的创新不足等。这些问题不仅限制了数字金融在绿色经济领域的应用深度与广度，也影响了其对于提升城市绿色经济韧性的潜在贡献。

鉴于此，深入研究数字金融对城市绿色经济韧性的影响机制，探索其提升途径，具有极为重要的理论与实践意义。这不仅有助于揭示数字金融在绿色经济发展中的关键作用与内在逻辑，还能为政府、企业及社会各界提供科学的决策依据与实践指导，推动数字金融与绿色经济的深度融合与协同发展。通过构建完善的数字金融生态体系，优化绿色金融产品与服务，加强数据安全与隐私保护，以及促进数字技术与绿色产业的深度融合等措施，可以有效提升城市绿色经济的韧性，为应对外部环境变化与挑战、实现经济社会的可持续发展奠定坚实基础。

《陕西省“十四五”金融业高质量发展规划》明确指出，在“十四五”规划期间，陕西省正处于一个关键的阶段，致力于全面推动高质量的发展，努力创造新的时代，并积极追赶以实现更高的发展阶段。伴随共建“一带一路”、新时代推进西部大开发形成新格局、黄河流域生态保护和高质量发展、中国（陕西）自由贸易试验区建设[15]，陕西省正开展相互影响并促进的新发展模式、创新驱动发展战略、“碳达峰碳中和”“30·60”目标等国家重大战略的深入实施，为陕西金融业的转型和跨越式发展提供了前所未有的机会[16]。然而，在西安市推进绿色经济的过程中，仍然面临着生态环境保护的巨大挑战、城市管理现代化水平不足以及绿色转型中的产业升级等实际问题。因此，在追求“绿色经济”目标过程中，如何构建数字金融对经济韧性的制度框架，构建一个更为科学的绿色经济韧性核算体系，并建立一个能够实现绿色经济韧性的政府考核评估机制，已经成为陕西省各级党委和政府部门面临的一个非常重要的现实问题。

基于对城市绿色经济韧性当前发展状况的深入剖析，本研究首先聚焦于数字金融这一新兴领域，探讨其如何深刻影响绿色经济的韧性构建与强化。数字金融，作为金融科技与数字经济深度融合的产物，通过提供便捷、高效的金融服务，不仅拓宽了绿色项目的融资渠道，降低了融资成本，还促进了绿色技术的研发与推广，为绿色经济的持续增长注入了新的活力。具体而言，数字金融通过大数据分析、区块链技术等先进手段，实现了对绿色项目的精准识别与风险评估，有效提升了资金配置的效率和精准度，从而增强了绿色经济在面对外部冲击时的恢复能力和适应能力，即绿色经济韧性。此外，数字金融还通过拓宽金融服务范围，使更多中小企业和偏远地区能够享受到绿色金融支持，实现了绿色经济发展的普惠效益，进一步巩固了绿色经济韧性的社会基础。

进一步地，本研究将视角拓展至全国范围，识别了影响各大城市绿色经济韧性提升的核心问题。通过对国内外绿色经济韧性发展实践的对比分析，本研究提炼出多个关键因素，包括但不限于绿色技术创新水平、绿色政策体系的完善程度、资源利用效率、产业结构合理性以及金融市场对绿色项目的响应速度等。这些因素相互作用，共同构成了城市绿色经济韧性提升的复杂系统。

为了量化评估各城市绿色经济韧性的实现水平，本研究构建了包含上述关键因素的评估指标体系，并采用了多源数据融合与综合分析的方法，对各城市的绿色经济韧性进行了定量计算。通过对比分析，本研究揭示了影响城市绿色经济韧性提升的主要障碍和“瓶颈”，如绿色技术创新投入不足、绿色金融政策执行力度不够、资源利用效率低下等。这些发现为寻找提升城市绿色经济韧性的新突破点提供了重要依据。

最终，本研究从数字化改革、资源供应的优化、产业结构的调整、提高政府对数字的关注度以及城乡金融数字化发展这五个方面，提出了与城市绿色经济韧性发展现状相适应的具体提升路径。这些建议对于全国各大城市相关政府部门在政策制定和绿色经济韧性发展方面具有参考价值。

第二节 研究意义

一、理论意义

近年来，数字金融的迅猛发展，得益于互联网基础设施与信息技术的飞跃式进步，以及全球范围内对绿色发展理念的深入认知与广泛实践，并逐步成为强化生态系统稳定性、激发产业创新活力与推动高品质绿色经济转型的关键驱动力。这一现象不仅吸引了政府、企业及学术界的广泛关注与高度重视，还成为衡量一个国家或地区在全球经济竞争格局中竞争力强弱的重要指标。数字金融凭借其高效、便捷、普惠的特性，正逐步渗透至绿色经济的各个领域，为传统金融体系的绿色化改造与绿色产业的快速发展提供了强有力的支撑。尽管数字金融与绿色经济韧性之间的紧密联系已逐渐成为学界研究的热点，但现有研究大多局限于定性分析或实证案例研究，缺乏一种具有普适性和系统性的理论框架来全面解析数字金融如何影响绿色经济韧性的内在机制。多数研究聚焦于数字金融对绿色经济增长的直接贡献，却鲜有深入探讨其在增强经济系统抵御外部冲击、快速恢复与持续发展能力（即绿色经济韧性）方面的作用机制。特别是在城市层面，关于数字金融如何具体作用于城市绿色经济韧性的研究更是寥寥无几，这在一定程度上限制了我们对数字金融促进绿色经济高质量发展潜力的全面理解。

鉴于此，本研究致力于填补数字金融对城市绿色经济韧性影响机制这一研究领域的理论空白与实践空白。具体而言，本研究旨在通过构建一个科学、全面且具备高度可操作性的综合性绿色经济韧性指标体系与评估模型，来深入剖析数字金融对提升城市绿色经济韧性所发挥的理论基础与实践路径。该综合性绿色经济韧性指标体系将涵盖经济、环境、社会等多个维度，旨在全面反映城市绿色经济在面对外部冲击与不确定性时的适应、恢复与转型能力。通过综合运用定量分析与定性分析相结合的方法，本研究将深入挖掘各指标间的内在联系与相互作用机制，从而构建一个能够准确评估城市绿色经济韧性的综合模型。

在此基础上，本研究将进一步探究数字金融如何通过优化资源配置、降低交易成本、增强风险管理能力等途径，对城市绿色经济韧性产生积极影响。通过实证研究与案例分析，本研究将揭示数字金融在推动绿色产业创新、促进绿色技术扩散、提升绿色金融服务效率等方面的具体作用机制，为深入理解数字金融与绿色经济韧性之间的复杂关系提供新的视角与证据。

最终，本研究期望能够填补数字金融对城市绿色经济韧性影响机制的研究空缺，不仅为相关领域提供一套科学、系统的评估工具与方法论，还能够进一步丰富和完善现有的绿色经济、数字金融及经济韧性等理论研究框架。希望本研究成果可以为政府、企业及社会各界在制定绿色经济政策、推动数字金融创新与应用、提升城市绿色经济韧性等方面提供有力的理论支撑与实践指导，为构建更加绿色、低碳、可持续的城市经济发展模式贡献智慧与力量。

二、实际意义

从绿色经济的宏观战略视角出发，本研究致力于深度挖掘数字金融在构建与强化城市绿色经济韧性过程中所展现的核心功能与关键角色。绿色经济韧性，作为一个衡量经济体在应对环境挑战、资源约束及外部经济波动等复杂多变情境下，保持持续增长动力、快速恢复能力及灵活转型适应能力的综合性关键指标，对于推动经济社会可持续发展具有不可估量的价值。

本研究通过综合运用多种前沿的研究方法与工具，旨在全面而深入地剖析并识别影响城市绿色经济韧性的多维度因素。这些因素包括但不限于经济结构、技术创新、资源利用效率、环境政策、社会治理水平以及国际合作与交流等多个层面。尤为重要的是，本研究将聚焦于数字金融在这一复杂系统中的催化与支撑作用，探索其如何通过促进信息透明、优化资源配置、降低交易成本、增强风险管理能力等多重视角，对城市绿色经济韧性的提升产生深远影响。在具体研究过程中，本研究将采用定量分析与定性分析相结合的策略，运用大数据分析、计量经济学模型、案例研究及专家访谈等多种手段，对数字金融在实际应用场景中的效能与表现进行全面而细致的评估与分析。通过构建精细化的评估框架与指标体系，本研究将力图准确刻画数字金融在推动绿色产业创新、促进绿色金融服务普及、优化绿色投资结构、提升绿色经济治理效能等方面的具体贡献与潜在挑战。

本研究期望能够揭示数字金融在构建与强化城市绿色经济韧性中的深层次逻辑与机制，为政府、企业及社会各界在制定绿色经济政策、推动数字金融创新、优化绿色资源配置、提升绿色经济治理能力等方面提供科学依据与实践指导。我们期待能够为推动全球绿色经济的可持续发展、构建人与自然和谐共生的美好愿景贡献重要力量。

为实现上述研究目标，本研究精心设计与策划了一套严谨的评估指标筛选流程，旨在确保所选取的指标能够全面且精确地映射出数字金融发展对城市绿色经济韧性构建的实际贡献与潜在影响。这一筛选过程不仅基于广泛的文献回顾与理论梳理，还充分结合了国内外城市绿色经济与数字金融发展的实践经验，力求指标体系的科学性与实用性并重。

在此基础上，本研究进一步构建了一个科学、系统且具备高度可操作性的评价框架。该框架不仅深度涵盖了经济稳定性、环境可持续性、社会包容性等绿色经济韧性的核心维度，还突出了数字金融技术在推动绿色经济发展中的关键作用。具体而言，评价框架强调了数字金融技术的应用深度与广度，包括其在促进绿色产业创新、优化资源高效配置、普及绿色金融服务等方面的具体表现与成效。这一评价框架的设计，充分考虑了数字金融与绿色经济韧性之间的复杂互动关系，旨在为全国各大城市在追求“绿色经济”发展目标的过程中，提供一个全面、客观且可量化的衡量基准与标尺。基于该框架的运用，城市管理者、政策制定者及社会各界可以更加清晰地认识到数字金融在提升城市绿色经济韧性中的具体作用与潜力，从而为制定更加科学、合理的数字经济发展策略与绿色经济政策提供有力支持。本研究还期望通过评价框架的构建与应用，促进国内外城市在绿色经济与数字金融领域的交流与合作，共同探索适合各自发展实际的绿色数字化转型路径，为全球绿色经济的可持续发展与构建人与自然和谐共生的美好愿景贡献智慧与力量。

进一步地，本研究将对城市绿色经济韧性的现有水平进行深度剖析，通过数据收集、案例分析、模型构建等手段，揭示不同城市在绿色经济转型与韧性构建方面的成功经验与面临的挑战。这一过程不仅有助于为全国各大城市政府提供关于如何有效推进生态产品开发、增强绿色经济韧性的坚实理论基础，还为制定更加精准、有效的政策策略提供科学依据。特别地，本研究提出了一套评估城市绿色经济韧性增长潜力的模型，综合考虑了数字金融发展、产业结构优化、环境治理成效、社会创新活力等多个维度，为政府在制定和执行相关政策时提供强有力的决策支持，有助于显著提升政策的针对性和实际执行效果。

对于那些积极投身于数字金融领域的公司而言，本研究的成果与建议同样具有重要的实践指导意义。通过对数字金融在绿色经济韧性构建中的具体作用机制与成效进行深入分析，本研究将帮助这些企业更加准确地识别当前存在的问题及其深层次原因，进而指导他们制定更加贴合市场需求、有利于长期竞争优势构建的发展策略。包括但不限于优化数字金融服务模式、加强绿色金融产品创新、提升金融科技应用水平等方面，以确保这些企业在未来的市场竞争中保持强大的竞争力和持续的发展动力。

本研究不仅在理论上为绿色经济与数字金融这一交叉领域注入了新的活力，极大地丰富了其理论框架与知识体系，而且在实践层面为政策制定者、企业管理层及社会各界提供了极具价值的参考依据与战略导向。具体而言，本研究通过深入剖析数字金融在构建与强化城市绿色经济韧性中的核心功能与关键角色，揭示了其对于推动绿色经济健康、可持续发展的重要性与紧迫性。

在理论贡献方面，本研究突破了传统绿色经济与金融理论的局限，将数字金融这一新兴领域纳入分析框架，探讨了其在促进绿色产业创新、优化资源配置、提升金融服务效率等方面的独特作用与机制。这不仅深化了我们对绿色经济与数字金融交互作用的理解，也为后续研究提供了新的视角与思路。

在实践指导层面，本研究为政策制定者提供了关于如何有效利用数字金融手段提升城市绿色经济韧性的具体策略与建议。这些策略不仅有助于政府优化绿色经济政策体系，推动数字金融与绿色产业的深度融合，还能为城市在面对环境挑战、资源约束及外部经济波动时提供更加灵活、高效的应对方案。同时，对于企业而言，本研究提供的战略调整方向有助于其把握数字金融发展机遇，推动绿色技术创新与商业模式变革，从而在激烈的市场竞争中脱颖而出。

更为重要的是，本研究对于推动我国乃至全球绿色经济的健康、可持续发展具有深远的意义。在全球气候变化与资源环境压力日益加剧的背景下，绿色经济已成为实现可持续发展目标的关键路径。而数字金融作为推动绿色经济转型的重要力量，其有效应用与普及将极大地加速这一进程。因此，本研究不仅为国内外城市提供了宝贵的经验与启示，也为全球绿色经济的协同发展与合作提供了新的动力与方向。

第三节 研究思路与方法

在理论维度上，本研究为绿色经济与数字金融这一新兴且充满活力的交叉领域带来了前所未有的深度与广度，极大地拓展并丰富了其理论框架与知识体系。通过系统性地深入剖析数字金融在构建与强化城市绿色经济韧性过程中所扮演的核心功能与关键角色，本研究揭示了数字金融在推动绿色经济朝向健康、可持续发展方向迈进中的不可或缺性与迫切需求。这一理论探索不仅跨越了传统绿色经济与金融理论的既有边界，而且将数字金融这一前沿领域巧妙地融入分析框架之中，细致探讨了其在激发绿色产业创新活力、优化资源配置效率、提升金融服务普惠性与便捷性等方面的独特作用机制与路径。这一系列理论贡献不仅深化了我们对绿色经济与数字金融之间复杂交互关系的认知，而且为后续研究开辟了新的理论视野与研究方向。

在实践应用层面，本研究为政策制定者提供了极具操作性与前瞻性的策略建议，旨在指导其如何有效利用数字金融手段，精准施策以提升城市绿色经济韧性。这些策略建议不仅有助于政府构建更加科学、完善的绿色经济政策体系，推动数字金融与绿色产业实现深度融合与协同发展，还能为城市在面对日益严峻的环境挑战、资源约束及复杂多变的外部经济环境时，提供更加灵活、高效且可持续的应对策略与解决方案。同时，对于企业而言，本研究提出的战略调整方向与实践路径，有助于其精准把握数字金融带来的历史性发展机遇，积极投身于绿色技术创新与商业模式变革的浪潮之中，从而在竞争激烈的市场环境中占据先机，实现可持续发展。

更为重要的是，本研究在推动全球绿色经济健康、可持续发展方面展现出深远的战略意义与实践价值。在全球气候变化与资源环境压力持续加剧的当下，绿色经济已成为实现可持续发展目标的关键路径与必然选择。而数字金融作为推动绿色经济转型与升级的重要力量，其有效应用与广泛普及将极大地加速这一历史进程。因此，本研究不仅为国内外城市提供了宝贵的实践经验与深刻启示，而且为全球绿色经济的协同发展与合作注入了新的动力与活力，为推动构建人与自然和谐共生的美好愿景贡献了新的智慧与方案。

鉴于这一重要背景，本研究在实证考察的样本区域选择上进行了精心策划与考量。全国范围内，本研究选取了 8 个大力发展绿色经济的城市作为研究样本，这些城市不仅在国家西部大开发战略中占据核心地位，而且在绿色金融实践与数字金融创新融合方面展现出了独特的优势与显著的成效。这一选择不仅基于这些城市在地理位置、经济基础、资源禀赋等方面的代表性，更在于它们在探索绿色经济与数字金融深度融合、推动经济韧性提升方面所积累的宝贵经验与面临的挑战，为深入剖析数字金融对绿色城市经济韧性影响的复杂机理提供了丰富的实践土壤和具有启发性的典型案例。

这些先锋城市在绿色金融政策的规划与实施、绿色金融产品与服务的创新设计、数字金融基础设施的全面建设，以及金融科技应用的广泛推广与普及等方面，均取得了令人瞩目的进展与成就。通过对这些城市进行的深度考察与分析，本研究致力于深入揭示数字金融在优化资源配置效率、降低企业融资成本、促进绿色技术创新与扩散、增强风险管理与防控能力等多个维度上，如何对绿色城市经济韧性的提升产生积极而深远的影响。

本研究将细致剖析数字金融如何通过其独特的运作机制与功能特性，促进资本向绿色产业与项目的高效流动，从而优化资源配置结构，提升绿色经济的整体效能。同时，数字金融还能有效降低绿色项目的融资成本，拓宽融资渠道，为绿色产业的快速发展提供强有力的资金支持。此外，数字金融在推动绿色技术创新与成果转化方面发挥着不可替代的作用，通过加速信息的流通与共享，促进创新资源的有效整合，为绿色产业的技术升级与模式创新提供源源不断的动力。

本研究还将深入探讨数字金融在推动绿色产业转型升级、构建绿色供应链体系，以及促进绿色低碳生活方式的普及等方面的作用机制。数字金融能够助力绿色产业实现更加高效、环保的生产模式，推动产业结构向更加绿色、低碳的方向转型。同时，通过构建绿色供应链金融体系，数字金融能够强化供应链上下游企业之间的协同合作，促进绿色产品与服务的广泛传播与应用。此外，数字金融还能通过普及绿色金融知识与理念，提升公众对绿色低碳生活方式的认知与接受度，从而推动整个社会向更加绿色、可持续的方向发展。

本研究还将关注数字金融在绿色城市经济韧性提升过程中可能面临的挑战与风险，如数据安全与隐私保护、数字鸿沟与金融排斥、金融监管与风险防范等，以期为政策制定者、金融机构及企业等利益相关方提供有针对性的政策建议与实践指导。并且本研究通过选取全国 8 个大力发展绿色经济的城市作为实证考察样本，旨在深度剖析数字金融在强化绿色城市经济韧性进程中的功能机制及其影响轨迹，为探索绿色经济与数字金融深度融合的新路径、推动城市经济可持续发展提供理论依据与实践参考。

本研究还将特别关注数字金融在促进知识技术与金融资源空间溢出效应方面的作用，这一效应对于提升区域整体经济韧性具有重要意义。通过细致考察数字金融如何打破地理界线，加速信息与资源的流动，促进区域间合作与创新，本研究将为理解数字金融在绿色城市经济韧性增强过程中的深层次影响提供新的视角。

本研究旨在通过全面而深入的实证分析，揭示数字金融如何作为一股关键力量，通过优化资源配置、降低融资成本、促进技术创新与产业升级等多重路径，对陕西省及其毗邻区域的绿色城市经济韧性产生积极影响。在此过程中，本书将借鉴并融合经济韧性理论、金融科技理论以及绿色经济理论的前沿成果，构建一个理论框架，用以指导实证研究的开展与数据分析的深入。同时，本书还将运用定量分析与定性分析相结合的方法，包括但不限于时间序列分析、面板数据分析、案例研究以及政策效果评估等，以确保研究结论的严谨性与可靠性。

本研究遵循科学研究的系统性和严谨性，从明确具有理论和实践意义的问题出发，通过深入的文献综述和现实需求分析，构建整合相关理论观点的理论框架（见图1－1），为研究提供坚实的理论基础。在此基础上，根据研究问题的性质和理论框架要求，选择合适的研究方法，包括定量和定性研究手段，以确保研究的科学性和有效性。随后，通过精心设计的数据收集工具和实施计划，收集并分析数据，揭示数据背后的规律和趋势。最终，基于数据分析结果，形成明确的结论，并深入讨论结论的深层含义、理论和实践意义，同时指出研究的局限性和未来研究方向。整个研究过程形成了一个从问题提出到结论形成与讨论的完整闭环，体现了科学研究的创新性、系统性和严谨性，为学术研究和实践应用提供了有价值的参考和启示。图1－1为本研究的基本思路。

第四节　研究问题与主要内容

一、研究问题

探讨数字金融对城市绿色经济韧性的影响机制，具体研究问题包括：

（1）数字金融如何通过优化资金配置、缩减融资成本、激发技术创新与产业升级等路径提升全国各大城市绿色经济发展水平与经济韧性？

（2）数字金融对全国各大城市绿色经济韧性的影响是否显著，且存在哪些具体的影响机制？

（3）如何基于数字金融的发展，提出有效的策略建议，以提升全国各大城市的绿色经济发展水平与经济韧性？

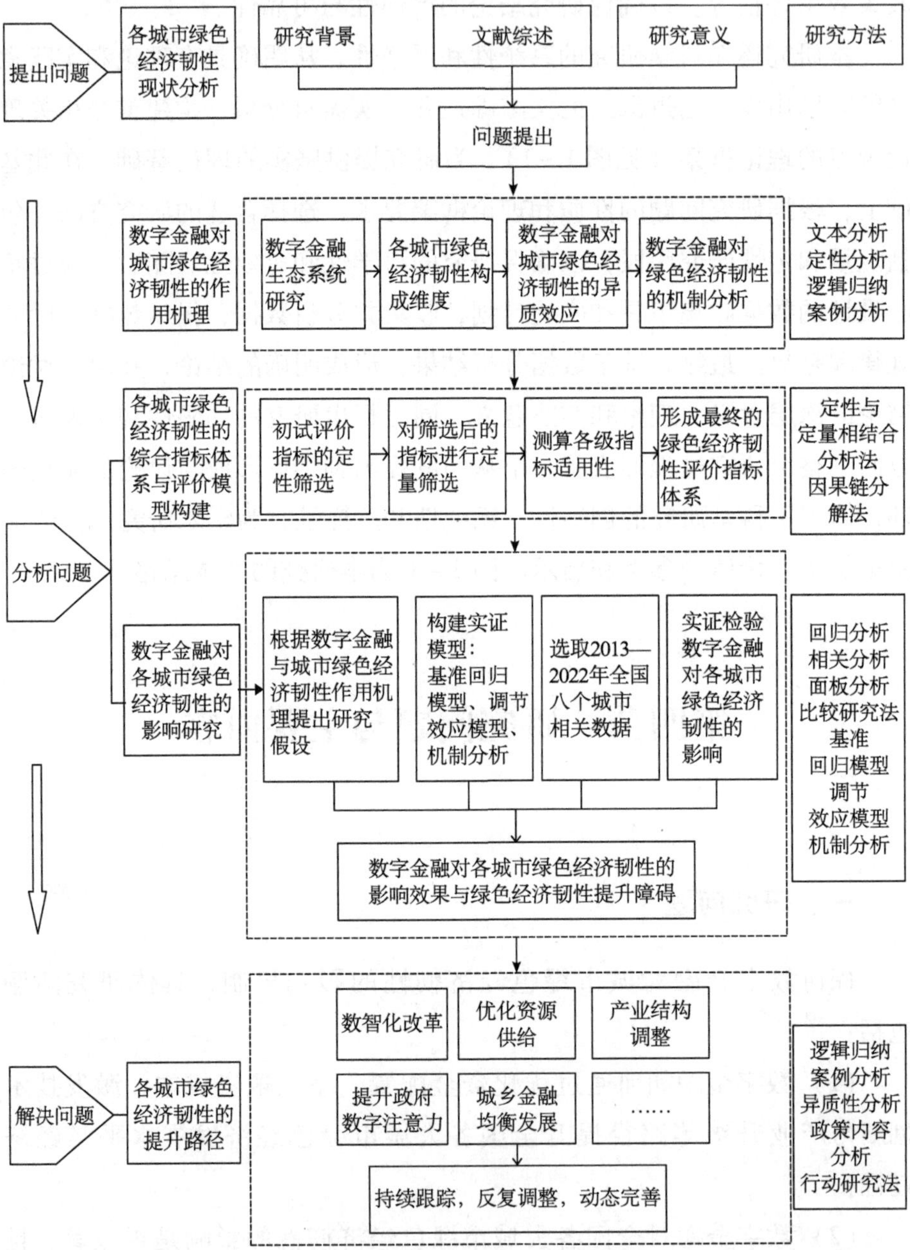

图 1－1　本研究的基本思路

二、主要内容

本研究植根于数字经济蓬勃发展与全球绿色转型的大背景之下，聚焦于数字金融对全国范围内绿色城市经济韧性构建与提升的关键作用。“十四五”以来，随着对数字中国建设战略的深入实施，数字金融作为一种创新且高效的金融服务模式，正以前所未有的速度重塑传统金融行业的格局与生态，并对绿色经济的可持续发展路径产生了深远且复杂的影响。

本研究致力于深入挖掘数字金融在推动绿色城市经济韧性增强过程中的具体作用机制与路径。通过综合运用多学科理论与方法，包括经济学、金融学、环境科学及信息技术等，本研究将系统分析数字金融如何通过优化资源配置、促进技术创新、降低交易成本、提升风险管理能力等多个维度，对绿色城市经济的稳定性、恢复力及转型适应能力产生积极影响。这一研究不仅有助于我们更全面地理解数字金融与绿色经济韧性之间的内在逻辑与互动关系，还为探索绿色城市经济可持续发展的新模式提供了重要的理论支撑。

更为重要的是，本研究通过对全国范围内一系列绿色城市在数字金融应用与绿色经济发展方面的深入考察与案例分析，旨在提炼出一系列可复制、可推广的经验与策略。这些经验与策略不仅为其他城市在推动数字金融与绿色经济深度融合、构建绿色城市经济韧性方面提供了宝贵的借鉴与启示，也为政府、企业及社会各界在制定相关政策、调整发展战略、优化资源配置等方面提供了科学依据与实践指导。

此外，本研究综述了国内外关于数字金融、绿色经济韧性及其相互关系的研究进展。指出数字金融通过大数据、区块链等技术的应用，显著提升了金融服务的效率和包容性，同时绿色经济韧性作为衡量城市经济应对外部冲击能力的重要指标，正日益受到学术界的关注。现有研究多集中于数字金融对经济增长、产业结构优化等方面的影响，但对绿色经济韧性的具体影响机制尚缺乏深入探讨。

本研究依托全国各大城市丰富的经济、金融及绿色项目数据资源，巧妙融合了经济韧性理论与金融科技理论的精髓，采用了一系列严谨的分析方法，包括但不限于稳健性分析、异质性分析等，以深入、细致地探究数字金融对城市绿色经济韧性影响机制的复杂面貌。通过这一综合性的研究设计，我们不仅揭示了数字金融在推动城市绿色经济发展中的核心作用，而且深入剖析了其增强城市经济韧性的多维度路径。具体而言，研究发现数字金融通过一系列精细且高效的机制，显著提升了各大城市的绿色经济发展水平与经济韧性。这些机制包括但不限于：优化资金配置，使得资本能够更加精准地流向绿色、高效的产业与项目，从而提升资源利用效率；缩减融资成本，为绿色项目提供更加便捷、低成本的资金支持，加速绿色技术的研发与应用；激发技术创新与产业升级，通过促进信息流通与知识共享，为绿色产业的技术革新与模式创新提供强大动力。这些机制共同作用，推动了城市绿色经济的蓬勃发展，增强了其面对外部冲击与挑战时的恢复力与适应性。

本研究还进一步揭示了数字金融在促进知识与金融资源空间溢出效应方面的独特作用。数字金融不仅加速了信息与资源的流动，还打破了地理界线，使得知识与金融资源能够在更广泛的区域内实现共享与优化配置。这种空间溢出效应不仅增强了城市内部的绿色经济韧性，还促进了城市间的协同与合作，为构建更加绿色、可持续的城市群提供了有力支撑。

本研究在深入分析全国各大城市绿色经济韧性发展现状的基础上，不仅总结了各地在绿色转型与生态文明建设方面取得的显著成就，同时也敏锐地指出了当前面临的一系列挑战与问题。具体而言，陕西省作为一个具有代表性的案例，其在产业结构调整、生态文明建设等方面已取得了令人瞩目的成效，展现出了绿色经济韧性增强的积极趋势。然而，研究也揭示出该省在新兴技术赋能、数字金融创新与创业成果转化，以及城乡金融资源发展平衡性等方面存在的显著不足。这些问题不仅制约了陕西省绿色经济韧性的进一步提升，也对全国范围内部分城市的绿色转型进程构成了障碍，影响了其应对外部冲击、实现可持续发展的能力。

针对上述挑战，本研究基于深入的数据分析与理论探讨，提出了一系列旨在提升全国各大城市绿色经济韧性的策略建议。首先，强调积极推进数字化与智能化改革，通过利用大数据、云计算、人工智能等前沿技术，提升城市经济系统的智能化水平与运行效率，为绿色经济韧性的增强提供技术支撑。其次，建议优化资源供应结构，通过合理配置自然资源与金融资源，促进绿色产业的快速发展与高效运营，降低对环境的负面影响。再次，调整产业结构，鼓励绿色、低碳、循环经济的发展，推动传统产业向绿色化、智能化方向转型，提升经济系统的整体韧性。此外，研究还强调了增强政府对数字金融发展的关注度与政策支持的重要性。政府应加大对数字金融创新的扶持力度，优化金融生态环境，提升金融服务实体经济的能力，特别是要加强对中小企业与农村地区的金融支持，以缩小城乡金融发展差距，推动金融资源的均衡配置。最后，推动城乡金融的平衡发展，通过构建多元化的金融服务体系，提升农村地区的金融可及性与服务质量，促进城乡经济的协同发展，为绿色经济韧性的全面提升奠定坚实基础。

第五节 研究重点与难点

一、研究重点

图 1－2 列示了本书的研究重点框架。

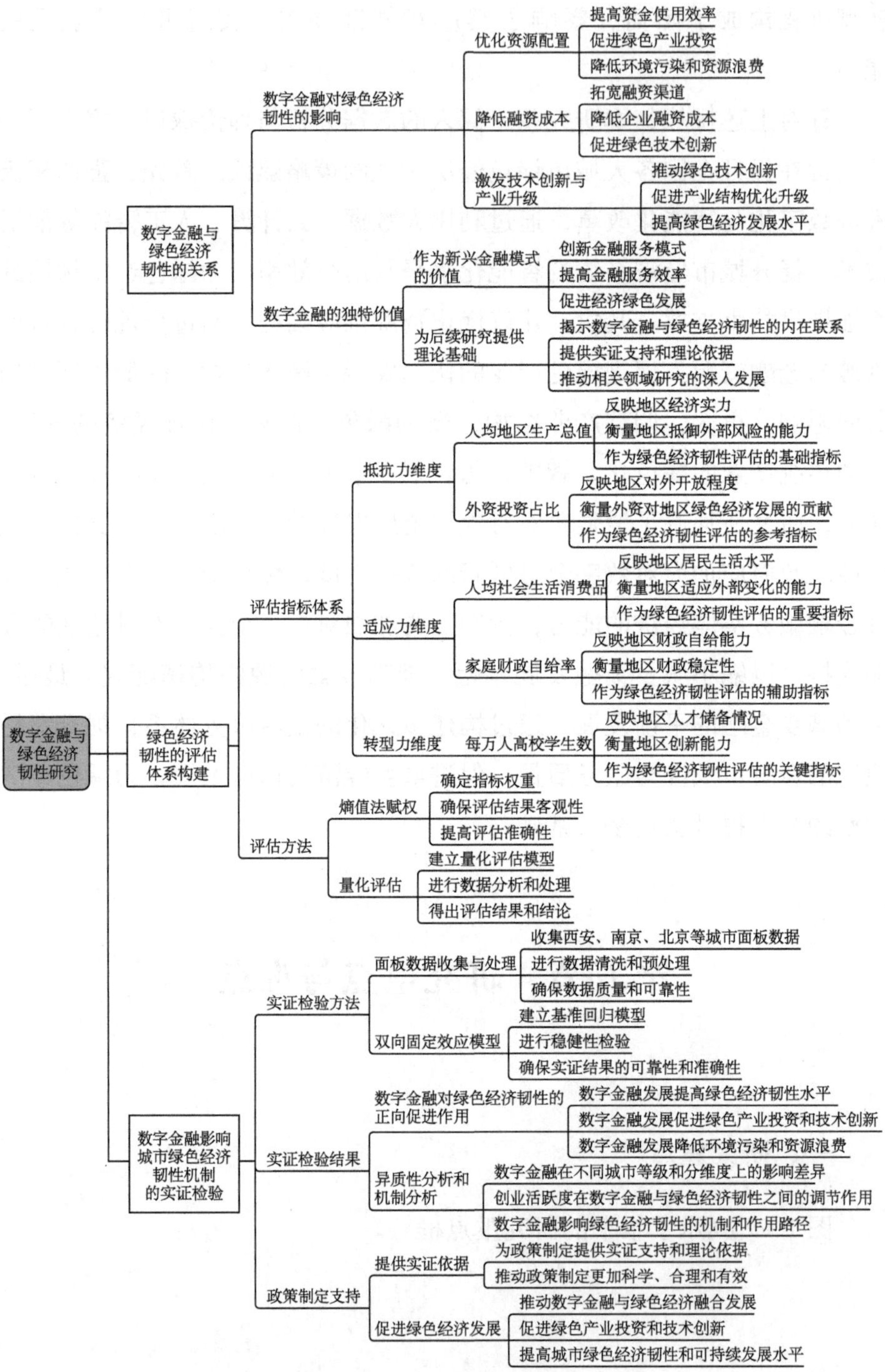
数字金融与绿色经济韧性研究
数字金融与绿色经济韧性的关系
数字金融对绿色经济韧性的影响
优化资源配置
提高资金使用效率
促进绿色产业投资
降低环境污染和资源浪费
降低融资成本
拓宽融资渠道
降低企业融资成本
促进绿色技术创新
激发技术创新与产业升级
推动绿色技术创新
促进产业结构优化升级
提高绿色经济发展水平
数字金融的独特价值
作为新兴金融模式的价值
创新金融服务模式
提高金融服务效率
促进经济绿色发展
为后续研究提供理论基础
揭示数字金融与绿色经济韧性的内在联系
提供实证支持和理论依据
推动相关领域研究的深入发展
绿色经济韧性的评估体系构建
评估指标体系
抵抗力维度
人均地区生产总值
反映地区经济实力
衡量地区抵御外部风险的能力
作为绿色经济韧性评估的基础指标
外资投资占比
反映地区对外开放程度
衡量外资对地区绿色经济发展的贡献
作为绿色经济韧性评估的参考指标
适应力维度
人均社会生活消费品
反映地区居民生活水平
衡量地区适应外部变化的能力
作为绿色经济韧性评估的重要指标
家庭财政自给率
反映地区财政自给能力
衡量地区财政稳定性
作为绿色经济韧性评估的辅助指标
转型力维度
每万人高校学生数
反映地区人才储备情况
衡量地区创新能力
作为绿色经济韧性评估的关键指标
评估方法
熵值法赋权
确定指标权重
确保评估结果客观性
提高评估准确性
量化评估
建立量化评估模型
进行数据分析和处理
得出评估结果和结论
数字金融影响城市绿色经济韧性机制的实证检验
实证检验方法
面板数据收集与处理
收集西安、南京、北京等城市面板数据
进行数据清洗和预处理
确保数据质量和可靠性
双向固定效应模型
建立基准回归模型
进行稳健性检验
确保实证结果的可靠性和准确性
实证检验结果
数字金融对绿色经济韧性的正向促进作用
数字金融发展提高绿色经济韧性水平
数字金融发展促进绿色产业投资和技术创新
数字金融发展降低环境污染和资源浪费
异质性分析和机制分析
数字金融在不同城市等级和分维度上的影响差异
创业活跃度在数字金融与绿色经济韧性之间的调节作用
数字金融影响绿色经济韧性的机制和作用路径
政策制定支持
提供实证依据
为政策制定提供实证支持和理论依据
推动政策制定更加科学、合理和有效
促进绿色经济发展
推动数字金融与绿色经济融合发展
促进绿色产业投资和技术创新
提高城市绿色经济韧性和可持续发展水平

图1-2 本书的研究框架

1. 数字金融与绿色经济韧性的关系

本研究的核心聚焦于数字金融对城市绿色经济韧性影响的深度剖析与机制探索，旨在构建一个理论分析与实证检验相结合的方法论框架，以期系统性地揭示数字金融在优化资源配置效率、降低融资成本、激发技术创新活力，以及推动产业升级等多个关键维度上发挥的积极作用。通过对这些维度的深入分析，本研究进一步探讨如何协同作用，共同促进城市绿色经济水平的提升，并显著增强其抵御外部风险与扰动的能力。这一研究过程深刻体现了数字金融作为一种新兴的金融业态，在推动经济绿色转型与可持续发展进程中展现出的独特价值与巨大潜力。数字金融通过其高效的信息处理能力、广泛的网络覆盖以及创新的金融服务模式，有效打破了传统金融服务的边界与限制，为绿色经济的发展注入了新的活力与动力。同时，本研究还深入剖析了数字金融在促进绿色技术创新、优化产业结构、提升资源利用效率等方面的具体机制与路径，为后续相关领域的理论研究与实践探索提供了坚实的理论基础与丰富的实证依据。此外，本研究还强调了数字金融在提升城市绿色经济韧性方面的重要作用。通过优化资源配置、降低融资成本等机制，数字金融不仅有助于提升绿色产业的竞争力与可持续发展能力，还能增强城市经济系统在面对外部风险与扰动时的恢复力与适应性。这一发现不仅丰富了绿色经济韧性的理论内涵，也为城市政府及相关机构在制订绿色发展战略、优化金融生态环境等方面提供了重要的政策启示与实践指导。

本研究首先从理论层面出发，构建了数字金融影响城市绿色经济韧性的分析框架。该框架基于金融学、经济学、环境科学等多学科交叉视角，深入剖析了数字金融如何通过技术创新与模式创新，实现对传统金融体系的革新与升级，进而在资源配置、融资成本、技术创新与产业升级等关键领域发挥积极作用。在这一过程中，数字金融利用大数据、云计算、区块链等现代信息技术手段，提高了金融服务的效率与普惠性，降低了信息不对称程度，促进了资本向绿色、低碳、环保等领域的有效流动，为城市绿色经济的发展提供了强有力的金融支持。并且本研究通过选取具有代表性的城市样本，运用实证分析方法对理论框架进行了检验。通过对城市绿色经济韧性指标体系的构建与评估，结合数字金融发展水平的数据分析，本研究揭示了数字金融与城市绿色经济韧性之间的正相关关系。实证结果显示，数字金融的发展不仅能够显著提升城市绿色经济的产出效率与增长潜力，还能有效增强城市经济体系在面对环境挑战、资源约束及外部经济波动时的稳定性与恢复力。

进一步地，本研究还深入探讨了数字金融在激发技术创新与产业升级方面的作用机制。数字金融通过提供多样化的融资工具与金融服务，降低了企业创新活动的融资成本与风险，促进了绿色技术的研发与应用，推动了绿色产业的快速发展与转型升级。这一过程不仅有助于提升城市绿色经济的核心竞争力，还能通过产业链的延伸与拓展，带动上下游产业的协同发展，形成绿色产业集群效应，进一步增强城市绿色经济韧性的内在动力。

本研究通过理论分析与实证检验相结合的方式，深入探讨了数字金融如何影响城市的绿色经济韧性，揭示了数字金融在优化资源配置、降低融资成本、激发技术创新与产业升级等方面的独特价值与积极作用。这一过程不仅为理解数字金融在经济绿色转型中的功能与角色提供了新的视角与思路，也为后续研究在探索数字金融与绿色经济互动关系、制定相关政策策略等方面提供了宝贵的理论基础与实证依据。

2. 绿色经济韧性的评估体系构建

为了全面且精确地评估城市的绿色经济韧性，本研究精心构建了一套多维度、综合性的评估指标体系。该体系的设计基于对城市绿色经济韧性内涵的深刻理解，旨在从抵抗力、适应力和转型力这三个核心维度出发，全面捕捉城市经济在面对环境挑战、资源约束及外部经济波动时所展现出的稳定、恢复与转型能力。

在抵抗力维度，本研究选取了人均地区生产总值作为关键指标之一，用以衡量城市经济基础的稳固性与抵御外部冲击的能力。同时，外资投资占比也被纳入考量，以反映城市吸引外资、融入全球经济体系的能力及其对外部经济环境的敏感性。这些指标共同构成了评估城市经济在面临外部扰动时保持稳定性的基础框架。

适应力维度则侧重于评估城市经济在遭遇冲击后的快速恢复与调整能力。人均社会生活消费品消费量的引入，旨在考察城市居民生活水平的稳定性与消费市场的韧性。家庭财政自给率作为另一项重要指标，反映了城市财政体系的自给自足程度及其在面对财政压力时的应变能力。这些指标共同揭示了城市经济在适应外部环境变化、保持社会民生稳定方面的能力。

转型力维度则聚焦于城市经济向绿色、低碳、可持续发展方向转型的潜力与动力。每万人高校学生数作为衡量城市人力资本质量与创新能力的重要指标，被纳入评估体系，以反映城市在推动技术创新、产业升级方面的潜力。此外，该维度还可能包括绿色产业占比、清洁能源使用率等具体指标，用以评估城市在绿色经济转型方面的进展与成效。然而，具体指标的选取需根据研究目的与数据可获得性进行灵活调整。

在构建评估指标体系的过程中，本研究采用了熵值法进行科学赋权。熵值法作为一种基于数据特性的客观赋权方法，能够根据各项指标数据的离散程度自动确定其权重，从而避免了主观赋权可能带来的偏差与不确定性。这一方法的运用确保了评估结果的客观性与准确性，为后续绿色经济韧性的量化研究提供了重要参考与依据。本研究构建的绿色经济韧性评估指标体系，通过涵盖抵抗力、适应力和转型力三个维度，并选取多项关键指标进行科学赋权，为全面、精确地评估城市绿色经济韧性提供了有力的工具与框架。这一体系的构建不仅丰富了绿色经济韧性的理论研究，也为政策制定者、城市规划者及学术界提供了宝贵的实证依据与决策支持。

3. 数字金融影响城市绿色经济韧性机制的实证检验

本研究矢志于通过执行严谨且系统的实证分析，深刻挖掘并验证数字金融在增强绿色经济韧性方面所展现出的积极且深远的影响。为实现这一目标，我们投入大量精力，精心搜集并整理了来自西安、南京、北京等多个具有鲜明代表性的城市的面板数据集。这些精心挑选的城市不仅在经济规模、产业结构、地理位置等关键维度上呈现出显著的多样性与差异性，而且在数字金融与绿色经济发展的具体实践及趋势演变方面，也展现出各自特征与路径。具体而言，所选城市的面板数据涵盖了广泛的时间跨度与详尽的变量信息，为我们提供了宝贵且丰富的实证素材与数据支撑。西安作为西北地区的重要城市，其经济发展与产业结构具有鲜明的地域特色；南京作为东部沿海地区的经济重镇，其在数字金融创新与绿色转型方面展现出蓬勃的活力；而北京作为中国的首都，更是全球数字金融与绿色经济发展的前沿阵地，其政策导向与实践探索对全国乃至全球都具有重要的示范意义。这些城市的多样性与代表性，使得我们的实证分析能够更为全面、深入地揭示数字金融对绿色经济韧性的多维度影响机制。通过运用先进的计量经济学方法与工具，我们对这些面板数据进行了细致入微的处理与分析，旨在准确捕捉数字金融在不同城市、不同经济环境下对绿色经济韧性产生的具体效应与变化趋势。这一过程不仅增强了研究结果的稳健性与可靠性，更为我们深入理解数字金融与绿色经济韧性之间的复杂关系提供了坚实的实证基础。

在实证分析方法上，本研究采用了双向固定效应模型进行基准回归，以控制城市个体特征与时间趋势对回归结果的影响，确保回归结果的稳健性与可靠性。通过这一模型，我们有效地揭示了数字金融发展与城市绿色经济韧性之间的正相关关系，即数字金融的深化能够显著提升城市经济的绿色韧性，增强其在面对环境挑战、资源约束及外部经济波动时的稳定性与恢复力。

为进一步验证基准回归结果的稳健性，本研究还进行了稳健性检验。通过调整样本范围、改变回归模型设定、引入控制变量等多种方法，我们对基准回归结果进行了一系列的敏感性分析，结果均显示数字金融对绿色经济韧性的正向促进作用保持稳健，不受特定假设或模型设定的影响。

在深入探索数字金融对绿色经济韧性影响机制的复杂性与多样性的

过程中，本研究进一步实施了异质性分析，旨在揭示数字金融在不同城市等级以及绿色经济韧性不同构成维度上所产生的差异化影响。这一分析策略通过细致对比一线城市、二线城市等不同层级城市，以及绿色经济韧性的抵抗力、适应力、转型力等关键分维度，力图全面描绘数字金融在推动城市绿色经济韧性增强过程中的多维度效应与路径。

具体而言，研究发现，数字金融在一线城市及经济较为发达的城市中，对绿色经济韧性的提升作用表现得尤为显著。这一结果可能与这些城市在数字基础设施建设、金融科技创新、绿色产业集聚等方面所具备的明显优势密切相关。一线城市及经济发达城市通常拥有更为完善的数字基础设施，这为数字金融的高效运行与创新应用提供了坚实的基础。同时，这些城市在金融科技创新方面往往走在前列，能够迅速吸收并转化前沿技术，推动数字金融服务的持续优化与升级。此外，绿色产业的集聚效应在这些城市中尤为突出，为数字金融与绿色经济的深度融合提供了广阔的空间与机遇。异质性分析的结果进一步表明，数字金融对不同类型城市的绿色经济韧性具有差异化的促进作用。这反映了数字金融在推动城市绿色转型与可持续发展过程中的复杂性与多样性，也提示我们在制定相关政策与战略时，要充分考虑城市间的差异性与特殊性，以实现数字金融与绿色经济韧性的精准对接与高效协同。

本研究还进行了机制分析，以揭示数字金融影响绿色经济韧性的内在路径。通过引入创业活跃度作为中介变量，我们发现创业活跃度在数字金融与绿色经济韧性之间起到了重要的调节作用。数字金融的发展促进了创业活动的活跃，进而推动了绿色产业的创新与升级，增强了城市经济的绿色韧性。这一发现不仅丰富了数字金融影响绿色经济韧性的理论框架，也为政策制定提供了有益的启示。

本研究致力于通过多源数据的整合与分析，构建一个全面而严谨的实证框架，以深入探究数字金融对绿色经济韧性的正向促进作用。具体而言，我们广泛收集了多个城市的面板数据，这些数据涵盖了经济、金融、环境等多个领域，为实证分析提供了坚实的基础。在此基础上，我们采用了双向固定效应模型进行基准回归与稳健性检验，这一方法有效控制了城市间与时间上的异质性，确保了研究结果的可靠性与准确性。为了更深入地理解数字金融对绿色经济韧性的影响机制，本研究还结合了异质性分析与机制分析。异质性分析通过对比不同城市等级（如一线城市、二线城市等）以及绿色经济韧性不同分维度（如抵抗力、适应力、转型力等）上数字金融的影响差异，揭示数字金融在不同情境下的差异化作用。而机制分析则深入探讨了数字金融如何通过优化资源配置、降低融资成本、激发技术创新等路径，对绿色经济韧性产生积极影响，并进一步分析了创业活跃度在这一过程中的调节作用。这些实证结果不仅增强了研究的可信度与科学性，还为政策制定者提供了有力的实证依据与决策支持。具体而言，研究结果显示数字金融在一线城市及经济较为发达的城市中，对绿色经济韧性的提升作用更为显著，这可能与这些城市在数字基础设施建设、金融科技创新等方面的优势有关。同时，数字金融在不同绿色经济韧性分维度上的影响也存在差异，表明其在增强城市经济系统的抵抗力、适应力与转型力方面具有不同的作用机制。此外，创业活跃度的调节作用进一步丰富了我们对数字金融与绿色经济韧性关系的理解。

二、研究难点

图 1－3 列示了数字金融对城市绿色经济韧性的影响机制研究的难点。

1. 数据获取与处理

本研究是一项涉及多城市、跨年份的大型数据收集与处理项目，其复杂性和挑战性在于数据量的庞大性以及数据来源的多样性。在数据收集阶段，本研究面临的首要难题是数据来源的不一致性。不同城市、不同年份的统计体系、报告标准和数据记录方式存在差异，导致收集到的原始数据在格式、单位、覆盖范围等方面存在显著差异。为了克服这一挑战，本研究采取了多种策略，充分利用了学术研究机构、非政府组

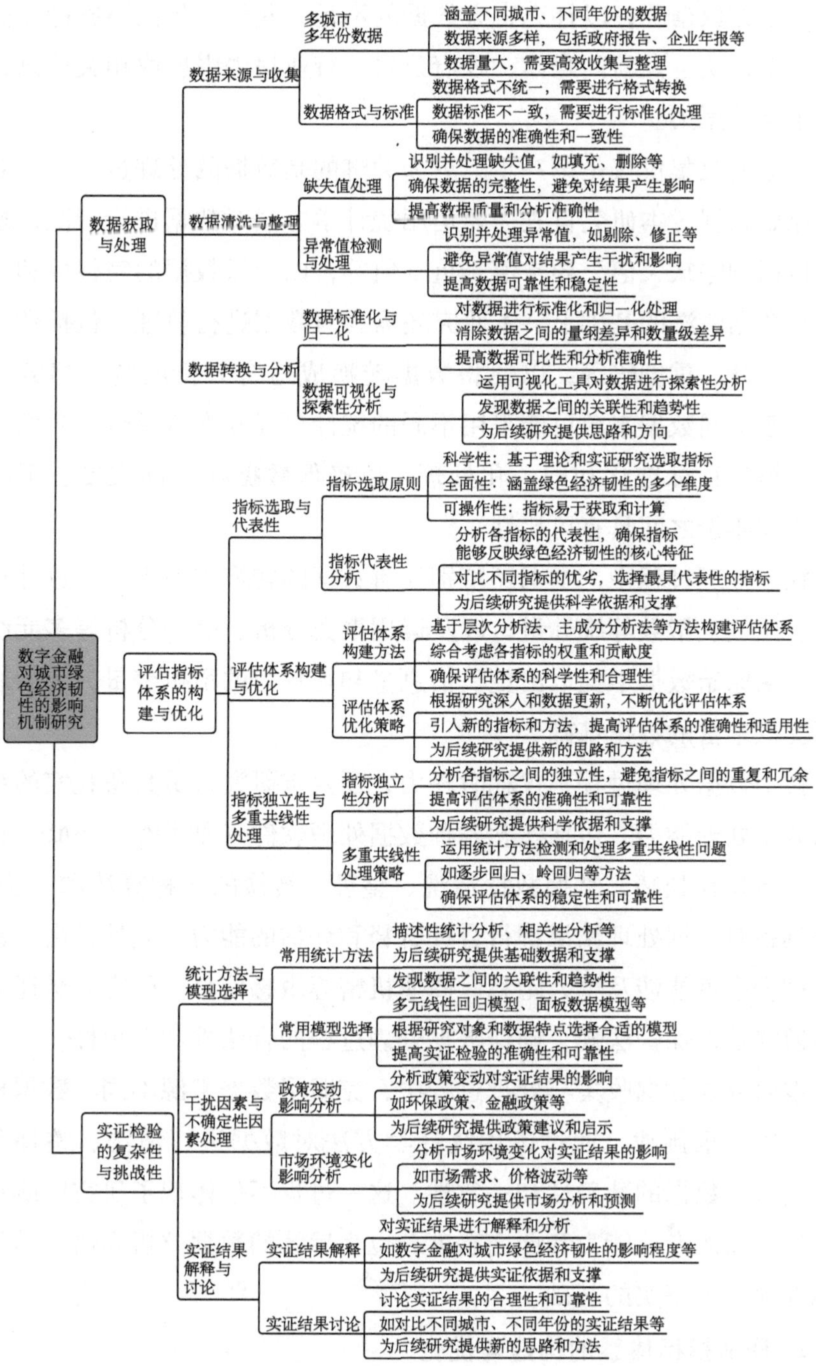
数字金融对城市绿色经济韧性的影响机制研究
数据获取与处理
数据来源与收集
多城市多年份数据
涵盖不同城市、不同年份的数据
数据来源多样，包括政府报告、企业年报等
数据量大，需要高效收集与整理
数据格式与标准
数据格式不统一，需要进行格式转换
数据标准不一致，需要进行标准化处理
确保数据的准确性和一致性
数据清洗与整理
缺失值处理
识别并处理缺失值，如填充、删除等
确保数据的完整性，避免对结果产生影响
提高数据质量和分析准确性
异常值检测与处理
识别并处理异常值，如剔除、修正等
避免异常值对结果产生干扰和影响
提高数据可靠性和稳定性
数据转换与分析
数据标准化与归一化
对数据进行标准化和归一化处理
消除数据之间的量纲差异和数量级差异
提高数据可比性和分析准确性
数据可视化与探索性分析
运用可视化工具对数据进行探索性分析
发现数据之间的关联性和趋势性
为后续研究提供思路和方向
评估指标体系的构建与优化
指标选取与代表性
指标选取原则
科学性：基于理论和实证研究选取指标
全面性：涵盖绿色经济韧性的多个维度
可操作性：指标易于获取和计算
指标代表性分析
分析各指标的代表性，确保指标能够反映绿色经济韧性的核心特征
对比不同指标的优劣，选择最具代表性的指标
为后续研究提供科学依据和支撑
评估体系构建与优化
评估体系构建方法
基于层次分析法、主成分分析法等方法构建评估体系
综合考虑各指标的权重和贡献度
确保评估体系的科学性和合理性
评估体系优化策略
根据研究深入和数据更新，不断优化评估体系
引入新的指标和方法，提高评估体系的准确性和适用性
为后续研究提供新的思路和方法
指标独立性与多重共线性处理
指标独立性分析
分析各指标之间的独立性，避免指标之间的重复和冗余
提高评估体系的准确性和可靠性
为后续研究提供科学依据和支撑
多重共线性处理策略
运用统计方法检测和处理多重共线性问题
如逐步回归、岭回归等方法
确保评估体系的稳定性和可靠性
实证检验的复杂性与挑战性
统计方法与模型选择
常用统计方法
描述性统计分析、相关性分析等
为后续研究提供基础数据和支撑
发现数据之间的关联性和趋势性
常用模型选择
多元线性回归模型、面板数据模型等
根据研究对象和数据特点选择合适的模型
提高实证检验的准确性和可靠性
干扰因素与不确定性因素处理
政策变动影响分析
分析政策变动对实证结果的影响
如环保政策、金融政策等
为后续研究提供政策建议和启示
市场环境变化影响分析
分析市场环境变化对实证结果的影响
如市场需求、价格波动等
为后续研究提供市场分析和预测
实证结果解释与讨论
实证结果解释
对实证结果进行解释和分析
如数字金融对城市绿色经济韧性的影响程度等
为后续研究提供实证依据和支撑
实证结果讨论
讨论实证结果的合理性和可靠性
如对比不同城市、不同年份的实证结果等
为后续研究提供新的思路和方法

图1-3　研究难点

织等第三方数据源，以补充官方数据的不足。此外，我们还通过互联网爬虫技术，从各大新闻媒体、政府公告、行业报告中抓取相关信息，进一步丰富数据集。

数据的收集仅仅是第一步，更为关键的是数据的处理过程。面对海量的原始数据，本研究首先需要运用统计学方法对数据进行清洗，这一过程包括剔除缺失值、异常值、重复值等，以确保数据的完整性和准确性。在数据清洗的基础上，本研究还需要对数据进行整理，包括数据的合并、拆分、重编码等，以便将数据转换成适合分析的统一格式。此外，由于不同数据来源可能采用不同的统计口径和度量单位，我们还需要对数据进行标准化和归一化处理，以确保数据在不同维度、不同城市、不同年份之间具有可比性。

数据处理过程中，本书还特别注重数据的转换与衍生。通过计算增长率、比例、指数等统计量，以及运用聚类分析、因子分析等多元统计方法，从原始数据中提取出更具信息量和解释力的衍生变量，为后续的分析提供丰富的数据基础。

整个数据处理过程不仅耗时耗力，还要求研究人员具备扎实的统计学和数据处理能力，包括熟悉各种数据处理软件（如 SPSS、SAS、R 语言等）的操作技巧，掌握数据清洗、整理、转换的各种算法和方法论，以及具备对数据处理结果进行合理解释和评估的能力。此外，由于数据处理过程中可能涉及个人隐私、商业机密等敏感信息，研究人员还需要严格遵守数据保护法规，确保数据处理过程的合法性和合规性。

本研究在数据收集与处理过程中，克服了数据来源不同、数据格式不统一等多重挑战，通过运用统计学方法对数据进行清洗、整理和转换，确保了数据的准确性和一致性。这一过程不仅体现了研究团队在数据处理方面的专业能力和严谨态度，也为后续的数据分析和研究结果的可靠性提供了坚实的基础。

2. 评估指标体系的构建与优化

绿色经济韧性的综合评估是一个多维度、多层次且多指标相互交织的复杂系统过程，其科学性与合理性对于确保评估结果的准确性、可靠性以及实用性具有至关重要的影响。因此，如何精心挑选并构建一个系统全面、科学合理且操作性强的评估体系，成为该研究领域所面临的一项重大挑战与核心任务。在着手构建这一综合评估体系之初，我们必须秉持严谨细致的态度，审慎考虑各个潜在评估指标所蕴含的多重属性与特征。首先，代表性是评估指标选择的首要原则。所选指标应能够精准捕捉并充分反映绿色经济韧性的核心特征与关键要素，确保评估过程紧密围绕主题展开，不偏离绿色经济韧性的本质内涵。这要求我们对绿色经济韧性的构成要素进行深入剖析，明确其关键维度与特征，进而筛选出最具代表性的评估指标。其次，独立性也是评估指标选择中不可忽视的重要原则。各项指标间应尽可能减少相互依赖与重叠，以避免评估结果因指标间的内在关联与相互影响而产生偏差或失真。这要求我们在构建评估体系时，对各项指标进行严格的筛选与测试，确保其相互独立，能够真实反映绿色经济韧性的不同方面与层次。最后，可操作性是评估指标选择中必须考虑的关键因素。所选指标的数据获取难度、处理复杂度以及时效性等因素均需纳入综合考量范畴，以确保评估工作能够高效、顺畅地推进。这要求我们在选择评估指标时，充分考虑数据的可获得性、处理效率以及时效性要求，确保评估体系既具有科学性，又具备可操作性，能够为实际评估工作提供有力支持。

此外，鉴于绿色经济的动态性与前沿性，指标间的多重共线性问题不容忽视，这一问题可能导致评估结果失真，削弱评估体系的有效性。因此，在指标筛选与体系构建过程中，需采用先进的统计方法和技术手段，如因子分析、主成分分析等，以识别并剔除高度相关的指标，保障评估体系的稳健性和可靠性。

更为重要的是，随着绿色经济理论的不断深化、实践模式的持续创新以及数据资源的日益丰富，评估体系不应是一成不变的静态框架，而应是一个开放、灵活、可迭代的动态系统。这意味着，评估体系需要定期接受检验与审视，根据最新的研究成果、政策导向以及市场变化，适时调整指标构成、优化权重分配、引入新兴指标，从而确保评估体系能够紧密贴合绿色经济发展的新要求与新挑战，为政策制定者、企业决策者及社会各界提供更具前瞻性和指导意义的评估结果。综上所述，科学合理地选取指标、构建并持续优化绿色经济韧性评估体系，是一个涉及广泛知识领域、高度依赖实证研究与技术创新的复杂任务。

3. 实证检验的复杂性与挑战性

在实证检验绿色经济韧性相关假设的过程中，精确而有效地运用多样化的统计方法和经济模型对收集到的数据进行深入分析与合理解释是至关重要的步骤。这一环节不仅考验着研究人员在统计学与计量经济学领域的深厚理论功底，还对其把握研究对象——特别是针对数字金融与绿色经济韧性之间复杂互动关系的实际情况提出了高要求。成功的实证分析不仅依赖于技术层面的精准操作，更依赖于对研究背景、市场动态、政策导向等多维度信息的深刻理解与敏锐洞察。

具体而言，统计方法的选择需基于数据的特性、研究目的以及理论框架的适配性，可能涵盖描述性统计分析、相关性分析、回归分析、时间序列分析、结构方程模型等多种技术手段。而计量经济学模型的应用，则要求研究人员能够准确识别并构建合适的经济模型，以捕捉变量间的因果关系、动态效应及潜在的非线性关系，如向量自回归模型（VAR）、误差修正模型（ECM）、面板数据模型等，这些都要求研究者具备扎实的理论根基与丰富的实践经验。

然而，数字金融与绿色经济韧性之间的关联机制极为复杂且多变，其间蕴涵着诸多难以量化的影响因素和潜在路径。实证检验过程中，不可避免地会遇到来自政策调整、市场结构变迁、技术进步、消费者行为变化、外部环境冲击等多方面的干扰因素和不确定性。这些因素不仅可能直接影响实证结果的稳健性与可靠性，还可能通过复杂的反馈机制间接作用于主要变量间的关系，进一步增加了研究的复杂度和挑战性。

因此，为确保实证研究的严谨性与科学性，研究人员需采取一系列策略以应对上述挑战，包括但不限于：利用稳健性检验、敏感性分析等方法评估结果的稳定性；采用先进的统计技术，如 Bootstrap、Bootstrap - DEA 等方法，减少样本偏差和估计误差；引入工具变量、差分法或双重差分法（DID）等策略，以缓解内生性问题；同时，持续关注并纳入最新的政策动态、市场趋势，以及利用大数据、人工智能等技术手段提升数据处理的精度与效率，从而尽可能降低外部干扰因素对实证结果的潜在影响。总之，实证检验数字金融与绿色经济韧性关系的复杂性，要求研究人员具备跨学科的知识体系、灵活的研究设计能力以及不断创新的探索精神。

本研究在探讨数字金融对城市绿色经济韧性的影响机制时，既突出了研究的重点，也面临了诸多难点。通过克服这些难点并不断优化研究方法，本书为数字金融促进绿色经济发展提供了有力的理论支撑和实践指导。

第二章

数字金融与城市绿色经济韧性发展趋势和研究概况

第一节　数字金融相关研究

数字金融，作为一个融合了传统经济金融机构与在线商家服务创新的金融业态，其核心在于利用先进的电子信息技术手段，提供包括支付结算、项目投资、股权融资等在内的多元化新型金融服务。这一概念的兴起，标志着金融行业正经历一场深刻的技术驱动变革，其影响范围远远超越了传统的金融运作模式。

随着全球数字基础设施的不断演进与迭代升级，一系列前沿技术，包括但不限于互联网、物联网（IoT）、大数据分析以及区块链等，正以前所未有的广度和深度渗透并重塑着金融行业的每一个角落。这些技术的集成应用与深度融合，不仅显著提升了金融服务的效率与便捷性，降低了交易成本，还极大地推动了金融业态的创新与根本性重构。在此背景下，数字金融得以迈入一个充满活力、蓬勃发展的全新阶段，展现出前所未有的潜力与影响力。具体而言，互联网技术的普及与深化应用，打破了传统金融服务的物理界限，使金融交易得以跨越时空限制，实现全天候、全球化的高效运作。物联网技术的融入，进一步拓宽了金融服务的触角，通过物联网设备收集的海量数据，为风险评估、信贷审批等金融决策提供了更为精准、全面的信息支持。大数据分析技术的运用，则使金融机构能够深入挖掘数据背后的价值，实现客户行为的精准画像与风险预警，从而提供更加个性化、智能化的金融服务。区块链技术的引入，则为金融交易提供了去中心化、透明且安全的解决方案，有效降低了欺诈与信用风险，提升了金融系统的整体稳定性与可信度。这些前沿技术的集成应用，不仅极大地丰富了数字金融的内涵与外延，还推动了金融行业的深刻变革与创新发展。数字金融得以在支付结算、融资借贷、投资管理、保险服务等多个领域展现出强大的生命力与竞争力，成为推动全球经济绿色转型与可持续发展的重要力量。

在这一过程中，互联网技术的普及为数字金融提供了广泛的用户基础与即时的信息交互平台，使得金融服务能够跨越地理界限，实现全天候、全球化的覆盖。物联网技术的引入，则进一步增强了金融交易的透明度与安全性，通过实时监控与智能合约等机制，有效降低了信息不对称与交易风险。大数据分析技术的运用，则使得金融机构能够更精准地把握市场动态与客户需求，实现个性化服务与风险管理的精细化。而区块链技术的创新应用，更是为数字金融带来了去中心化、不可篡改的交易记录与智能合约执行等全新特性，极大地提升了金融交易的信任度与效率。

黄益平和黄卓[17]两位学者提出，数字金融是一种利用数字技术，让传统金融机构和互联网公司能够实现融资、支付、投资以及其他新型金融服务的方式。在2024年2月举行的中央金融工作会议上，政府强调了以人民为核心的价值观，并将经济金融服务于实体经济作为其基本目标，目的是不断提高金融服务于民生福利和社会经济发展的效能。同时还强调，国际需要特别关注数字金融的机会，促进金融的数字化和智能化进程，从而增强金融服务的便捷性和市场竞争力。在政策的指导和监督保障上，已经建立了一个从横向到纵向，再到边缘的严格制度。

在传统的金融服务行业中，数字金融正在经历创新与进步。这一创新的金融服务模式不只打破了传统金融服务对经济增长的束缚，它还利用先进的数字化技术来扩展金融服务的范围，并有效地降低了经济金融服务的成本[18]。这种方式满足了长尾群体以及其他各种不同群体对金融服务的个性化和多样化需求，同时也突破了金融服务在时间和空间上的束缚。Beck 等[19]首次构建了普惠金融的评估体系，该体系涵盖了数字金融的应用范围和深度；Sarma 和 Pais[20]在对比了发展中国家和发达国家在金融服务可获取性上的差异后得出结论，相较于发达国家，发展中国家在普惠金融经济的发展上明显滞后，这主要是由于发展中的国家在区域发展上存在明显的不均衡，而发达国家更倾向于关注自身的进步，从而导致了较大的发展差距。从一个角度看，数字金融平台能够利用大数据技术对贷款实体进行深入的风险评估，这有助于降低金融的进入门槛，减轻金融的排斥行为[1]，并尽可能地降低不良债务和坏账的风险，从而促进经济的包容性增长；从另一个角度看，受到数字高新技术的驱动，金融产品持续地进行创新并拓展了其服务路径，进一步推动了经济的可持续增长[1]。

在数字金融这一快速演变且充满活力的背景下，学术界对各行各业创新进展的探索与研究日益深入，呈现出多元化的趋势。尽管当前的研究焦点已广泛覆盖传统金融市场与企业创新活动之间的内在联系，揭示了金融市场结构、资本流动、风险偏好等因素对企业创新动力、路径及成效的深刻影响，但在探究数字金融这一新兴且日益重要的金融业态对实体经济推动作用的研究领域，仍存在着显著的空白与不足。尽管已有研究开始触及数字金融对中小企业融资约束的缓解、金融资源配置效率的提升，以及金融服务普惠性的增强等，但这些研究大多侧重于理论探讨或初步实证分析，尚缺乏系统性、全面性的深入研究。特别是在数字金融如何通过技术创新、模式创新和服务创新，促进实体经济结构优化升级、激发市场活力、提升产业竞争力等方面，仍有许多关键问题亟待解答。

数字金融的快速发展也带来了诸多新的挑战与机遇，如数据安全与隐私保护、监管科技的应用以及数字鸿沟的缩小等，这些问题对于数字金融能否持续、健康地推动实体经济发展具有重要影响。然而，现有研究对这些挑战与机遇的探讨尚不充分，缺乏深入的理论分析与实证检验，导致对数字金融推动实体经济作用的全面理解仍显不足。

因此，为了更准确地把握数字金融对实体经济的推动作用，未来的研究需要更加深入地挖掘数字金融的创新机制、效应路径及潜在风险，构建更加完善、系统的分析框架与评估体系。同时，还需要加强跨学科、跨领域的合作与交流，整合经济学、金融学、信息技术、管理学等多学科的知识与方法，以更全面、深入地探讨数字金融与实体经济互动发展的新趋势、新特点与新规律。

由于数据的可获取性限制，大部分关于数字金融的研究主要集中在互联网金融平台和银行业务[21]上，而忽视了数字金融的其他运营模式，这使得很难全面反映数字金融的影响[22]。另外，目前国内有许多学者已经采用数字金融相关指数来进行宏观层面的研究，研究领域包括创业[23]、城乡之间的收入差异[24]和经济增长[25]等多个方面。

数字化金融为绿色经济的增长提供了明确的支持。王霞等[26]认为，数字金融可以显著地减轻外商直接投资对绿色经济增长的限制。而江红莉等[27]则认为，数字金融对绿色经济的效益受到经济和网络等多种因素的限制，只有当达到特定的标准时，它才能发挥出积极的推动作用。蒋长流和他的团队[28]基于中国 258 个市级面板数据进行了深入研究，他们发现数字金融直接促进了绿色经济的增长，但网络发展的门槛仍然存在。目前，我国正在经历从国民经济结构向绿色经济转型的关键时期，更需要确保经济的快速增长与环境的持续保护同步进行，首要任务是以生态文明作为中心思想，以促进中国经济走向可持续发展的道路，共同推动经济走向绿色发展和优化区域经济结构[29]。

第二节 关于绿色经济韧性的相关研究

经济韧性描述的是一个经济体在面对外部突发事件时的应对和恢复的能力，它反映了经济体系在应对风险时的韧性[1]。在数字经济时代背景下，强化绿色经济韧性已成为“稳字当头、稳中求进”这一总体工作基调的核心诉求，它不仅关乎经济体系的稳健运行与可持续发展，更是应对外部冲击、实现高质量增长的关键所在。在《“十四五”新型城镇化实施方案》这一国家战略蓝图中，韧性被正式确立为新型城市建设不可或缺的核心要素，标志着我国城市发展理念向更加注重稳定性、适应性与恢复力的方向深刻转变。

党的二十大报告在此基础上，进一步升华了城市建设的目标愿景，明确提出“创建宜居、韧性、智慧城市”的发展目标，这不仅是对人民日益增长的美好生活需要的积极回应，也是对中国在全球复杂多变国际环境中寻求战略主动、确保经济安全与社会稳定的关键抉择。韧性城市的构建，特别是在经济维度上的韧性提升，被视为增强国家竞争力、维护经济安全底线的重要基石。

增强城市经济韧性，实质上是指在面对诸如自然灾害、经济周期性波动、技术快速迭代、国际贸易环境不确定性增加等一系列内外部挑战与冲击时，城市经济系统能够展现出高度的适应性与灵活性，迅速进行自我调整与有效应对，从而确保经济活动的连续性与稳健增长潜力不受严重损害。这一过程不仅关乎城市经济在短期内的恢复能力，更着眼于其长期的可持续发展能力。为了实现这一目标，需要从多个维度入手，构建一个全方位、多层次的经济韧性提升框架。首先，产业结构的优化升级是关键所在。通过推动传统产业的技术改造与转型升级，以及大力发展新兴产业，特别是绿色低碳、数字经济等战略性新兴产业，可以有效提升城市经济的抗风险能力与竞争力。同时，强化创新体系，促进产学研深度融合，激发企业创新活力，加速科技成果向现实生产力转化，为城市经济提供源源不断的增长动力。其次，基础设施的智能化与绿色化改造对于提升城市经济韧性同样至关重要。通过运用大数据、云计算、人工智能等现代信息技术，提升城市基础设施的智能化水平，可以增强城市运行效率与管理效能，提高应对突发事件的能力。同时，推动基础设施的绿色化转型，减少能源消耗与环境污染，有助于构建低碳、环保、可持续的城市经济体系。再次，社会治理模式的现代化也是提升城市经济韧性的重要一环。通过完善社会治理体系，提升政府治理效能，增强社会凝聚力与稳定性，可以为城市经济提供良好的发展环境与政策支持。最后，加强国际合作与交流，积极参与全球治理体系改革，有助于城市经济更好地应对国际贸易摩擦等外部挑战，拓展国际发展空间。

从学术视角来看，提高绿色经济韧性要求深入研究数字经济与绿色经济深度融合的路径与机制，探索如何利用大数据、云计算、人工智能等先进技术促进资源高效配置、环境污染减少、能源消费结构优化，以及如何通过政策创新、制度创新激发市场主体的绿色创新活力，形成政府引导、市场主导、社会参与的多元共治格局。此外，还需关注韧性城市建设中的空间布局优化、生态修复与环境保护以及社会公平与包容性增长等问题，以期在保障经济韧性的同时，实现人与自然和谐共生的现代化城市建设目标[1]。

已有许多学者对经济韧性进行了深入研究（见图2-1）。张翀和焦伟[30]从抵御力、恢复力和转型力三个维度出发，构建了一个全面的经济韧性指标体系。通过采用风险投资来优化产业结构、刺激创新和促进创业，他们发现经济韧性已经通过了空间相关性检验。此外，风险投资不仅可以提高经济对冲击的弹性和转型能力，还可以增加各地区城市的经济弹性，并对经济韧性产生显著的空间溢出效应。在国内，学者们已经从多个视角对“经济韧性”这一概念的内涵，进行了深入的研究和

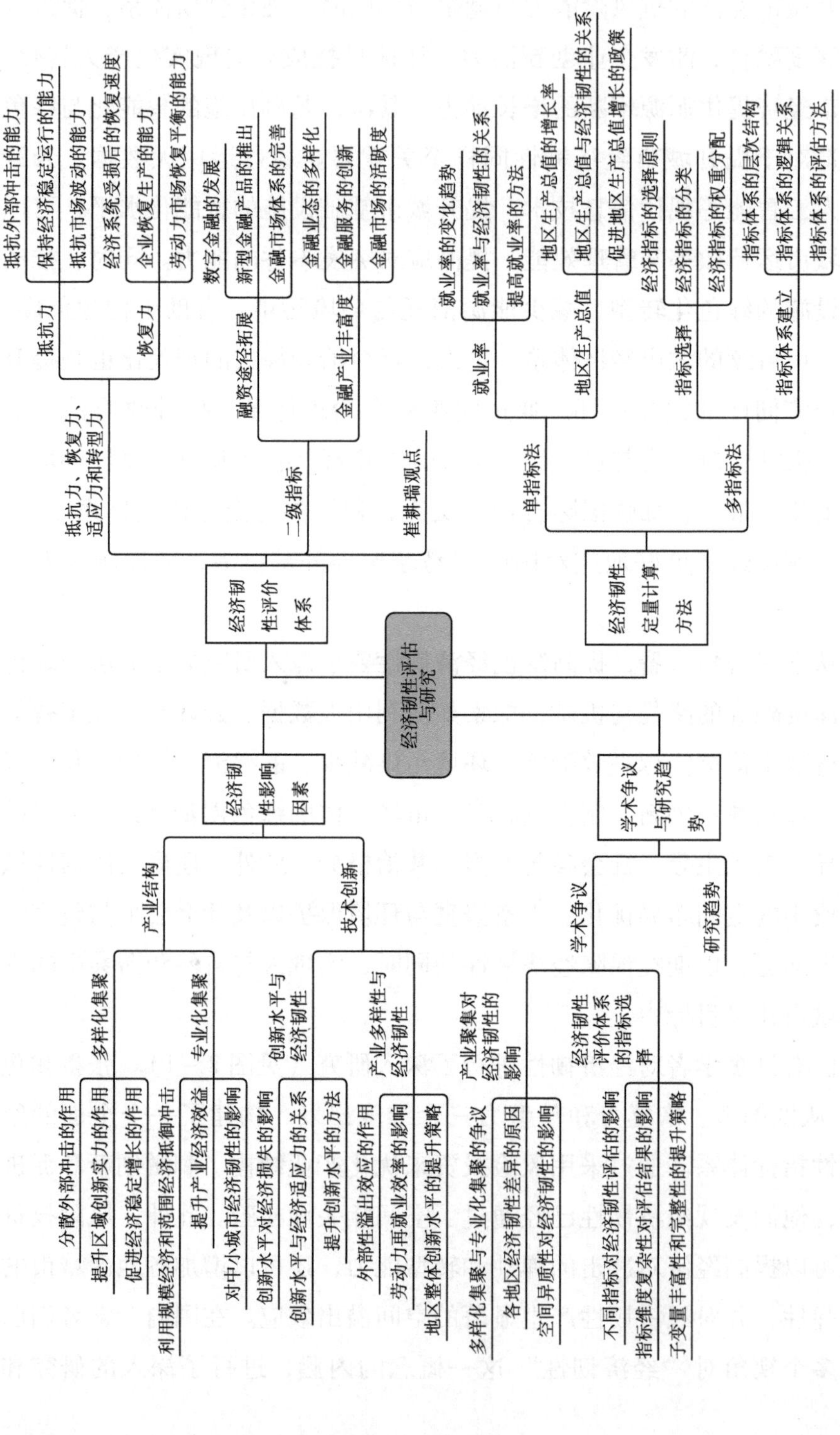

图2-1 已有经济韧性评估与研究

探讨。彭翀和他的团队[31]从属性角度进行了分析，他们认为区域弹性是区域的基本属性，主要包括系统在受到扰动时的易损性（物理层面、经济层面、社会层面）和资源的可用性（冗余性和可调配度）。三大范式对区域韧性产生了影响，而解读的角度也存在不同的侧重点。陈梦远[32]把区域韧性描述为该区域持续自我调整，以适应长时间的外部变动并保持增长的实力。

在评估经济韧性的方法上，崔耕瑞[33]采用了抵抗力、恢复力、适应力和转型力等 8 个二级指标[34]，构建了一个全面的经济韧性评价体系。他认为，发展数字金融不仅可以拓展融资途径，还能丰富金融产业，使许多企业在面临冲击时能够迅速恢复平衡。同时，通过网络系统实现信息共享，形成了一个既合适又有效的金融服务体系，从而显著提高了经济韧性。胡晓辉[35]、孙久文、孙翔宇[36]、李连刚和张平宇都对经济韧性的概念给出了重要看法。以王成新等[37]为代表的国内学者普遍认同 Martin、Sunley、Gardiner 等[38]从经济系统的动态变化角度出发定义的经济韧性。

在经济韧性研究领域，经济韧性的计算被视为一个核心焦点。有两种主要的经济韧性定量计算方法，分别是基于过程的单指标法和基于状态的多指标法。单指标法通常利用冲击前后的经济指标，如就业率[39]、地区生产总值[40]以及冲击前后经济指标的实际值和拟合值的差异[41]等，这些都是具有代表性的经济指标，它们会随着时间的推移而动态变化，以此来衡量经济韧性，并评估某些因素对经济韧性的影响。利用多指标法则，本研究选择了一组指标，并通过建立一个指标体系来评估经济的韧性，进而对不同地区的经济韧性进行比较分析。

在经济韧性影响因素的广泛研究范畴内，产业结构与技术创新作为核心驱动力，已占据了研究舞台的中心位置。这两大要素不仅直接关联到经济体系的适应能力与恢复力，还深刻影响着经济系统在面对外部冲击时的调整速度与方向。然而，经济韧性的构建是一个多维度、多层次的过程，其复杂性与多元性要求我们在探究其影响机制时，必须超越产业结构与技术创新的局限，将目光投向更为广泛的领域。

制度环境与政策导向作为经济韧性的重要基石，其完善程度与实施效果直接关系到市场机制的效率、资源配置的优化以及创新生态的培育。基础建设与政府公共服务的质量同样不可或缺，它们不仅为经济活动提供了必要的物质支撑与服务保障，还通过提升交易效率、降低运营成本，间接增强了经济体系的韧性。

此外，劳动力市场的构成与动态、生态环境的健康状况以及教育水平的普遍提升，这些看似与经济韧性无直接关联的因素，实则在经济系统的深层次运行中发挥着不可忽视的作用。劳动力的技能结构与流动性影响着产业的转型升级与创新的实现；生态环境的可持续性不仅关乎自然资源的高效利用与环境保护，还是吸引投资、促进绿色经济发展的关键因素；而教育水平的提升，则是提升全民创新能力、增强经济长期竞争力的根本途径。

在选择经济韧性评价体系的指标时，本研究发现，随着学术与实践对经济韧性概念理解的逐步深化，评价指标的构成维度正日益呈现出复杂化与多元化的趋势，其所囊括的子变量也随之变得更加详尽与全面。这一观察结果不仅凸显了在构建经济韧性评价体系时，必须采取一种跨学科的、综合性的视角，以全面审视并考量经济、社会、环境等多个关键维度的重要性，同时也强调了深入分析指标间内在联系与相互影响的必要性，这是确保评价结果既准确又科学的关键所在。经济维度的指标应聚焦于反映城市或区域经济系统的稳定性、恢复力以及适应外部冲击的能力，包括但不限于经济增长率、产业结构多样性、就业稳定性等关键指标。社会维度的指标则应关注人口结构、教育水平、社会保障体系的完善程度以及社区凝聚力等因素，这些因素对于增强社会应对外部挑战的能力至关重要。环境维度的指标则需涵盖资源利用效率、环境质量、生态多样性保护等方面，以评估经济活动对自然环境的影响及其可持续性。

在构建评价体系的过程中，还需特别注意指标间的相互作用与协同效应。例如，经济增长可能带来就业增加，进而提升社会稳定与居民福祉，但同时也可能对环境造成压力；而环境质量的改善则可能吸引更多投资，促进经济增长。因此，深入理解并准确量化这些复杂关系，对于构建一个全面、科学的经济韧性评价体系至关重要。同时，面对复杂多变的外部环境与内部条件，评价体系的动态调整与优化同样至关重要，以适应经济韧性发展的新趋势与新要求[42]。

在产业结构的研究领域，学者们主要集中在多样化集聚和专业化集聚这两个方面。Brown 等[43]指出，当单一主导产业受到冲击时，区域经济可能会长期衰退而多样化的产业集聚可以分散外部冲击，减轻负面影响，从而避免长期衰退。徐圆和他的团队[44]持有这样的观点：防范企业面临的外部风险以及提升区域内的创新实力，都是多元化产业聚集的重要因素。另外，有一种看法是，那些没有竞争力的公司常常会受到外部因素的强烈冲击，但那些专业产业集中的地区可以利用规模经济和范围经济来抵御外部的冲击和影响。王琛等[45]是这一观点的主要代表人物。赵春燕和她的团队[46]的研究表明，对于中小城市来说，专业化的产业聚集对其经济的韧性起到了更为突出的作用。Jonas[47]强调，通过专业化产业的集聚，企业可以实现更高的产业经济效益，从而更有效地应对外部环境的影响。显然，关于不同类型的产业聚集如何影响区域经济的韧性，学术界尚未达成一致的观点。这主要是因为各个区域在某些条件上存在差异，而这些差异主要是它们的空间异质性所导致的[48]。

在技术创新领域，徐媛媛和王琛[39]选择了 2008 年的经济危机作为他们的研究背景，并对浙江与江苏两个省份的城市经济韧性进行了深入比较。那些创新水平较高的地区更容易减少甚至消除危机带来的经济损失。当这些区域受到外界因素的作用时，展现出了更为出色的经济适应力；郭将和许泽庆对 2005—2016 年我国多个省份、城市和自治区的产业多样性对地区经济韧性的影响进行了深入分析[49]。他们指出，外部性的溢出效应和劳动力再就业效率与地区的整体创新水平之间存在正相关关系，因此，城市应该更加关注地区的整体创新水平。

第三节　关于数字金融如何影响经济韧性的相关研究

数字金融利用先进的数字化和信息化技术，能够有效地解决借贷双方在信息不对称和信息差异等多个方面存在的问题。李斌与苏珈漩[50]、武建新与胡建辉[51]、朱风慧与刘立峰[52]利用包络分析法对中国的省级和市级绿色经济效益进行了深入评估。研究发现，产业结构的进一步优化和升级有助于提高绿色经济效益，促进区域内的绿色经济增长；杨虹、王乔冉[53]、牟晓伟等[54]的研究表明，数字金融的发展对产业结构的优化升级有着显著的推动作用；Zhao 和 He[55]的研究揭示，产业结构的升级和调整在数字金融助力城市走向绿色发展的过程中，起到了至关重要的中介角色。

由于存在高度的风险和长时间的周期，再加上巨大的不确定性，创新活动通常需要持续且稳定的资金援助[56]。数字金融的高效运用，凭借其独特的信息处理优势与风险管理能力，能够大幅度降低金融机构在信贷业务中所面临的信用风险水平。这一效应的实现，主要得益于数字金融通过大数据分析、人工智能算法等先进技术，对海量交易数据、企业行为数据以及宏观经济数据进行深度挖掘与智能分析，从而实现对借款人信用状况的精准评估与动态监控。这不仅有效缓解了传统金融模式下因信息不对称而导致的逆向选择与道德风险问题，还为金融机构提供了更为科学、高效的信贷决策依据。在为企业纾解“融资难、融资贵”的困境方面，数字金融的普及与应用起到了至关重要的作用。通过简化融资流程、降低融资成本、拓宽融资渠道，数字金融使得更多企业，尤其是中小企业，能够获得及时、足额的资金支持。这一变革不仅增强了企业的财务稳健性，更为其提供了宝贵的资源，用于加大研发投入、购置先进的绿色生产设备，以及探索和实施环保生产技术。当企业拥有充足的资金支持时，它们更有动力和能力增加对绿色技术研发的投资，这不仅包括对传统生产工艺的绿色化改造，还涵盖了开发新型环保材料、提高资源利用效率、减少污染物排放等前沿领域的探索。这些绿色技术的研发与应用，不仅能够显著降低企业的环境足迹，提升其市场竞争力，更为整个社会的绿色经济增长注入了强劲动力。

进一步而言，数字金融在推动绿色经济增长中的作用，还体现在其能够促进绿色项目的有效识别与资源配置上。通过构建基于大数据的绿色项目评估模型，数字金融能够精准识别出具有潜力的绿色投资项目，引导社会资本向这些项目倾斜，从而加速绿色技术的商业化进程，推动绿色产业的快速发展。数字金融通过降低信用风险、缓解企业融资约束、促进绿色技术研发与应用等多条路径，对绿色经济的增长产生了深远的影响。这一过程的实现，不仅依赖于数字金融技术的持续创新与优化，还需要政策层面的有力支持与引导，以确保数字金融能够更好地服务于绿色经济的发展目标。Liu 等[57]和 Rao 等[58]基于上市公司的数据进行研究并发现，数字金融的扩展对于企业进行绿色创新有着明显的正面推动效果。Feng 等[59]基于企业和城市的数据进行了深入研究，发现数字金融的扩展可以显著地促进城市绿色技术的创新。Cao 等的研究表明，数字金融能够通过促进绿色技术的创新来提升能源和环境的绩效[60]。田杰及其团队的研究表明，数字金融可以通过纠正要素的扭曲来进一步提高绿色经济的效率[61]。Wang 等认为，数字金融的扩展增强了对高污染企业的信贷限制[62]，迫使这些企业转向绿色转型和升级。王锋等[63]、冯锐[64]的研究结果显示，金融集聚可以优化区域资源配置效率，提高多项技术发展水平，促进联合产业结构升级，从而促进地区绿色经济发展。

通过文献整理、访谈调研、专家咨询、政策解读等方法，了解数字金融发展现状。基于数字金融的制度体系可知，其由生态系统主体和金融生态环境两部分组成。两者的紧密结合可以产生一个有内在逻辑、自我完善的规律金融生态系统。从中国金融机构管理体系的宏观视角审视，当前已初步构建起一个以电子支付体系、诚信管理体系以及法律规范体系为基石与制度支撑，结构清晰、层次分明的数字金融服务生态体系。这一生态链条的核心架构，由“一委一行”（即国务院金融稳定发展委员会与中国人民银行，2023 年 10 月，前者被撤消，其职责划入中央金融委员会办公室）发挥领导与监管的主导作用，确保数字金融发展的方向正确与政策连贯性。在此基础上，银行机构、互联网银行、非银行金融机构以及大中型金融高科技公司共同构成了生态链条的主体部分，它们各司其职、协同合作，推动了数字金融服务的多元化、高效化与智能化发展。

进一步地，根据金融功能的不同层次与特性，数字金融可以被细致地划分为基础功能、主导功能与衍生功能三大类。基础功能，作为数字金融生态链条的根基，主要包括电子支付、账户管理、信息存储与处理等，它们为数字金融的广泛应用提供了必不可少的技术支撑与便捷体验。主导功能，则聚焦于资金融通、风险管理、资产配置等核心金融服务，这些功能不仅体现了数字金融相对于传统金融的优势所在，也是其推动经济转型升级、提升金融服务实体经济能力的关键所在。至于衍生功能，则是在基础功能与主导功能的基础上，结合大数据、人工智能、区块链等新兴技术，衍生出的诸如智能投顾、供应链金融、绿色金融等创新服务模式，它们进一步拓展了数字金融的应用边界，增强了金融服务的个性化、定制化与智能化水平。

中国金融机构管理体系下的数字金融服务生态链条，是在电子支付体系、诚信管理体系及法律规范体系的坚实基础上，由“一委一行”引领，多元主体共同参与构建而成的复杂而有序的系统。该系统通过清晰的功能划分与层次布局，不仅满足了经济社会对数字金融服务的多样化需求，更为中国金融业的数字化转型与高质量发展奠定了坚实的基础。未来，随着技术的不断进步与政策的持续优化，这一数字金融服务生态链条将展现出更为广阔的发展前景与无限的创新潜力。图 2－2 显示了数字金融对城市绿色经济韧性的作用机理（初步设想）。

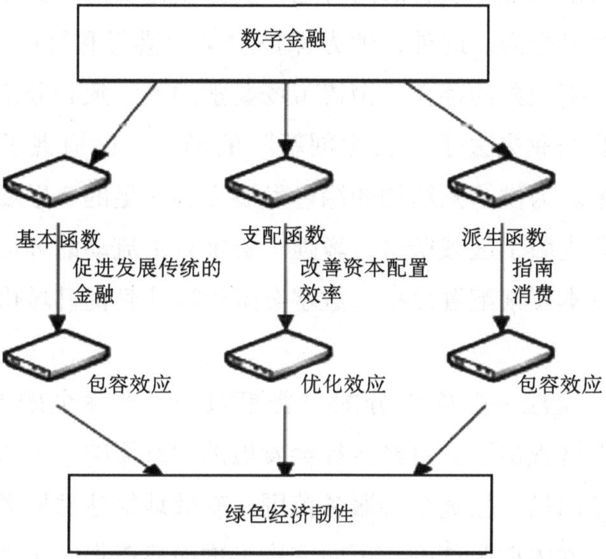

图2-2　数字金融影响城市绿色经济韧性

以上三种功能有三种行为路径。

（1）数字金融→中介服务→普惠公用事业。数字金融有利用数字信息技术制造和拓展金融的作用。数字技术的网络效应拓展了传统金融服务的边界，降低了传统金融的服务成本。数字金融的规模和经济特性降低了创新企业的进入门槛和相关成本。同时，依靠数字技术，获取数据和分析信息的能力得到了极大的提高。我们重点研究数字金融如何改善和降低信贷中介公司的信息不对称和成本，优化信贷环境将促进传统金融的发展，并将促进实体行业的经济发展，达到提高城市绿色经济韧性的效果。

（2）数字金融→资源配置服务→升级实用。资源配置服务是金融的核心角色，是正确引导使用价值的绝佳途径。一方面，数字金融的诞生促进了金融业态之间的竞争，增强了民间资本和金融体系的魅力，提高了资本配置的效率和能力。利用人工智能和电子信息技术，可以更好地匹配投资需求和融资需求，减轻实体行业的融资压力，使资金更高效、更快速地用于创新。另一方面，资本要素商品流通得到改善。长期以来，在要素市场中，政府部门对绝大多数制造要素有支配地位，可能存在滥用权力等行为。此外，地方保护主义的盛行和行政体制的出现，造成了市场分割现象的存在。销售市场要素的不一致和分割，使一些企业特别是国有企业失去了"自主创新"的动力。这损害了城市绿色经济的发展效率。为供给侧结构的绿色发展提供充足的金融要素，数字金融使实体产业克服了区域壁垒，增强了资本自由流动的环境。因此，通过提升区域资本要素配置效率，数字金融可以达到提升城市绿色经济韧性的效果。

（3）数字金融→金融再分配→普惠效用。普惠金融的迅猛推进，在多个维度上展现出了其对经济社会发展的深远影响。一方面，它通过降低金融服务门槛、拓宽金融服务范围，有效地触达并服务于低收入群体，助力这一群体摆脱贫困、迈向富裕，进而显著提升了整体的人均消费水平。这一过程不仅直接改善了民众的生活品质，还通过消费需求的扩大与升级，为经济结构的优化与转型升级注入了强大动力。普惠金融的这一积极作用，体现了金融包容性增长的理念，即通过金融服务的普及与深化，促进经济社会的全面、协调与可持续发展。另一方面，随着互联网技术的普及与网民数量的激增，以及网络覆盖范围的持续扩大，电子商务与互联网消费金融迎来了前所未有的发展机遇。这些新兴业态的崛起，不仅极大地丰富了城市居民的消费选择，还深刻地改变了其消费习惯与消费结构。具体而言，消费者对高品质、个性化商品与服务的需求日益增长，推动了需求侧消费能力与消费结构的双重升级。这一变化，进一步传导至供给侧，促使实体产业不断加大对高质量产品的研发投入与生产供给，以满足市场需求的最新动态。

在当前全球经济格局快速演变与技术革新日新月异的背景下，实体行业面临着前所未有的竞争压力与市场机遇。为了维持并提升自身的市场竞争力，同时有效捕捉新兴的市场机会，实体行业不得不采取更为积极且深远的策略，显著扩大其技术投资的规模与深度，并加大对产品开发工作的投入力度。这一趋势不仅体现在对传统生产流程与工艺的优化升级上，更在于积极探索与采用前沿技术，以实现产品与服务的附加值提升及差异化发展。

技术创新作为推动产业升级的核心驱动力，在这一过程中发挥着举足轻重的作用。通过不断引入新技术、新工艺与新材料，实体行业得以在提升生产效率、降低成本的同时，开发出更加符合市场需求、具备更高附加值与差异化特征的产品与服务。这种基于技术创新的产业升级，不仅增强了企业的核心竞争力，也为整个行业带来了更为广阔的发展前景。与此同时，绿色经济作为一种以资源高效利用、环境友好为核心特征的新型经济形态，其发展与壮大日益成为全球经济转型的重要方向。绿色经济的发展离不开技术创新与产业升级的坚实支撑。通过技术创新，可以实现生产过程的绿色化改造，减少资源消耗与环境污染，提升资源的循环利用效率。而产业升级则有助于构建更加绿色、低碳的产业体系，推动绿色经济的发展迈向更高水平。

在此背景下，实体行业的技术投资与产品开发工作不仅加速了技术创新与产业升级的步伐，更为绿色经济的发展提供了广阔的空间与潜力。通过深入探索与实践，实体行业可以逐步实现向绿色、低碳、可持续的发展模式转型，为构建更加繁荣、健康的全球经济体系贡献力量。

因此，数字金融作为普惠金融的重要组成部分与高级形态，其通过高效、便捷、智能的金融服务，鼓励并促进了实体行业扩大技术投入与产品研发，进而提升了城市绿色经济的韧性。数字金融的这一作用机制，不仅体现在对绿色产业与项目的直接金融支持上，还体现在通过优化资源配置、提升市场效率等间接途径，为绿色经济的发展创造更为有利的外部环境与条件。综上所述，数字金融的发展对于推动普惠金融的深化、促进消费结构升级、加速实体行业技术创新与产业升级，以及提升城市绿色经济韧性等方面，均发挥着不可估量的积极作用。

关于数字金融如何影响绿色经济的韧性这一核心议题，目前的研究主要集中在经济韧性的定义以及数字金融对经济韧性产生的直接和间接效应上。

第一，探讨经济韧性这一概念以及其影响的各种因素。“经济韧性”这一术语最初起源于物理学的研究，后来被众多学者纳入空间经济系统的研究范畴中。在经济韧性的定义和内涵方面，学术界普遍达成共识，认为它包括了城市经济系统在遭受冲击时所表现出的脆弱性、抵抗力、适应性和恢复力这四个方面，这些因素共同组成了系统保持稳定的调节机制[1]。关于影响经济韧性的各种因素，目前的研究已经证明，如产业部门的组成、企业家的精神、风险的种类、经济和货币的周期、技术的创新水平、创新能力、非相关性的多样性、中小企业的占比以及对外贸易的依赖度等，都会对城市的经济韧性产生影响，并且这些影响因素在不同的地区表现出显著的差异性[65]。

第二，数字金融对绿色经济韧性的影响，既表现为直接的促进作用，也蕴含着间接的催化效应，这一多维度的影响路径已在众多研究中得到了充分证实。具体而言，数字金融的深入发展与广泛普及，对城市经济的多个关键领域产生了显著的正面效应，这些效应共同构成了提升绿色经济韧性的重要基础。首先，数字金融的进一步发展与扩展，通过优化金融服务流程、拓宽金融服务范围、提升金融服务效率，有效地提高了居民的消费水平。这一提升不仅体现在消费总量的增长上，更体现在消费结构的优化与升级上。数字金融使得居民能够更加方便、快捷地获取金融服务，从而激发了其潜在的消费需求，促进了消费市场的繁荣与发展。同时，数字金融还通过提供多样化的金融产品与服务，满足了居民日益增长的个性化、差异化消费需求，进一步推动了消费结构的优化与升级，为绿色经济的发展提供了更为广阔的市场空间。再者，与传统金融相比，数字金融在经济增长方面展现出了更为高效、更为精准的金融服务能力，特别是在满足低收入人群的金融需求方面，其优势尤为突出。数字金融通过运用大数据、人工智能等先进技术，实现了对低收入人群信用状况的精准评估与动态监控，从而降低了金融服务的门槛与成本，提高了金融服务的可获得性与可负担性。这一变化不仅有助于低收入人群摆脱金融排斥，提升其生活水平与消费能力，更为其提供了参与经济活动、分享经济增长成果的机会，增强了经济体系的包容性与韧性。

数字金融对绿色经济韧性的影响是多方面的、深层次的。它不仅通过提高居民消费水平、优化消费结构，为绿色经济的发展提供了市场需求与消费动力；还通过满足低收入人群的金融需求，增强了经济体系的包容性与韧性，为绿色经济的可持续发展奠定了坚实的基础。未来，随着数字金融技术的不断创新与应用的持续深化，其对绿色经济韧性的积极影响将愈发显著，为构建绿色、低碳、可持续的经济体系贡献更多的力量。

除了这些，数字金融的兴起与发展，在一定程度上对企业技术创新能力的提升起到了积极的推动作用。从人力资源配置与利用的视角出发，数字金融凭借其强大的信息处理与数据分析能力，显著缓解了创业者在信息搜集与融资渠道上面临的诸多限制。这一变化不仅极大地激发了城市和地区的创业热情与活力，促进了创新型企业与项目的不断涌现，还为贫困家庭提供了宝贵的创业机会与支持，助力其通过自主创业实现脱贫致富，进而推动城市经济的快速复苏与转型升级。具体而言，数字金融通过构建高效的信息交流平台与融资机制，降低了创业者获取市场信息、行业动态及潜在投资机会的难度，同时也拓宽了其融资渠道，降低了融资成本。这一变化不仅提升了创业者的市场敏锐度与决策效率，还为其提供了更为充足的资金支持，从而促进了技术创新活动的持续开展与深入推进。进一步地，数字金融的发展不仅满足了城市和农村居民在金融经济服务方面的多元化需求，还显著提高了家庭对金融产品的持有比例与信贷的可获得性。这一变化不仅有助于优化家庭资产配置，提升家庭财富水平，还能在一定程度上缩小居民之间的收入差距，增强低收入群体在面对经济冲击时的抵御能力与恢复力。数字金融通过提供个性化、差异化的金融服务，使低收入人群也能享受到便捷、高效的金融服务，从而提升其经济参与度与生活质量，为构建更加公平、包容的经济社会体系奠定坚实基础。

数字金融作为一种新兴的金融业态，近年来在提升企业技术创新能力、激发创业活力、促进经济转型升级以及缩小居民收入差距等多个维度上，均展现出了显著的正面效应与深远影响。具体而言，数字金融通过一系列创新性的金融模式与技术手段，极大地优化了信息获取与融资渠道的效率与质量，有效降低了企业与个人获取金融资源与服务的门槛与成本。

在提升企业技术创新能力方面，数字金融通过大数据、云计算等先进技术的运用，为企业提供了更为精准、高效的融资支持与风险管理服务，助力企业加大研发投入，加速技术创新成果的转化与应用。这不仅增强了企业的核心竞争力，更为整个行业的科技进步与产业升级注入了新的活力与动力。

在激发创业活力方面，数字金融打破了传统金融服务的物理与制度壁垒，使得更多创业者能够便捷地获取启动资金与持续发展的金融支持。这不仅降低了创业门槛，激发了全社会的创业热情与创新潜能，更为经济的多元化与高质量发展提供了源源不断的动力源泉。

在促进经济转型升级方面，数字金融通过推动金融资源的优化配置与高效利用，加速了传统产业的改造升级与新兴产业的培育壮大。这不仅有助于构建更加绿色、低碳、可持续的产业体系，更为经济的长期稳定增长与结构优化提供了有力支撑。

在缩小居民收入差距方面，数字金融通过提供普惠性的金融服务，使得更多低收入群体能够享受到便捷、低成本的金融资源与服务，从而有机会提升收入水平、改善生活质量。这不仅有助于缓解社会贫富差距，促进社会公平正义，更为实现全体人民共同富裕的目标奠定了坚实基础。

随着数字金融技术的不断创新与应用的持续深化，其在推动经济社会高质量发展方面的潜力与空间将进一步得到释放。数字金融将以其独特的优势与功能，为构建更加开放、包容、绿色、可持续的经济体系贡献更大力量，为实现全球经济社会的全面、协调、可持续发展提供有力支撑。

第四节　对文献的综合回顾

在我国经济正加速向绿色经济转型的关键时期，数字金融以其独特的优势为绿色产业开辟了一条更为便捷、高效的融资通道。这一变革性影响，不仅极大地拓宽了环保企业的融资渠道，降低了其融资成本，还通过数字化、智能化的金融服务平台，使得环保企业能够更加轻松地获取所需的资金援助。这一过程，不仅促进了绿色产业链的深度整合与进一步升级，还加速了绿色技术的研发与应用，为绿色经济的持续增长注入了强劲动力。数字金融的蓬勃发展，不仅重塑了传统金融业态，更在推动环保行业转型升级方面发挥了关键作用。在数字金融的赋能下，环保企业得以更加高效地利用资金，加大在绿色技术研发、环保产品生产与市场推广等方面的投入，从而提升了整个行业的竞争力与活力。这一变化，不仅有助于构建更加完善、高效的绿色产业链，还为绿色经济的可持续发展奠定了坚实基础。此外，数字金融在提升资源配置效率、催生产业创新方面同样展现出巨大潜力。通过运用大数据、人工智能等先进技术，数字金融能够实现对市场信息的精准捕捉与高效处理，从而优化资源配置，促进资金流向更具潜力、更具创新性的绿色产业项目。这一过程，不仅加速了产业创新步伐，还推动了绿色经济新业态、新模式的不断涌现，为我国经济走向绿色发展开辟了新的道路。作为金融领域的重要组成部分，数字金融在发展过程中充分展现了其低成本、高效率、高品质的特点。通过降低金融服务门槛、提升金融服务效率与质量，数字金融使得更多企业尤其是中小企业能够享受到便捷、高效的金融服务，从而增强了整个经济体系的韧性与活力。这一变革，不仅有助于构建更加公平、包容的金融市场环境，还为绿色经济的蓬勃发展提供了有力支撑。

因此，深入研究数字金融与城市绿色经济的韧性之间的联系，对于实施新的经济发展策略、确保数字经济与实体经济的和谐共生、促进经济的高品质增长以及实现具有中国特色的现代化都是至关重要的。

随着数字技术与互联网大数据技术日新月异的快速发展，数字金融作为一种新兴的、具有颠覆性的金融业态，已经深刻地改变了传统金融行业的整体结构与运作模式。在这一变革过程中，数字金融在提高绿色经济韧性方面所发挥的作用尤为显著，成为推动经济社会可持续发展不可或缺的重要力量。作为中国众多关键城市之一的西安市，提高其绿色经济的韧性，不仅关乎该区域自身的可持续发展进程，更对于全国范围内绿色经济转型与升级具有示范意义与引领作用。

鉴于此，本书旨在系统梳理并总结现有文献中关于数字金融与绿色经济韧性之间关系的理论与实证研究，以期形成对这一复杂互动机制更为全面、深入的理解。在此基础上，本书将进一步探索数字金融如何具体影响全国各大城市绿色经济的韧性，以及如何通过创新性的策略与路径来有效增强这一韧性。这一研究不仅具有重要的理论价值，能够为数字金融与绿色经济领域的研究提供新的视角与思路；同时，也具有较强的实践意义，能够为政府、金融机构及企业等利益相关方在制定相关政策、优化金融服务、推动绿色技术创新等方面提供有益的参考与指导。

本书将围绕以下几个方面展开探讨：一是数字金融如何借助其独特的信息处理与资源配置能力，优化绿色产业的融资环境，降低融资成本，提升融资效率；二是数字金融如何促进绿色技术的研发与应用，推动绿色产业的转型升级，增强绿色经济的内生增长动力；三是数字金融如何构建更加开放、包容的金融市场体系，拓宽绿色经济的融资渠道，吸引更多社会资本流向绿色领域；四是针对西安市等具体城市，分析数字金融在提升绿色经济韧性方面的实践案例与成功经验，提炼可复制、可推广的模式与路径。

数字金融定义为一种结合了互联网和信息技术与传统金融服务模式的新型金融服务模式[66]。数字金融在国内外的研究始于21世纪之初，并在近些年逐步崭露头角，成为学术界的关注焦点。从已有的相关学术研究可知，数字金融经历了从萌芽到高速增长，再到成熟的多个发展阶段，并正处于一个稳健的发展阶段。通过运用先进的数字技术，数字金融能够有效地减少金融行业的能源消耗，从而让整个金融领域变得更为环保和绿色。这种特性不仅有助于减轻金融行业对环境造成的不良影响，同时也为绿色经济的持续发展提供了强有力的后盾。数字化金融有助于增强绿色经济金融的工作效能，目标是让绿色经济金融在城市资源的分配上更为精确和高效，同时更加积极地进行风险管理。借助数字化技术，金融机构有能力更精确地评估绿色项目所带来的风险，并为更多高质量的绿色项目提供资金支持。数字化金融有助于增加绿色经济金融产品的供应量，推动碳交易市场的成长，减少碳交易的成本，并提升碳交易的效率，吸引更多的投资者参与到绿色投资中来，从而为绿色经济注入更多的资金支持。

在全国各大城市推进绿色金融发展的过程中，一个显著且亟待解决的问题是绿色金融数据体系存在的诸多不足。具体而言，各城市在绿色金融领域普遍面临数据质量参差不齐、数据可获取性受到严重限制，以及缺乏统一、规范的数据报告与披露标准等一系列挑战。这些问题的存在，不仅制约了绿色金融项目的精准评估与有效投资，也阻碍了绿色经济韧性的提升与可持续发展目标的实现。为了有效应对这些挑战，进一步增强绿色经济的韧性，对绿色金融数据体系进行系统性优化显得尤为重要。这一优化过程，应聚焦于强化数据收集与统计工作的规范性、全面性与准确性，确保绿色金融数据的真实性、完整性与时效性。具体而言，需要建立健全绿色金融数据收集机制，明确数据收集的标准与流程，拓宽数据收集的渠道与范围，以实现对绿色金融活动全方位、多层次的监测与记录。

同时，提升绿色金融数据的质量与透明度也是优化数据体系的关键所在。这要求各城市在绿色金融数据的处理、分析与发布过程中，严格遵循科学严谨的原则，确保数据的准确性、可比性与可验证性。此外，还应积极推动绿色金融数据的公开共享，建立健全数据披露机制，提高数据的透明度与可获取性，为投资者、政策制定者及社会公众等利益相关方提供及时、准确、全面的绿色金融信息，以支持其做出科学、合理的决策。

对绿色金融数据体系进行优化与完善，旨在通过强化数据的收集、统计、处理与分析等各个环节，切实提升数据的全面性、准确性、时效性与透明度，这不仅是增强绿色经济韧性、推动绿色经济可持续发展的关键举措，也是构建绿色金融体系、促进经济绿色转型的重要基石。此过程的成功实施，离不开政府、金融机构、企业及社会组织等多方利益相关者的广泛参与和深入合作。具体而言，政府应发挥政策引导与监管规范的核心作用，通过制定绿色金融数据治理的相关法律法规与政策框架，明确数据收集、处理、共享与使用的标准与规范，为绿色金融数据的标准化、规范化发展奠定坚实基础。同时，政府还需加强绿色金融数据基础设施的建设与升级，包括数据仓库、数据处理平台与数据分析工具等，以提升数据处理的效率与质量，为绿色金融项目的评估、审批与监管提供强有力的技术支持。

金融机构作为绿色金融市场的主体，应积极参与绿色金融数据体系的优化工作，通过提升自身的数据管理能力与金融科技水平，实现绿色金融数据的智能化采集、处理与分析。这不仅有助于金融机构更加精准地识别绿色项目的风险与收益特征，为绿色项目的融资与投资活动提供更加科学、合理的决策依据，也有助于提升金融机构的绿色金融服务效率与服务质量，增强其在绿色金融市场中的竞争力与影响力。

企业与社会组织同样在绿色金融数据体系的优化过程中扮演着重要角色。企业应积极履行社会责任，主动披露自身的环境、社会与治理（ESG）信息，为绿色金融数据的收集与统计提供更加丰富、全面的数据源。社会组织则应发挥其在环保、公益等领域的专业优势，积极参与绿色金融数据体系的监督与评估工作，推动绿色金融数据的透明度与公信力不断提升。

各大城市应当积极促进商业绿色金融体系的壮大，将直接和间接的融资手段融合在一起，以便为绿色企业创造更加便捷的资金来源。政府应出台相应的政策和法规，积极鼓励金融机构研发更多的绿色经济金融产品，以满足绿色项目的资金需求，并促进绿色产业的迅猛增长。政府需要增强对绿色经济的政策扶持，借助税务减免和财政资助等多种方式，激励企业与个体积极参与绿色投资活动。此外，政府也应设立绿色发展基金，以减少绿色企业项目融资的风险，并增强城市绿色经济的适应能力。全国各大城市应当大力促进数字金融技术的研究与应用，以增强数字金融服务的深度覆盖和广泛应用。借助数字金融技术的运用，可以提升金融服务的效率与品质，从而为绿色经济的持续增长提供更加坚实的后盾。

数字金融，作为一种前沿且富有创新性的经济金融策略，在推动城市绿色经济韧性提升方面展现出了显著的促进效应。作为一种融合了数字技术与金融服务的新型业态，数字金融通过其独特的运作机制与功能特性，为绿色经济的持续健康发展注入了新的活力与动力。具体而言，数字金融在减少金融行业能源消耗、提升绿色金融服务效率以及增加绿色经济金融产品供应等方面发挥了重要作用。一方面，数字金融通过运用大数据、云计算等先进技术，实现了金融服务的线上化、智能化与自动化，显著降低了传统金融服务过程中所产生的能源消耗与碳排放，为绿色经济的低碳转型提供了有力支撑。另一方面，数字金融通过优化金融资源配置、拓宽融资渠道、降低融资成本等路径，提升了绿色金融服务的效率与质量，促进了绿色项目的快速落地与高效实施。此外，数字金融还通过创新绿色金融产品设计、丰富绿色金融产品线等方式，增加了绿色经济金融产品的供应，满足了投资者对绿色投资产品的多元化需求，为绿色经济的持续发展提供了充沛的资金来源。

为了进一步增强城市在绿色经济方面的韧性，有必要对绿色金融数据体系进行系统性完善，以支撑绿色金融的精准评估与高效管理。这包括建立健全绿色金融数据采集、处理、分析与披露机制，提高数据的真实性、完整性与透明度，为绿色金融项目的识别、筛选与投资决策提供科学依据。同时，推动商业性绿色金融体系的发展也是增强城市绿色经济韧性的关键一环。这要求政府、金融机构及企业等利益相关方加强合作，共同构建多元化、多层次的绿色金融产品与服务体系，满足绿色经济多元化、差异化的融资需求。此外，强化政策的引导与支持对于推动数字金融在绿色经济领域的应用与发展同样至关重要。政府应出台相关政策措施，鼓励金融机构加大对绿色经济的投入力度，优化绿色金融生态环境，为数字金融在绿色经济领域的创新实践提供有力保障。同时，提高数字金融的整体发展水平也是增强城市绿色经济韧性的重要途径。这要求持续推动数字金融技术的研发与应用，加强数字金融人才的培养与引进，提升数字金融服务的智能化、个性化与便捷化水平，为绿色经济的持续健康发展提供强大的技术支持与人才保障。

总之，数字金融在推动城市绿色经济韧性提升方面发挥着不可替代的作用。通过完善绿色金融数据体系、推动商业性绿色金融体系发展、强化政策引导与支持以及提高数字金融整体发展水平等策略的实施，将对城市的绿色经济持续健康增长产生积极而深远的影响。

第五节 发展趋势及进一步研究的空间

一、发展趋势

图 2－3 列示了数字金融与城市经济韧性发展趋势框架。

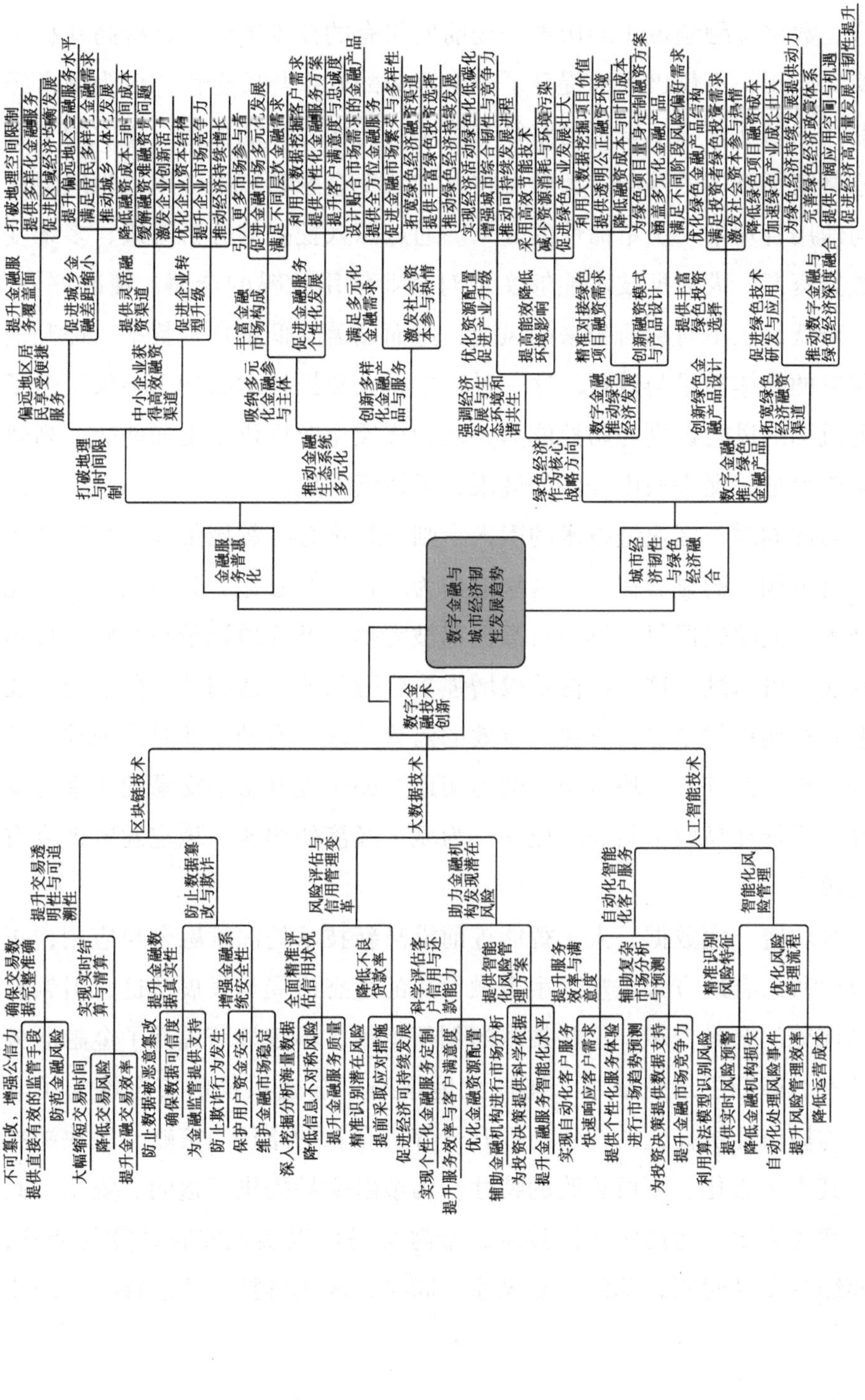

图 2-3　数字金融与城市经济韧性发展趋势

1. 数字金融技术的不断创新

随着区块链、大数据、人工智能等前沿信息技术的持续革新与深度融合，数字金融领域正经历着一场前所未有的技术革命。这些高新技术的交叉应用，不仅极大地提升了金融服务的效率与安全性，更为城市经济韧性的增强开辟了全新的路径与策略，为构建更加稳健、高效的金融体系奠定了坚实的基础。大数据技术在数字金融领域的应用，为风险评估与信用管理带来了革命性的变革。通过深入挖掘与分析海量、多维度的数据资源，大数据技术能够实现对企业信用状况的全面、精准评估，有效降低信息不对称所带来的风险，进而显著降低不良贷款率，提升金融服务的整体质量与效益。这一过程中，大数据技术的运用不仅增强了金融机构的风险识别与防控能力，还为优质企业提供了更加便捷、高效的融资渠道，促进城市经济的健康、可持续发展。

与此同时，区块链技术的引入，则为数字金融领域带来了交易透明化与可追溯性的显著提升。区块链作为一种去中心化、分布式账本的先进技术，能够确保每一笔交易数据都被完整、准确地记录与存储，且不可篡改、可追溯。这一特性不仅增强了金融系统的透明性与公信力，还为监管机构提供了更为直接、有效的监管手段，有助于及时发现并防范金融风险。此外，区块链技术的运用还有助于提升金融交易的效率与安全性，降低交易成本与时间成本，为城市经济的快速、稳定发展提供有力支撑。

区块链、大数据、人工智能等前沿高新技术的深度融合与应用，正在以前所未有的方式重塑数字金融领域的生态格局与发展轨迹，引领着一场深刻的金融变革。这些技术的创新运用，不仅显著提升了金融服务的效率、降低了运营成本，还极大地增强了金融系统的安全性与可靠性，为城市经济韧性的构建与提升开辟了全新的路径与策略。区块链技术以其去中心化、不可篡改的特性，为金融交易提供了透明、安全、高效的解决方案。运用区块链技术，金融交易可以实现实时结算与清算，大幅缩短交易时间，降低交易风险。同时，区块链技术还能够有效防止数据篡改与欺诈行为，提升金融数据的真实性与可信度，为金融监管与反洗钱等工作提供有力支持。大数据技术的广泛运用，则使得金融机构能够深入挖掘与分析海量数据，精准把握市场需求与风险特征。通过大数据分析，金融机构可以更加科学地评估客户的信用状况与还款能力，实现个性化、智能化的金融服务定制。此外，大数据技术还能够助力金融机构及时发现潜在风险，提前采取应对措施，有效防范金融风险的发生与扩散。人工智能技术的快速发展，更是为数字金融领域带来了革命性的变化。通过人工智能算法，金融机构可以实现自动化、智能化的客户服务与风险管理，大幅提升服务效率与客户满意度。同时，人工智能技术还能够辅助金融机构进行复杂的市场分析与预测，为投资决策提供科学依据，进一步提升金融服务的智能化水平。

2. 金融服务普惠化

数字金融的蓬勃兴起与发展，极大地推动了金融服务的普惠化进程，特别是在偏远地区及中小企业群体中产生了深远的影响。借助移动支付、网络借贷等一系列新型金融服务模式，数字金融成功地打破了传统金融服务在地理空间与时间维度上的诸多限制，使更为广泛的社会群体与企业实体能够便捷地获取多样化的金融服务，从而实现金融资源的高效配置与广泛覆盖。这一普惠化趋势，不仅拓宽了金融服务的受众范围，提升了金融服务的可获得性与便捷性，更为城市经济的整体活力与韧性注入了新的动力。具体而言，数字金融的普及与应用，使偏远地区的居民与中小企业能够享受到与城市居民同等质量的金融服务，极大地促进区域经济的均衡发展，缩小城乡之间的金融差距。同时，数字金融通过降低金融服务的成本门槛，为中小企业提供了更为灵活、高效的融资渠道，有助于缓解其融资难、融资贵的问题，进而激发中小企业的创新活力与市场竞争力，为城市经济的持续增长与转型升级提供有力支撑。

此外，数字金融的普惠化发展趋势，正以前所未有的力度推动着金融生态系统的多元化与包容性演进，这一进程深刻地重塑了金融市场的结构层次与服务模式。通过吸纳并融合更为广泛且多元化的金融参与主体，以及持续创新并推出多样化的金融产品与服务，数字金融极大地丰富了金融市场的构成，促进了金融服务的个性化与差异化发展，从而有效满足了不同社会阶层、群体及企业的多元化金融需求。数字金融的普惠化趋势打破了传统金融服务的地理与门槛限制，使偏远地区、低收入群体及小微企业等以往难以获得正规金融服务的对象能够便捷地接入金融市场，享受到包括支付、信贷、保险、投资等在内的全方位金融服务。这一过程不仅可显著提升金融服务的覆盖面与可得性，更可通过金融资源的优化配置，促进社会经济的均衡发展。同时，数字金融的创新性与灵活性促进了金融市场的细分与专业化发展。借助大数据、人工智能等先进技术，金融机构能够更精准地识别并满足客户的个性化金融需求，设计出更加贴合市场需求的金融产品与服务。这种个性化与差异化的服务模式，不仅提升了金融服务的满意度与忠诚度，也为金融市场的繁荣与多样性提供了源源不断的动力。

更为重要的是，数字金融的普惠化与多元化发展增强了金融体系的稳定性与抗风险能力。通过拓宽金融服务的边界，引入更多的市场参与者与创新元素，数字金融构建了一个更加开放、竞争与合作并存的金融市场环境。这种环境有助于分散金融风险，提升金融系统的韧性，为城市经济的可持续发展奠定更为坚实的基础。

数字金融的发展使得金融服务更加普惠化，这一趋势不仅拓宽了金融服务的受众范围，提升金融服务的便捷性与可获得性，更为城市经济的整体活力与韧性注入了新的活力与动力。未来，随着数字金融技术的不断创新与应用的持续深化，其将在推动城市经济高质量发展、构建更加包容性金融体系方面发挥更加重要的作用。

3. 城市经济韧性与绿色经济的融合

在致力于构建韧性城市的宏伟愿景中，绿色经济作为一种融合了可持续性与包容性特征的发展范式，已经确立为不可或缺的核心战略方向。这一模式强调经济发展与生态环境之间的和谐共生，旨在通过优化资源配置、促进产业升级及提高能效等手段，实现经济活动的绿色化与低碳化，从而增强城市的综合韧性与长期竞争力。数字金融，作为金融科技领域的一颗璀璨明珠，正以其独特的技术优势与创新活力，在推动城市经济与生态环境和谐共生的进程中展现出非凡的潜力与巨大价值。作为连接资金与绿色项目的桥梁，数字金融凭借其高效的信息处理能力与灵活的服务模式，精准对接绿色项目的多元化融资需求，为绿色经济的发展注入了强劲的资金活力。具体而言，数字金融依托大数据、人工智能等前沿技术，能够深入挖掘并分析海量数据，高效识别并精准评估绿色项目的潜在经济价值、环境效益及风险状况。这一过程不仅显著提升了项目评估的精准度与效率，还有效降低了信息不对称带来的交易成本与风险，为绿色项目提供了更为透明、公正、合理的融资环境。在此基础上，数字金融进一步创新融资模式与产品设计，为绿色项目量身定制低成本、高效率的融资解决方案。这些方案不仅涵盖了传统的信贷融资，还涵盖了绿色债券、绿色基金、绿色保险等多元化金融产品，满足了绿色项目在不同发展阶段、不同风险偏好的融资需求。这一创新性的融资机制，不仅降低了绿色项目的融资成本与时间成本，还有效促进了绿色技术的研发与应用，加速了绿色产业的成长与壮大，为绿色经济的可持续发展奠定了坚实基础。

同时，数字金融在推广绿色金融产品方面也发挥了积极作用。通过创新绿色金融产品设计、优化绿色金融产品结构，数字金融为投资者提供了更为丰富、多元的绿色投资选择，满足了其对于绿色、可持续投资的需求。这一变化，不仅拓宽了绿色经济的融资渠道，更激发了社会资本对于绿色投资的热情与参与度，为绿色经济的持续发展提供了充沛的资金来源与市场支持。

随着绿色技术的不断突破与绿色经济政策的持续推进，数字金融在提升城市经济韧性方面的作用将更加凸显。一方面，绿色技术的革新将推动绿色经济的转型升级，为城市经济注入新的增长动力与竞争优势；另一方面，绿色经济政策的完善将为数字金融在绿色领域的应用提供更为广阔的空间与机遇，促进数字金融与绿色经济的深度融合与协同发展。

数字金融，凭借其无可比拟的优势与持续不断的创新能力，在驱动绿色经济发展、促进城市经济与生态环境实现和谐共生的进程中，正展现出日益显著且深远的作用。这一进程不仅体现了金融科技与绿色经济深度融合的必然趋势，也彰显了数字金融在构建韧性城市、推动可持续发展方面所扮演的关键角色。数字金融通过其高效的资金配置机制、先进的信息技术手段以及灵活多样的金融产品与服务，精准对接绿色经济领域的多元化融资需求，有效促进了绿色技术的研发、绿色产业的培育以及绿色项目的落地实施。这一过程不仅加速了绿色经济的规模化、产业化发展，还有助于优化城市经济结构，提升城市经济的绿色含量与可持续发展能力。

随着绿色技术的持续创新与政策环境的不断优化，数字金融在提升城市经济韧性、构建更加绿色、可持续的城市发展模式方面的作用将更加凸显。一方面，绿色技术的不断进步将推动绿色经济向更高效、更环保、更智能的方向发展，为数字金融提供更为广阔的应用场景与市场空间。另一方面，政策环境的优化与完善将为数字金融在绿色经济领域的发展提供更为有力的支持与保障，包括加强金融监管、完善法律法规、优化税收政策等，以营造良好的市场环境，激发数字金融的创新活力。

在这一背景下，数字金融将以其独特的技术优势与创新能力，进一步拓展服务范围，深化服务内涵，推动绿色经济的深度发展与广泛普及。通过构建更加完善、更加高效的绿色金融服务体系，数字金融将助力城市经济实现转型升级，提升城市经济的韧性与可持续性，为构建绿色、低碳、循环、可持续的城市发展模式提供有力支撑。

二、进一步研究的空间

1. 加强跨学科研究

数字金融与城市经济韧性的研究议题，其本身即为一个跨越金融学、经济学、城市规划乃至信息技术等多个学科领域的综合性课题。这一研究领域不仅要求深入探索数字金融对城市经济韧性影响的内在机理，还需从多维度、多层次视角出发，全面剖析其外在表现与潜在挑战。鉴于此，未来在推动该领域研究进展的过程中，加强跨学科的合作与交流显得尤为重要。跨学科合作意味着将金融学对于金融市场运作、风险管理及金融产品创新的深刻理解，与经济学对于宏观经济波动、资源配置效率及经济结构调整的宏观视角相结合；同时，还需融入城市规划领域对于城市空间布局、基础设施建设及可持续发展路径的专业见解，以及信息技术领域对于数字技术革新、数据安全及智能合约等前沿技术的深入探索。通过整合这些不同学科的知识体系与方法论优势，我们能够更加系统、全面地揭示数字金融与城市经济韧性之间的复杂互动关系。

研究跨学科合作将有助于我们从理论与实践两个层面深化对数字金融影响城市经济韧性的认知。在理论层面，跨学科视角能够促使我们构建更为严谨、全面的理论框架，用以解释数字金融如何通过技术创新、金融服务优化及产业结构升级等路径，增强城市经济在面对外部冲击时的抵御能力与恢复能力。在实践层面，跨学科合作将促进创新性的政策设计、金融工具开发与城市规划策略的制定，为提升城市经济韧性提供切实可行的解决方案。

此外，跨学科交流还有助于培养具备多学科背景与综合能力的复合型人才，为数字金融与城市经济韧性研究领域的持续创新与发展提供坚实的人才基础。通过组织学术会议、研讨会及联合研究项目等形式，可以促进不同学科研究者之间的深度对话与合作，激发新的研究灵感与合作机会，共同推动该领域研究的深入发展。

总之，数字金融与城市经济韧性的研究需要跨学科合作与交流的支持，以整合不同学科的知识与方法论优势，全面揭示两者之间的复杂关系，为构建更具韧性的城市经济体系提供理论支撑与实践指导。

2. 深化实证研究

在未来的研究进程中，深化对数字金融与城市经济韧性关系的实证研究显得尤为重要。这一任务要求我们不仅要在广度上拓展数据收集的范围与深度，确保数据的多样性与全面性，以便更精确地捕捉数字金融对城市经济韧性影响的微妙变化与具体机制；还要在深度上加强对数据的分析与解读，运用更为先进、严谨的统计方法与计量经济学模型，揭示数字金融与城市经济韧性之间潜在的因果关系与动态演化路径。

为了实现这一目标，我们需要采取一系列策略来强化数据基础。首先，应拓宽数据来源渠道，包括政府统计部门、金融机构、互联网企业及第三方研究机构等，确保数据的多样性与互补性。其次，应提升数据收集的频率与粒度，从月度、季度数据逐步过渡到实时数据，从宏观经济指标深入到微观企业行为、个人消费习惯等细节层面，以构建更为立体、细致的数据图景。最后，应加强对数据质量的控制与管理，确保数据的准确性、完整性与一致性，为后续分析奠定坚实基础。

在深化实证研究的同时，采用案例分析的方法也是探索数字金融发展差异性与共性特征的有效途径。通过选取具有代表性的不同地区、不同城市作为案例研究对象，我们可以深入分析数字金融在不同经济、社会、文化背景下的表现形态、发展路径与影响效果。这一过程不仅有助于揭示数字金融发展的地域差异性与阶段性特征，还能提炼出具有普遍意义的经验与教训，为其他城市提供可借鉴的范例与启示。

此外，案例分析还能够促进理论与实践的深度融合。通过对具体案例的深入剖析，我们可以将抽象的数字金融理论转化为可操作的政策建议与实践策略，为政府、金融机构及企业等利益相关方提供更为具体、实用的指导与参考。

深化实证研究与广泛采用案例分析方法，是推动数字金融与城市经济韧性这一研究领域不断取得新进展、实现持续进步的关键性策略。这一策略强调通过系统性地收集更为全面、详尽且精细的数据资源，以及深入细致地挖掘与分析不同地区、不同情境下的具体案例特征，来全面而深刻地理解数字金融对城市经济韧性产生的多维度、深层次影响。实证研究的深化意味着我们需要运用更为科学、严谨的研究设计与方法论，来探究数字金融与城市经济韧性之间的复杂关联。这包括但不限于利用时间序列分析、面板数据分析等统计技术，来捕捉数字金融发展在不同时间段、不同城市间对城市经济韧性产生的动态效应，以及运用因果推断方法，如差分法、倾向得分匹配等，来更为准确地评估数字金融对城市经济韧性的因果影响。同时，案例分析方法的广泛采用则强调了对具体实践经验的深入剖析与提炼。通过选取具有代表性的城市或地区作为案例研究对象，我们可以细致描绘数字金融在不同社会经济背景下的实际应用场景、实施策略及其产生的具体效果。这一过程不仅有助于揭示数字金融对城市经济韧性影响的内在机制与路径，还能够提炼出可复制、可推广的成功经验与最佳实践，为其他城市或地区提供有益的借鉴与启示。

结合实证研究与案例分析方法的综合应用，本书能够更加准确地揭示数字金融对城市经济韧性的影响机制，包括其如何通过优化资源配置、促进产业升级、增强风险抵御能力等多维度途径来提升城市经济的韧性水平。这一研究不仅能够为构建更具韧性的城市经济体系提供坚实的理论与实证支持，还能够为政策制定者、城市规划者以及金融机构等利益相关方提供科学的决策依据与实践指导，推动数字金融与城市经济韧性的协同发展迈向更高水平。

3. 构建完善的政策评估体系

政府在数字金融发展的宏伟蓝图中，无疑扮演着至关重要的引领者与调控者角色。其政策导向、监管框架的构建以及激励措施的出台，均对数字金融的发展轨迹、创新速度及其在城市经济韧性提升中的经济效应产生了深远且复杂的影响。鉴于此，未来的学术研究亟需进一步聚焦于政府政策对数字金融发展的具体作用机制，通过构建科学、系统的政策评估模型，运用先进的计量经济学方法与分析工具，全面、精准地评估不同政策措施的实施效果与效率。

政策评估模型的构建应充分考虑数字金融发展的多维度特征，包括技术创新、市场结构、金融服务可及性、风险管理及监管适应性等方面。通过整合这些关键要素，模型能够更准确地模拟政策变动对数字金融发展的影响路径与潜在后果，为政策制定者提供具有前瞻性的政策效果预测。

在计量经济学方法的应用上，应充分利用面板数据、时间序列分析及因果推断等高级统计技术，以捕捉政策变动与数字金融发展之间的动态关系与因果关系。这不仅有助于揭示政策效果的即时响应与长期影响，还能为政策优化提供更为精细化的数据支持与实证依据。

此外，未来的研究还应关注政策制定过程中的利益相关者互动与博弈，分析政府、金融机构、科技企业及消费者等不同群体在政策实施中的行为与反应，以更全面地理解政策效果的复杂性与不确定性。通过构建多主体、多层次的政策分析框架，可以更加深入地探讨政策优化的空间与策略，为政策制定者提供更为精准、全面的政策优化建议。

在未来的学术研究中，深入探究政府政策对数字金融发展的具体影响将成为一项至关重要的议题。为了科学、系统地评估不同政策措施在推动数字金融发展方面的效果与效率，研究者们需要构建精细的政策评估模型，并巧妙地运用计量经济学方法及其他先进的数据分析技术。政策评估模型的构建应基于严谨的理论框架，综合考虑政策实施的背景、目标、范围及潜在影响等多维度因素。通过设定合理的假设条件、选择恰当的变量指标，并结合实际数据，研究者们能够模拟政策实施后的可能情景，进而对政策效果进行初步预测与评估。这一过程不仅有助于揭示政策对数字金融发展的直接影响，还能够深入剖析政策作用的内在机制与路径。同时，计量经济学方法的运用将为政策评估提供更为严谨、可靠的实证支持。通过构建合适的计量模型，如面板数据模型、差分法模型、断点回归模型等，研究者们能够更为准确地估计政策对数字金融发展的因果效应，以及政策在不同地区、不同群体间的异质性影响。此外，结合时间序列分析、空间计量经济学等方法，还能够进一步揭示政策效果的动态变化与空间溢出效应。

通过对政府政策影响的深入探究与科学评估，未来的研究不仅能够为政策制定者提供更加科学、精准的决策依据，提升其政策制定的科学性与针对性；还能够为数字金融在提升城市经济韧性中的积极作用提供更加坚实的理论与实证支持。这一过程将推动数字金融与城市经济的协同发展迈向新的高度，促进两者在相互促进中实现共同繁荣。

4. 区域差异与异质性分析

数字金融对城市经济韧性的影响是一个多维度且动态变化的复杂过程，其效应并非静态且同质化，而是深受多种区域性因素的深刻塑造与制约。这些区域性因素，包括但不限于经济发展水平、产业结构特征、金融生态环境以及政策导向等，均在不同程度上影响着数字金融在各地区的发展轨迹、创新速度及其对城市经济韧性提升的具体作用机制。

经济发展水平作为衡量一个地区综合实力的重要指标，直接关联到数字金融发展的物质基础与市场潜力。在经济发展水平较高的地区，数字金融往往能够获得更为充足的资源支持与创新动力，进而在推动金融服务创新、优化金融资源配置及提升城市经济韧性方面发挥更为显著的作用。

产业结构特征同样对数字金融的发展路径及其经济效应产生重要影响。在产业结构多元化、高端化特征明显的地区，数字金融能够更好地服务于不同产业部门的融资需求，促进产业升级与经济结构调整，从而增强城市经济在面对外部冲击时的抵御能力与恢复能力。

金融生态环境作为数字金融发展的外部条件，其优劣直接关系到数字金融能否健康、有序发展。一个开放、包容、竞争有序的金融生态环境，有助于激发数字金融的创新活力，提升其服务效率与质量，进而为城市经济韧性的提升提供有力支撑。

此外，政策导向作为政府调控数字金融发展的重要手段，其变化直接影响着数字金融的发展方向与速度。在不同政策导向下，数字金融可能呈现出不同的发展模式与经济效应，进而对城市经济韧性的构建与提升产生差异化影响。

鉴于此，未来的研究亟须进一步细化区域分析，通过对比不同区域间数字金融发展的差异，深入剖析这些差异如何与经济发展水平、产业结构特征、金融生态环境以及政策导向等区域性因素相互作用，共同影响城市经济韧性的构建与提升。这一过程不仅有助于揭示数字金融在不同区域的发展规律与经济效应，还能为制定差异化的区域发展战略提供科学依据，推动数字金融与城市经济的协同发展迈向更加精准、高效的新阶段。

5. 微观层面的实证分析

当前，数字金融与城市经济韧性的研究领域主要聚焦于宏观层面的分析与探讨，这一视角固然有助于我们理解数字金融在整体经济框架中的作用与影响，但对于微观层面的实证分析却相对匮乏。然而，必须强调的是，宏观经济现象的本质乃是由无数个微观主体的经济行为所共同构筑的。企业、家庭等微观主体作为经济活动的基石，其经济决策、融资行为以及风险管理策略不仅直接关联到自身的生存与发展，更在宏观层面上对城市经济的稳定与韧性产生深远影响。

鉴于此，未来的研究亟须转向微观层面，通过深度挖掘并系统整理企业运营数据、家庭消费数据等微观主体的详细信息，以期更为精准地把握数字金融如何渗透并重塑这些主体的经济行为模式。具体而言，我们可以关注数字金融如何影响企业的融资决策与资本结构，探究其是否有助于降低企业的融资成本、提升融资效率，并进而促进企业的创新与成长。同时，我们亦可考察数字金融对家庭消费与投资行为的影响，分析其在提升家庭金融素养、优化家庭资产配置及增强家庭风险抵御能力方面的作用。

关键的是，通过深入分析这些微观主体的经济行为变化，我们能够进一步揭示数字金融在提升城市经济韧性中的微观机制与具体贡献。例如，数字金融可能通过优化企业融资环境、提升家庭金融福利等路径，增强城市经济在面对外部冲击时的韧性与恢复力，从而推动城市经济的持续健康发展。

为了实现这一目标，本书构建更为精细的数据收集与处理体系，确保能够获取到高质量、多维度的微观数据。同时，我们也需运用更为先进的计量经济学方法与数据分析技术，以精准捕捉数字金融与微观主体经济行为之间的复杂关系与因果关系。

未来的研究应转向微观层面，通过深入分析企业、家庭等微观主体的经济行为变化，揭示数字金融在提升城市经济韧性中的微观机制与贡献。这一过程不仅有助于我们更全面地理解数字金融的经济效应，更为制定精准有效的数字金融政策、推动城市经济的高质量发展提供了坚实的理论与实证基础。

6. 风险管理与防范

在全球化与数字化交织并进的当下，数字金融领域正经历着前所未有的国际合作与竞争态势。这一动态变化不仅反映了全球经济一体化的深化，也凸显了数字技术在金融领域的革新力量。不同国家基于各自的历史背景、经济发展水平、监管框架及技术创新能力，在数字金融的政策导向、技术创新路径以及市场开放策略上展现出显著的差异性。这些差异不仅塑造了全球数字金融的多元化发展格局，更对各国城市经济的韧性构建与提升产生了广泛而深远的影响。

一些国家在数字金融领域采取了前瞻性的政策导向，如鼓励金融科技创新、优化监管沙盒机制、推动数据共享与隐私保护等，这些措施极大地促进了数字金融的快速发展，提升了金融服务的效率与包容性，进而增强了城市经济面对外部冲击的抵御与恢复能力。同时，技术创新作为数字金融的核心驱动力，不同国家在区块链、人工智能、大数据等前沿技术的应用上展现出各异的优势与特色，这些技术创新不仅推动了金融产品的迭代升级，也为城市经济的数字化转型与韧性提升提供了有力支撑。

然而，市场开放程度的差异也对全球数字金融的发展格局产生了重要影响。一些国家通过放宽外资准入、促进跨境支付与融资便利化等措施，加速了数字金融的国际合作与交流，提升了本国数字金融的全球影响力。反之，市场壁垒与保护主义倾向则可能阻碍数字金融的国际拓展，限制其对城市经济韧性提升的积极作用。

鉴于此，未来的研究亟须更加深入地关注国际数字金融的发展趋势、特点以及竞争格局，通过对比分析不同国家在数字金融领域的成功经验与教训，提炼出可借鉴的国际最佳实践。在此基础上，探讨如何通过加强国际合作、共享技术创新成果、优化国内金融生态环境等手段，增强我国数字金融的国际竞争力与影响力。这包括推动国际监管标准的协调与统一，促进跨国金融科技企业的合作与创新，以及加强数字金融基础设施的互联互通等。

尤为重要的是，研究应聚焦于如何通过数字金融的国际合作与竞争，为我国城市经济的韧性提升注入新的动力。这要求我们在深化数字金融开放的同时，注重提升本土金融科技企业的创新能力与国际竞争力，构建更加开放、包容、安全的数字金融生态体系，以应对全球化与数字化带来的挑战与机遇，推动我国城市经济的高质量发展。

第三章

数字金融影响城市绿色经济韧性提升的理论研究框架

第一节 数字金融影响城市绿色经济韧性提升的研究框架

本研究致力于构建一个全面覆盖、系统深入且具备高度洞察力的综合性研究框架，其核心宗旨在于深刻剖析并精确描绘数字金融对推动城市绿色经济韧性提升所蕴含的复杂、多维且动态的影响机制。这一研究框架的构建，不仅旨在丰富并拓展现有的理论体系，填补相关领域的研究空白，更是对数字金融时代背景下城市绿色经济发展路径与策略的一次深度探索与创新尝试。本研究框架将围绕数字金融的核心特征、城市绿色经济韧性的关键构成要素以及两者间的交互作用机制展开系统性分析。通过深入挖掘数字金融在促进绿色技术创新、优化资源配置、增强风险抵御能力等方面的独特优势，本研究将揭示其对城市绿色经济韧性提升的潜在正面效应。同时，考虑到数字金融发展可能带来的挑战与风险，如数据安全、隐私保护、数字鸿沟等问题，本研究也将全面评估这些因素对城市绿色经济韧性可能产生的负面影响，并提出相应的风险防控与应对策略。

在研究方法上，本研究将综合运用文献综述、理论分析、实证研究与案例分析等多种手段，以确保研究结果的全面性与准确性。通过广泛搜集国内外相关领域的最新研究成果与实践案例，本研究将构建一套科学、合理的指标体系，用于量化评估数字金融对城市绿色经济韧性的影响程度与方向。此外，本研究还将采用先进的计量经济学方法与数据分析技术，对收集到的大量数据进行深入挖掘与分析，以揭示数字金融与城市绿色经济韧性之间的复杂关联与内在规律。

为了实现这一目标，本研究巧妙地融合了多种研究方法，以期获得更为全面、稳健且深入的分析结果。稳健性分析被用于验证研究结论的可靠性，确保在不同情境与假设下，数字金融对城市绿色经济韧性的影响依然显著且稳定。异质性分析则侧重于揭示不同城市、不同行业在数字金融影响下的差异性响应，为制定差异化的政策策略提供实证基础。政策文本分析则通过对相关政策文件的深入解读，揭示政府在推动数字金融与绿色经济融合过程中的政策导向与行动逻辑。而行动研究则通过实地调研与案例分析，直接观察数字金融在城市绿色经济韧性提升中的实际操作与效果，为理论研究提供丰富的实践素材。

此外，本研究框架还涵盖了数字金融作用于城市绿色经济韧性的多个关键路径，这些路径共同构成了数字金融促进城市绿色转型与韧性提升的复杂网络。其中，优化资金配置是数字金融通过提高资金使用效率、引导资金流向绿色项目，从而加速城市绿色经济发展的重要途径。缩减融资成本则通过降低绿色项目的融资门槛与成本，激发更多社会资本投入绿色产业，为城市绿色经济提供持续的资金支持。激发技术创新是数字金融通过推动金融科技与绿色技术的融合创新，为城市绿色经济注入新的增长动力。而推动产业升级则是数字金融通过促进产业结构向绿色、低碳方向转型，提升城市经济的整体韧性与可持续发展能力。

最终，本研究致力于构建一个全面、系统且具备深度洞察力的研究框架，通过融合多种研究方法与深入剖析数字金融作用于城市绿色经济韧性的关键路径，旨在揭示数字金融在推动城市绿色转型与韧性提升中的复杂机制与潜在价值，为政策制定者、学术界及实践界提供有益的参考与启示。

在稳健性分析层面，本研究采取了全面而细致的方法论策略，旨在验证数字金融对城市绿色经济韧性影响效应的稳定性和可靠性，从而确保研究结论的普遍适用性和实践指导意义。具体而言，本书精心设计了多维度、多层次的对比分析框架，以深入探究数字金融影响机制的稳健性。

首先，在时间维度上，本研究选取了不同时间段的数据进行对比分析，旨在考察数字金融对城市绿色经济韧性的影响是否随时间推移而保持稳定。这一做法有助于揭示数字金融影响机制的长期效应与趋势变化，确保研究结论不受特定时间窗口的局限。

其次，在空间维度上，本研究对比了不同区域的数据，分析了数字金融在不同地理、经济、文化背景下的作用差异。通过区域间的对比分析，我们能够更准确地把握数字金融影响机制的地域特征，评估其在不同区域推广应用的可行性与效果，为制定差异化的区域发展战略提供实证基础。

最后，在经济条件维度上，本研究考虑了不同经济发展阶段、产业结构及政策环境下的数据对比，以探究数字金融在不同经济条件下的适应性与有效性。这一分析有助于揭示数字金融在推动城市绿色经济韧性提升过程中的经济逻辑与制度基础，为政策制定者在不同经济情境下选择合适的数字金融策略提供科学依据。

通过上述多维度、多层次的对比分析，本研究不仅验证了数字金融对城市绿色经济韧性影响的稳定性和可靠性，还进一步揭示了其影响机制的复杂性与多样性。这一稳健性分析结果为政策制定者提供了坚实的理论支撑，有助于他们在制定数字金融相关政策时，更加精准地把握政策的适用范围、力度与时机，以促进城市绿色经济的可持续发展与韧性提升。同时，对于实践操作层面，本研究也为金融机构、企业及社会各界提供了有益的参考与启示，推动数字金融在绿色经济领域的广泛应用与深入发展。

异质性分析作为本研究的核心组成部分，其焦点在于深入探究数字金融在不同城市、不同行业以及不同企业规模中所展现的差异化影响。这一分析维度旨在揭示数字金融在优化资金配置、缩减融资成本等关键领域中的异质性效应，从而为政策制定者提供更为精准、差异化的战略指导，以促进区域经济的均衡发展与行业结构的优化升级。

在城市层面，本研究对比分析了数字金融在不同城市间的实施效果与影响机制。考虑到城市间的经济发展水平、产业结构、金融生态环境及政策支持等方面的显著差异，数字金融的渗透程度与影响效果亦呈现出明显的异质性。通过细致入微的对比分析，我们得以揭示数字金融在不同城市中的资金优化配置效率、降低融资成本的具体路径与程度，为制定符合各城市实际情况的区域发展战略提供了实证基础。

在行业层面，本研究深入探究了数字金融在不同行业中的差异化影响。不同行业因其技术密集度、资金需求特点、市场竞争态势等因素的差异，对数字金融的响应程度与受益程度亦有所不同。通过对比分析，本研究明确了数字金融在推动产业升级、优化行业资源配置等方面的异质性效应，为行业政策制定者提供了针对性的政策优化建议，以促进各行业的健康发展与竞争力提升。

在企业规模层面，本研究关注了数字金融对不同规模企业的差异化影响。大型企业与中小型企业因其在资金实力、技术应用能力、市场地位等方面的差异，对数字金融的接受度与利用程度亦存在显著差异。通过对比分析，我们揭示了数字金融在缩减中小企业融资障碍、促进中小企业技术创新与成长等方面的积极作用，为制定支持中小企业发展的政策措施提供了科学依据。

最终，异质性分析不仅深化了我们对数字金融在不同城市、不同行业以及不同企业规模中差异化影响的理解，更为政策制定者提供了制定差异化区域发展战略和行业政策的实证基础与科学依据。这一分析维度有助于推动数字金融在更广泛、更深入的层面上服务于实体经济，促进区域经济的均衡发展与行业结构的优化升级。

政策文本分析在本研究中占据着举足轻重的地位，它构成了本书深入探究数字金融在城市绿色经济韧性提升中政策导向与支持措施的关键路径。通过对各级政府颁布的相关政策文件进行深度剖析与细致解读，我们得以系统梳理并归纳出数字金融在推动城市绿色经济发展、增强经济韧性方面的政策导向与具体支持举措。

这一过程不仅要求我们具备扎实的文献分析与文本解读能力，更需深入理解政策背后的经济逻辑、社会背景与政治意图。本研究细致审视了政策文件中关于数字金融发展的战略规划、目标设定、资源配置以及监管框架等方面的内容，旨在揭示政府如何通过政策引导与制度设计，促进数字金融与城市绿色经济的深度融合与协同发展。

通过政策文本分析，本研究不仅得以洞察政府在数字金融领域的政策导向与价值取向，还进一步明晰了政策实施的具体路径与支持措施。这些措施包括但不限于财政补贴、税收优惠、融资支持、技术创新激励以及监管环境优化等，它们共同构成了数字金融在城市绿色经济韧性提升中的政策支撑体系。

此外，政策文本分析还为评估政策效果、优化政策设计提供了有力的证据支持。本研究通过对比分析政策实施前后的数据变化，结合实地调研与案例分析，对政策的实际效果进行了客观评估。在此基础上，本书提出了针对性的政策建议，旨在进一步完善政策体系，提升政策的有效性与针对性，从而更好地发挥数字金融在推动城市绿色经济韧性提升中的积极作用。

政策文本分析不仅加深了我们对数字金融在城市绿色经济韧性提升中政策导向与支持措施的理解，更为政策制定者提供了评估政策效果、优化政策设计的科学依据与实践指导。这一分析维度有助于推动数字金融与城市绿色经济的深度融合与协同发展，为实现经济的可持续发展与韧性提升提供有力的政策支持。

此外，行动研究作为本研究的重要创新点，通过综合运用实地调研、深度案例分析以及专题访谈等多元化手段，为我们提供了一个深入分析数字金融在实际应用场景中具体运作情况与成效的独特视角。这一基于实践导向的研究范式，不仅极大地增强了研究的现实关联性与针对性，还为政策制定者、行业实践者以及学术界提供了丰富、生动且极具价值的参考素材与启示。

在实地调研环节，本研究深入数字金融发展前沿的城市与地区，近距离观察了数字金融在优化金融服务、促进产业升级、提升经济韧性等方面的实际操作与成效。通过细致入微的观察与记录，我们得以直观感受数字金融如何在实际应用中解决传统金融服务的痛点与难题，以及其对城市绿色经济韧性提升的积极作用。

深度案例分析则聚焦于数字金融在特定行业、企业或项目中的成功实践。本研究选取了具有代表性的案例进行深入剖析，通过详细梳理案例背景、实施过程、关键举措及成效评估，揭示了数字金融在不同应用场景下的差异化影响与成功经验。这些案例不仅为本书提供了数字金融实践操作的宝贵经验，更为我们理解数字金融影响机制的复杂性提供了实证基础。

专题访谈则旨在获取政策制定者、行业专家、企业负责人及社会公众等多方利益相关者的观点与看法。通过与这些关键人物的深入交流，本研究得以从多角度、多层次了解数字金融在实际应用中的挑战、机遇与前景。这些访谈内容不仅丰富了我们的研究视角，更为我们提出有针对性的政策建议与实践指导提供了启示。

行动研究通过实地调研、深度案例分析以及专题访谈等多元化手段，为我们提供了一个深入观察数字金融在实际应用中具体情况与效果的独特视角。这一基于实践导向的研究范式，不仅增强了研究的现实关联性与针对性，更为政策制定者、行业实践者以及学术界提供了宝贵、生动且极具价值的参考素材与启示，有助于推动数字金融在更广泛、更深入的层面上服务于实体经济，促进城市绿色经济的可持续发展与韧性提升。

在综合应用稳健性分析、异质性分析、政策文本分析及行动研究等多种研究方法的基础上，本研究得以系统而深入地剖析数字金融在推动城市绿色经济发展、增强城市经济韧性方面的复杂机制与核心路径。具体而言，本研究详细探讨了数字金融如何通过优化资金配置效率、缩减融资成本、激发技术创新活力以及推动产业升级转型等关键途径，显著提升了城市的绿色经济发展水平及其抵御外部风险与冲击的能力。

在优化资金配置方面，本书揭示了数字金融通过提高金融服务的普及度与便捷性，有效引导社会资本流向绿色、低碳及环保领域，从而加速了城市绿色经济结构的优化与升级。这一过程中，数字金融不仅降低了资金错配的风险，还提升了资源配置的整体效率，为城市绿色经济的可持续发展奠定了坚实基础。

在缩减融资成本方面，本书分析了数字金融通过运用大数据、人工智能等先进技术，实现了对融资需求的精准匹配与风险的有效控制，从而显著降低了企业的融资成本与门槛。这一变化不仅激发了中小企业的创新活力与成长潜力，还促进了绿色技术的广泛应用与产业化进程，为城市绿色经济韧性的提升注入了新的动力。

在激发技术创新方面，本书强调了数字金融作为创新驱动的关键因素，通过提供多样化的融资渠道与灵活的金融服务，为绿色技术的研发与应用提供了强有力的支持。这一过程不仅加速了绿色技术的迭代升级，还推动了产业创新体系的完善与升级，为城市绿色经济的长期发展奠定了创新基础。

在推动产业升级方面，本书指出了数字金融通过促进产业结构的优化与调整，推动了传统产业的绿色转型与新兴绿色产业的快速发展。在这一过程中，数字金融不仅加速了产业链的延伸与拓展，还促进了产业间的协同与融合，为城市绿色经济韧性的全面提升提供了有力支撑。

本研究通过综合应用多种研究方法，深入分析了数字金融在提升城市绿色经济韧性中的核心作用与关键路径。这些路径不仅揭示了数字金融在推动城市绿色经济发展中的独特价值与深远影响，还为政策制定者、行业实践者及学术界提供了制定有效策略建议的清晰思路与科学依据。这一研究成果有助于推动数字金融与城市绿色经济的深度融合与协同发展，为实现经济的可持续发展与韧性提升提供有力的理论支撑与实践指导。

最终，本研究全面评估了数字金融对城市绿色经济韧性的正向促进作用，不仅为学术界提供了丰富的理论贡献，也为政策制定者和实践者提供了有力的决策支持。这一研究框架的构建和应用，既深化了对数字金融与城市绿色经济韧性关系的理解，也为未来相关研究提供了新的视角和思路。

第二节　数字金融影响城市绿色经济韧性提升的动力机制

数字金融在推动城市绿色经济韧性提升方面扮演着举足轻重的角色，其通过一系列创新性的金融手段与多维度的影响路径，为城市绿色经济的可持续发展注入了强大的生命力与显著的韧性特征。数字金融凭借其高效的信息处理能力、灵活的资金配置机制以及广泛的服务覆盖范围，显著优化了绿色经济项目的融资环境。通过精准对接绿色项目的融资需求，数字金融不仅降低了融资成本与时间成本，还促进了绿色技术的研发与应用，加速了绿色产业的成长与壮大。这一过程不仅提升了城市绿色经济的竞争力与创新能力，还增强了其面对外部冲击与风险时的抵御能力与恢复能力，即韧性水平。

在影响路径方面，数字金融通过多个维度对城市绿色经济韧性产生深远影响。首先，在技术创新层面，数字金融为绿色技术的研发与应用提供了充足的资金支持与风险保障，推动了绿色经济向更高效、更环保、更智能的方向发展。其次，在资源配置层面，数字金融通过优化资金配置、提高资源利用效率等手段，促进了绿色经济项目的规模化、产业化发展，增强了城市绿色经济的整体实力与抗风险能力。再次，在市场机制层面，数字金融通过构建更加透明、公正、合理的市场环境，激发了绿色经济的市场活力与创新动力，为城市绿色经济的可持续发展奠定了坚实基础。

（1）数字金融凭借大数据、云计算等前沿现代信息技术的深度融入与广泛应用，显著增强了金融服务的普惠性与精准性，为城市绿色经济的蓬勃发展注入了强劲动力。这些先进技术的引入，使得金融机构能够以前所未有的精度与深度，对绿色项目的潜在价值、风险特征以及资金需求进行全面而准确的识别与分析。

大数据技术的广泛应用极大地增强了金融机构处理与分析海量环境、经济及社会数据的能力，这一过程使金融机构能够深入挖掘并揭示绿色项目背后所蕴涵的丰富市场潜力、显著生态效益以及长期投资价值。通过运用先进的数据处理与分析算法，金融机构能够对来自不同渠道、不同维度的数据进行整合与关联分析，从而实现对绿色项目全面、细致且深入评估。大数据技术的应用提升了金融机构对绿色项目评估的科学性与客观性。借助大数据的力量，金融机构能够更准确地评估绿色项目的经济可行性、环境影响以及社会效益，避免了传统评估方法中可能存在的主观偏见与片面性。同时，大数据技术还能够对绿色项目的潜在市场需求、技术进步趋势以及政策环境变化等因素进行动态监测与预测，为金融机构提供更加全面、前瞻的决策依据。大数据技术的应用还为金融机构提供了更为丰富的决策信息，有效降低了投资决策中的信息不对称风险。通过实时获取并分析来自市场、客户、竞争对手等多方面的数据，金融机构能够更准确地把握绿色项目的市场动态与风险状况，从而做出更加明智、稳健的投资决策。这一过程不仅提升了金融机构的投资效率与风险管理能力，还为绿色项目的顺利落地与长期发展提供了有力保障。

云计算技术的引入为金融机构在响应绿色项目资金需求方面带来了革命性的变革。该技术通过提供具有高度弹性与可扩展性的计算资源以及高效的数据处理能力，为金融机构构建了一个能够迅速适应并满足绿色项目多样化融资需求的强大支撑体系。金融机构借助云计算平台，能够实现对绿色项目融资需求的实时监控与灵活调度。云计算平台以其强大的数据处理与分析能力，能够迅速整合并分析来自不同渠道、不同维度的融资需求信息，为金融机构提供全面、准确且实时的信息资料。在此基础上，金融机构能够利用云计算平台的弹性计算资源，根据绿色项目的实际需求，快速调整并优化资金配置方案，确保资金的及时到位与有效利用。此外，云计算技术还为金融机构提供了高度自动化的业务流程与智能化的决策支持。通过云计算平台，金融机构能够自动化处理大量的融资申请与审批流程，显著提高业务处理效率与响应速度。同时，云计算平台还能够结合人工智能、机器学习等先进技术，为金融机构提供智能化的决策建议与风险评估，进一步提升其融资决策的科学性与准确性。

在此基础上，数字金融实现了资金的优化配置，使得那些致力于环境保护、节能减排以及可持续发展的绿色项目能够更容易地获得所需的资金支持。这一变化不仅加速了绿色项目的落地与实施，还促进了绿色技术的广泛应用与产业化进程，为城市绿色经济的快速发展奠定了坚实基础。

进一步而言，数字金融通过提升金融服务的覆盖面与精准度，有效推动了城市经济结构的优化与升级。绿色项目所代表的新兴产业与绿色经济模式，在获得充足资金支持后，得以快速发展并逐渐成为城市经济的新增长点。这一过程不仅增强了城市经济的韧性与可持续性，还为应对气候变化、实现碳中和目标等全球性挑战提供了有力支撑。

数字金融凭借大数据、云计算等现代信息技术，显著提高了金融服务的覆盖面与精准度，实现了资金的优化配置，为城市绿色经济的快速发展注入了强劲动力。这一变革不仅推动了城市经济结构的优化与升级，还为全球绿色转型与可持续发展提供了有益的借鉴与启示。

（2）数字金融领域内的创新产品和服务极大地催化了绿色金融市场的多元化与蓬勃发展，为绿色经济的资金筹措开辟了更为广阔且灵活的路径。传统金融服务体系往往受到地域界线、规模限制以及高昂成本等多重因素的制约，这导致绿色项目在寻求资金支持时面临较高的融资成本与漫长的投资回报周期，进而阻碍了绿色经济的快速推进。

然而，数字金融凭借其技术驱动的创新优势，成功打破了这些传统限制。通过开发并推广一系列创新性的金融产品和服务，如绿色债券、绿色基金、绿色信贷等，数字金融为绿色项目提供了更为丰富、多元且灵活的融资渠道。这些创新产品不仅拓宽了绿色项目的资金来源，还有效降低了其融资成本，使得更多原本难以获得传统金融支持的绿色项目得以顺利实施。

绿色债券作为数字金融创新产品体系中的标志性代表，凭借其独特的环境效益展示功能与长期投资价值凸显特性，成功地吸引了广泛社会资本的深切关注与积极投入。这一创新金融工具不仅为投资者开辟了一条通往绿色、可持续投资领域的新途径，而且通过详尽披露绿色项目的环境绩效与积极影响，有效增强了投资者对绿色经济未来发展的信心与期待。

绿色基金作为另一种重要的数字金融创新形式，通过集合投资这一高效机制，将原本分散的社会资本汇聚成一股规模庞大、目标明确的绿色投资力量。绿色基金不仅为绿色项目的规模化、产业化发展提供了坚实的资金支持，而且通过专业化的投资管理与风险分散策略，进一步降低了单个投资者的风险承担水平，提升了整体投资组合的稳定性和回报潜力。

绿色信贷作为传统金融与绿色金融深度融合的产物，也在推动绿色项目融资方面发挥了不可或缺的作用。通过优化贷款审批流程、简化融资手续、降低贷款利率等一系列创新举措，绿色信贷显著降低了绿色项目的融资门槛与成本负担，为市场主体参与绿色投资创造了更加有利的环境与条件。这一系列政策与措施不仅增强了市场主体的投资信心与积极性，而且为绿色经济的快速、健康发展注入了强大的动力与活力。

绿色债券、绿色基金以及绿色信贷等数字金融创新产品，各自以其独特的功能与优势，在吸引社会资本投入、促进绿色项目规模化发展以及降低融资门槛与成本等方面发挥了至关重要的作用。这些创新产品不仅丰富了绿色金融市场的产品体系与投资选择，而且为推动绿色经济发展、实现可持续发展目标提供了有力的金融支持与保障。随着数字金融技术的不断革新与进步，这些创新产品在绿色经济领域的应用前景将更加广阔，其对社会资本引导与绿色投资促进的作用也将愈发显著。

这些创新产品和服务的推出，不仅丰富了绿色金融市场的产品结构与服务层次，还促进了绿色投资文化的普及与深化。投资者在了解并认可绿色项目的长期投资价值后，更愿意将资金投入到绿色经济领域，从而推动了绿色经济的快速发展与繁荣。

进一步而言，数字金融创新产品和服务对绿色经济领域的资本流动与投资行为产生了深远影响。它们不仅降低了绿色项目的融资成本与投资风险，还增强了绿色经济的吸引力与竞争力，使更多社会资本被引导至绿色、低碳及环保领域。这一过程不仅加速了绿色技术的研发与应用，还推动了产业结构的优化与升级，为城市绿色经济的可持续发展奠定了坚实基础。

数字金融的创新产品和服务极大地促进了绿色金融市场的多元化发展，为绿色项目提供了更为丰富、灵活且低成本的融资渠道。这些创新举措不仅增强了市场主体的投资信心与积极性，还推动了绿色经济的快速发展与繁荣，为实现经济的绿色转型与可持续发展提供了有力支撑。

（3）数字金融在推动绿色经济高质量发展方面扮演着至关重要的角色，特别是通过促进技术创新与产业升级，为绿色经济的持续繁荣注入了新的活力。数字金融凭借其无与伦比的便捷性与高效性，为创新型企业提供了前所未有的研发资金获取渠道与市场支持机会，极大地加速了绿色技术的研发进程与实际应用的步伐。

数字金融通过优化融资机制、拓宽融资渠道，使得创新型企业能够更轻松地跨越传统金融体系的融资门槛，及时获得充足且成本合理的研发资金。这些资金不仅为绿色技术的初期研发提供了必要的物质保障，还支撑了后续的技术优化与产业化进程，从而推动了绿色技术从实验室走向市场的快速转化。

与此同时，数字金融的高效性还体现在对市场信息的快速捕捉与精准分析上。借助大数据、人工智能等先进技术，数字金融平台能够实时跟踪绿色技术的市场动态与消费者需求，为创新型企业提供及时的市场反馈与策略建议。这不仅有助于企业准确把握市场趋势，制定科学合理的营销策略，还促进了绿色技术与市场的深度对接，加速了绿色技术的商业化进程。

这些绿色技术的广泛应用，不仅显著提高了资源利用效率，降低了环境污染与生态破坏的风险，还推动了产业结构的优化与升级。一方面，绿色技术的普及使传统产业得以转型升级，实现了从高污染、高能耗向绿色、低碳的转变；另一方面，绿色技术的创新与发展也催生了大量新兴产业，为城市绿色经济注入了新的增长点。

进一步而言，数字金融在促进技术创新与产业升级的过程中，还发挥了重要的催化作用。通过搭建创新型企业与金融机构、科研机构及政府部门之间的沟通桥梁，数字金融促进了多方资源的有效整合与协同合作，为绿色技术的研发与应用创造了更加有利的外部环境。这一过程不仅加速了绿色技术的迭代升级，还推动了创新链、产业链与资金链的深度融合，为城市绿色经济的长期发展奠定了坚实的基础。

数字金融通过促进技术创新与产业升级，为绿色经济的高质量发展提供了强有力的支撑。其便捷性与高效性不仅加速了绿色技术的研发与应用，还推动了产业结构的优化与升级，为城市绿色经济的持续繁荣注入了新的活力与动力。

数字金融在增强城市经济韧性方面所发挥的关键作用不容忽视，特别是在应对外部冲击，如经济波动、自然灾害等不确定性因素时，其灵活性与创新性突出。面对这些外部挑战，数字金融能够迅速响应并调整资金配置策略，为受影响的绿色项目提供及时且必要的资金支持，从而有效缓解其资金压力，帮助其顺利渡过难关。

数字金融通过运用大数据、人工智能等先进技术，实现了对资金流动的实时监控与精准预测。当外部冲击发生时，数字金融平台能够迅速识别出受影响的绿色项目及其资金需求，并启动相应的应急融资机制，确保资金能够第一时间到达项目方手中。这种高效的资金调配能力，不仅提高了绿色项目的抗风险能力，还保障了其在逆境中的持续运营与发展。

同时，数字金融的多元化融资渠道与创新性金融产品和服务也为市场主体提供了更为丰富的风险缓冲与应对手段。传统金融体系往往受限于固定的融资渠道与产品种类，难以在短时间内为受冲击的市场主体提供足够的资金支持。而数字金融则通过开发绿色债券、绿色基金、绿色信贷等多种创新产品，为市场主体提供了更为灵活多样的融资选择。这些产品不仅拓宽了市场主体的资金来源，还通过风险分散与收益共享机制，有效降低了其面临的风险水平。

此外，数字金融在促进市场主体的信息交流与协同合作方面也发挥了重要作用。通过搭建数字化平台，数字金融使得市场主体能够更便捷地获取市场动态、分享风险信息，并共同制定应对策略。这种信息透明与协同合作的环境，不仅增强了市场主体的抗风险能力，还促进了资源的优化配置与高效利用，为城市经济在面对外部冲击时的快速恢复提供了有力保障。

数字金融在增强城市经济韧性方面扮演了举足轻重的角色，其影响力深远且多维度。具体而言，数字金融凭借其灵活、高效的资金配置能力，多元化的融资渠道与创新性的金融产品和服务，以及促进市场主体之间信息交流与协同合作的功能，共同构筑起一道城市经济应对外部冲击与挑战的坚实屏障。首先，数字金融的灵活高效资金配置能力显著提升了城市经济对资源的利用效率。通过运用先进的数据分析技术与算法，数字金融能够迅速识别并响应市场中的资金需求与投资机会，实现资金的精准投放与高效流转。这一过程不仅优化了资源配置结构，还增强了城市经济在面对外部冲击时的资金流动性与抗风险能力。其次，数字金融提供了多元化的融资渠道与创新性的金融产品和服务，为城市经济中的各类市场主体提供了更为丰富、灵活的融资选择。这些创新产品与服务不仅拓宽了融资来源，降低了融资成本，还为绿色项目等具有长期投资价值但初期资金需求较大的领域提供了有力的资金支持。这一过程不仅促进了城市经济的多元化发展，还增强了其在面对不确定性因素时的资金保障与恢复能力。最后，数字金融在促进市场主体之间的信息交流与协同合作方面发挥了关键作用。通过构建开放、共享的信息平台与生态系统，数字金融打破了传统金融领域的信息壁垒，促进了市场主体之间的信息共享与协同合作。这一过程不仅提升了市场透明度与效率，还增强了城市经济在面对外部冲击时的集体应对能力与快速恢复能力。

第三节　数字金融影响城市绿色经济韧性提升的传导机制

数字金融在推动城市绿色经济韧性提升方面展现出了多维度且深远的积极作用，其通过优化资金配置效率、显著降低融资成本、大幅提升市场透明度及信息对称性，为城市绿色经济的可持续发展注入了强劲的新动力与活力。具体而言，数字金融凭借其强大的数据处理与分析能力，能够精准识别并高效配置绿色经济领域的资金需求，实现资金从低效领域向高效绿色项目的有序流动。这一过程不仅优化了城市绿色经济的资金结构，提升了资金使用效率，还促进了绿色产业的快速发展与壮大，增强了城市绿色经济的内在韧性与竞争力。同时，数字金融通过创新性的金融产品和服务，如绿色债券、绿色基金等，为绿色项目提供了更为丰富、灵活的融资渠道，显著降低了融资成本与时间成本。这一变革不仅激发了市场主体的绿色投资热情与积极性，还促进了绿色技术的研发与应用，加速了城市绿色经济的转型升级与高质量发展。此外，数字金融在提升市场透明度及信息对称性方面发挥了关键作用。通过构建开放、共享的信息平台与生态系统，数字金融打破了传统金融领域的信息壁垒，促进了市场主体之间的信息共享与交流。这一过程不仅提升了市场透明度，降低了信息不对称风险，还为绿色经济的健康发展营造了更加公平、公正的市场环境。

（1）数字金融的蓬勃兴起，标志着金融资源配置方式的一次深刻变革，尤其在促进绿色产业与技术创新领域的资金高效、精准流动方面，展现出了前所未有的潜力与优势。在传统金融体系中，信息不对称与风险评估的复杂性一直是制约绿色项目融资的关键因素。绿色项目因其特有的长期性、外部性及技术不确定性，往往难以获得传统金融机构的充分认可与支持，从而面临融资难、融资贵的双重困境。

然而，数字金融的兴起为这一难题提供了创新的解决方案。借助大数据、云计算等前沿信息技术的强大力量，数字金融平台能够深度挖掘并分析绿色项目的潜在价值、风险状况以及具体的资金需求。大数据技术的应用，使平台能够整合并分析来自多个维度的海量数据，包括环境效益、市场前景、技术成熟度等，从而更为准确、全面地评估绿色项目的投资潜力与风险水平。云计算技术则提供了高效的数据处理与存储能力，支持了对大规模数据集的实时分析与决策支持，进一步提升了金融资源配置的效率与精准度。

在此基础上，数字金融实现了对绿色项目融资需求的精准匹配与资金的高效调配。通过智能化的风险评估模型与自动化的贷款审批流程，数字金融平台能够迅速识别出具有潜力的绿色项目，并为其提供量身定制的融资方案。这些方案不仅降低了绿色项目的融资成本，还缩短了融资周期，使得项目能够更快地获得所需的资金支持，进而加速其研发进程与市场推广。

这一变革不仅推动了绿色产业的快速发展，还促进了技术创新的不断深化。绿色项目在获得充足资金支持后，得以加速技术迭代与产业升级，从而提升了整个绿色产业的竞争力与可持续发展能力。同时，数字金融的便捷性与高效性也激发了更多创新主体的参与热情，推动了绿色技术创新生态的构建与完善。

（2）数字金融的兴起，特别是大数据与区块链等先进技术的融合应用，为金融机构在绿色项目风险评估领域带来了革命性的变革。这些技术不仅显著增强了金融机构对绿色项目风险特征的识别与分析能力，还从根本上提升了风险评估的准确性和效率，同时有效降低了评估过程中的成本负担，为绿色项目融资创造了更为有利的条件。

大数据技术的应用使金融机构能够获取并处理来自多个维度、海量且复杂的数据信息，包括绿色项目的环境效益、市场前景、技术成熟度、政策导向以及企业信用记录等。通过对这些数据的深度挖掘与分析，金融机构能够更准确地把握绿色项目的潜在价值与风险状况，从而做出更为科学合理的融资决策。这一过程不仅提高了风险评估的准确性，还缩短了评估周期，降低了因信息不对称而引发的风险。

区块链技术的引入，为绿色项目的风险评估领域带来了革命性的变革，提供了一种更为透明、可追溯且防篡改的评估机制。这一创新技术通过构建基于区块链的风险评估模型与数据共享平台，为金融机构提供了一种全新的方式来实时追踪绿色项目的进展状况与风险变化动态，从而确保风险评估结果的真实性与可靠性。区块链技术以其独特的分布式账本结构，实现了数据信息的不可篡改与高度透明。在绿色项目的风险评估过程中，所有相关的数据与信息都将被安全地记录在区块链上，形成一条完整且不可篡改的数据链。这一特性不仅增强了数据的可信度与完整性，还为金融机构提供了更为准确、全面的风险评估依据。同时，基于区块链的风险评估模型与数据共享平台，金融机构能够实时获取并更新绿色项目的最新进展与风险状况。这一能力不仅提升了风险评估的时效性与准确性，还为金融机构提供了更为灵活、高效的决策支持。通过实时监测与预警潜在风险，金融机构能够迅速采取相应的风险管理措施，确保绿色项目的顺利推进与长期发展。区块链的去中心化特性在绿色项目的风险评估过程中也发挥了重要作用。通过打破传统中心化的数据管理模式，区块链促进了多方参与者的协同合作与信息共享。在绿色项目的风险评估中，政府、金融机构、项目方等多方利益相关者可以共同参与数据的录入、验证与共享过程，从而形成一个更加全面、客观的风险评估结果。这一过程不仅提升了风险评估的效率与全面性，还为绿色项目的顺利落地与长期发展提供了有力保障。

这些技术应用的综合效应，直接导致了绿色项目融资成本的显著降低。一方面，风险评估能力的提升增强了金融机构对绿色项目的信心，使得其更愿意为这些项目提供资金支持，并愿意在利率、期限等融资条件上给予更多优惠。另一方面，评估成本的降低也使得金融机构能够以更低的成本为绿色项目提供融资服务，从而进一步减轻项目方的财务负担。

这种风险评估能力的提升与融资成本的降低，为绿色经济的长期发展提供了更为坚实的资金保障。绿色项目在获得充足且成本合理的资金支持后，得以加速其研发进程、市场推广与产业升级，从而推动整个绿色经济体系的快速发展与可持续增长。

数字金融通过大数据、区块链等技术的应用，显著增强了金融机构对绿色项目的风险评估能力，降低了融资成本，为绿色经济的长期发展奠定了坚实的资金基础。这一变革不仅推动了绿色金融的深化发展，还为全球绿色转型与可持续发展目标的实现提供了有力支持。

（3）数字金融的广泛普及，作为金融领域的一次重大革新，对市场信息流通与共享机制产生了深远影响，特别是在推动绿色经济发展方面展现出了显著优势。在传统金融市场中，信息不对称问题长期存在，成为制约市场参与者准确判断绿色经济发展趋势与投资价值的关键因素。绿色项目因涉及环境效益、技术创新及政策导向等多重复杂因素，其相关信息往往难以被市场全面、及时地获取，进而影响了投资者的决策效率与信心。

然而，数字金融的兴起为这一难题提供了创新性的解决方案。通过构建高效的信息交流平台与数据共享机制，数字金融极大地促进了市场信息的流通与共享，降低了信息不对称程度。这一变革不仅提升了市场参与者对绿色经济信息的获取能力，还增强了其对绿色经济发展趋势的敏锐度与洞察力。

数字金融利用大数据、云计算等先进技术，整合并分析了来自政府、企业、科研机构及公众等多方面的绿色经济相关数据。这些数据涵盖了绿色项目的环境效益评估、技术成熟度分析、市场前景预测以及政策支持情况等多个维度，为市场参与者提供了全面、深入的信息支持。同时，数字金融还通过智能化的信息推送与定制化服务，使得市场参与者能够根据自身需求，便捷地获取所需信息，从而提高信息获取的效率与针对性。

此外，数字金融还促进了市场参与者之间的信息共享与合作。通过构建基于区块链等技术的分布式信息共享平台，数字金融实现了信息的透明化、可追溯与防篡改，增强了信息的真实性与可靠性。这一机制不仅促进了投资者、金融机构、绿色项目方及政府等多方参与者的协同合作，还激发了更多的绿色投资与创业活动，为绿色经济的蓬勃发展注入了新的活力。

信息透明度的提升，使得市场参与者能够更准确地评估绿色项目的投资价值与潜在风险，从而增强其投资绿色经济的意愿与信心。这一过程不仅推动了绿色经济的资本流入与产业升级，还促进了绿色技术创新与扩散，为绿色经济的长期发展奠定了坚实基础。

数字金融的普及通过构建高效的信息交流平台与数据共享机制，极大地促进了市场信息的流通与共享，降低了信息不对称程度，提高了市场参与者对绿色经济趋势的敏锐度与投资意愿。这一变革不仅激发了更多的绿色投资与创业活动，还为绿色经济的蓬勃发展注入了强劲动力，为推动全球绿色转型与可持续发展目标的实现提供了有力支持。

最后，这些因素共同作用，推动了城市产业结构的绿色转型与升级。随着绿色产业的快速发展和技术创新的不断深化，传统的高污染、高能耗产业逐渐被淘汰或转型，城市产业结构逐渐呈现出绿色化、智能化、高端化的趋势。这种产业结构的转型与升级，不仅提高了城市经济的整体竞争力和可持续发展能力，还增强了城市经济在面临外部冲击时的抵御力、适应力和恢复力。即数字金融通过推动城市产业结构的绿色转型与升级，显著提升了城市的绿色经济韧性。

第四章

数字金融影响下城市绿色经济韧性发展概况

数字金融在推动绿色经济实现韧性增长的过程中，扮演了一个至关重要的催化与支撑角色。它通过一系列多维度、精细化的策略，包括优化资源配置、有效缩减融资成本与降低融资门槛、显著增强市场透明度以及大力提升公众信任度等，为绿色与低碳项目提供了既精准又高效的金融支持体系。这一系列作用机制不仅极大地加速了绿色经济转型的步伐，还为其长期稳定发展奠定了坚实的基础。数字金融凭借其强大的数据处理与分析能力，能够精准识别并高效配置绿色经济领域的资金需求，实现资源从低效领域向高效绿色项目的有序流动。这一过程不仅优化了资源配置结构，提升了资金使用效率，还促进了绿色产业的快速发展与壮大，增强了绿色经济的内在韧性与竞争力。数字金融通过创新性的金融产品和服务，显著降低了绿色项目的融资成本与时间成本，打破了传统融资模式的束缚与局限。这一变革不仅激发了市场主体的绿色投资热情与积极性，还拓宽了绿色项目的融资渠道，降低了融资门槛，为更多绿色与低碳项目的顺利落地提供了有力保障。

数字金融在增强市场透明度方面也发挥了关键作用。通过构建开放、共享的信息平台与生态系统，数字金融打破了信息不对称的壁垒，促进了市场主体之间的信息共享与交流。这一过程不仅提升了市场透明度，降低了交易成本，还为绿色经济的健康发展营造了更加公平、公正的市场环境。更重要的是，数字金融通过提升公众信任度，增强了绿色经济的社会基础与群众基础。通过运用区块链、大数据等先进技术，数字金融能够确保绿色项目信息的真实性与可靠性，提升公众对绿色经济的认知度与认同感。这一过程不仅促进了绿色消费与绿色投资行为的形成与发展，还为绿色经济的长期稳定发展提供了广泛的社会支持与参与。

为了深入探究数字金融对其他城市绿色经济韧性发展所产生的具体影响，本研究精心挑选了北京、上海、重庆、成都、南京、广州和郑州等城市作为研究对象。这些城市之所以被选中，是因为它们在经济增长速度、数字金融的应用深度、绿色转型的进展程度以及地理位置等多个关键方面均有代表性。北京和上海作为中国的一线城市，不仅在经济增长方面遥遥领先，还在数字金融的创新应用与绿色经济的推进上走在了全国的前列。重庆、成都、南京、广州和郑州等城市则分别代表了不同地域、不同经济发展水平以及不同绿色转型阶段的多样性特征，使本研究能够全面而深入地分析数字金融在不同情境下对绿色经济韧性发展的具体作用。

本研究在深入探究数字金融对绿色经济稳健发展的促进作用时，采用了综合考量经济增长潜力、数字金融应用深度、绿色转型进展及地理位置特征等多重维度的分析框架。通过这一综合评估方法，所选取的城市样本不仅全面且深入地展示了数字金融在驱动绿色经济稳健增长中的核心功能与关键作用，而且还深刻揭示了不同地区在数字金融与绿色经济发展上所展现出的独特路径、差异化策略以及宝贵实践经验。北京和上海作为中国的经济中心与金融创新高地，凭借其强大的经济实力、深厚的金融资源积累以及前沿的数字金融创新能力，成功地将数字金融与绿色经济深度融合，推动了绿色产业的快速转型与高质量发展。这两个城市通过构建完善的数字金融生态体系，不仅为绿色项目提供了丰富多样的融资渠道与高效便捷的服务支持，还促进了绿色技术的研发与应用，加速了绿色经济的结构优化与产业升级。

与此同时，重庆、成都等中部地区城市则结合自身的地域特色、资源优势以及区域发展战略，探索出了适合本地实际情况的绿色经济发展模式。这些城市通过利用数字金融手段，有效整合了区域内的绿色资源，推动了绿色产业的集聚与协同发展。此外，它们还注重发挥政府在绿色经济发展中的引导作用，通过制定一系列鼓励政策与激励措施，激发了市场主体的绿色投资热情与积极性，为绿色经济的持续增长提供了有力保障。

这些城市的成功实践不仅为其他城市提供了宝贵的参考与启示，还为推进我国绿色经济的稳健增长贡献了重要的智慧与力量。它们所展现出的数字金融与绿色经济协同发展的独特路径与宝贵经验，对于其他城市乃至全国范围内的绿色经济转型与发展均具有重要的指导意义与借鉴价值。

本研究精心选取了北京、上海、重庆、成都、南京、广州、郑州及西安等具有代表性的城市作为深入研究的对象，旨在全面而深刻地剖析数字金融在促进绿色经济韧性增长过程中所扮演的关键角色，并细致揭示了不同地区在数字金融应用与绿色经济发展实践中所展现的独特路径、显著特征以及宝贵经验。这一研究设计不仅充分考虑了城市间的经济规模、地理位置、产业结构及金融资源分布等多维度差异，还聚焦于数字金融与绿色经济交互作用的复杂性与多样性，从而确保了研究结果的全面性与深入性。

通过对这些城市的深入分析，本研究发现数字金融在推动绿色经济韧性增长方面发挥了至关重要的作用。具体而言，数字金融通过优化资源配置、降低融资成本、提升市场透明度及促进信息共享等机制，有效促进了绿色项目的融资效率与投资效益，加速了绿色产业的转型升级与集聚发展。同时，数字金融还通过增强公众对绿色经济的认知与参与，为绿色消费与绿色投资行为的形成与发展提供了有力支撑，进一步推动了绿色经济的稳健增长与可持续发展。

本研究还揭示了不同地区在数字金融与绿色经济发展上的独特之处与宝贵经验。例如，北京和上海作为中国的经济金融中心，凭借其强大的经济实力与数字金融创新能力，成功推动了绿色经济与数字金融的深度融合，形成了具有示范意义的绿色经济发展模式。而重庆、成都等西部地区城市则结合自身的地域特色与资源优势，探索出了适合本地实际情况的绿色经济发展路径，展现了数字金融在促进区域绿色经济协调发展中的重要作用。

这些发现不仅极大地丰富了我们对数字金融与绿色经济关系的理解，还为其他城市提供了有益的参考与启示。这表明，不同地区应根据自身的经济条件、产业结构及资源优势，制定差异化的数字金融与绿色经济发展策略，以实现绿色经济的稳健增长与可持续发展。同时，政府、金融机构及市场主体应加强合作与协同创新，共同构建开放、共享、协同的数字金融生态体系，为绿色经济的长期发展提供坚实的支撑与保障。

第一节　数字金融影响北京绿色经济韧性发展的状况

一、基础信息概览

在北京市制定的“十四五”规划纲要战略性文件中，深刻而明确地阐述了在城市规划、建设与管理的全方位流程中，必须融入精心策划与系统设计的理念，旨在全方位提升城市应对各种不确定性挑战的整体韧性。该规划将构建一座安全稳固、信赖度高、灵活应变、恢复力强劲、组织有序且具备高度前瞻性与未来适应性的首都韧性城市空间治理体系，确立为其核心发展目标与战略导向。作为中华人民共和国的首善之区，北京市不仅坐拥得天独厚的地理位置优势，而且在近年来，面对全球气候变化、公共安全风险加剧等多重复杂背景，已逐步加快并深化了韧性城市建设的步伐与实践探索。

这一过程涵盖了城市基础设施的智能化改造与升级，以强化其抵御自然灾害、应对突发公共卫生事件等能力；推动城市规划理念的革新，注重生态优先与绿色低碳，通过优化空间布局提升城市的生态韧性与环境承载力；加强城市管理的精细化与智能化水平，运用大数据、云计算、人工智能等现代信息技术手段，实现对城市运行状态的实时监测、预警与高效调度。同时，注重提升社会公众的参与意识与自救互救能力，构建政府主导、社会协同、公众参与的多元共治格局，为韧性城市建设奠定坚实的社会基础。这一系列举措不仅体现了北京市作为首都的责任担当，也为全球范围内城市韧性建设的探索提供了宝贵的实践案例与理论启示。

1. 新兴的商业形态和模式有助于推动对外贸易的提升

北京市已全面构建并实施了一套高效且便捷的公共查询服务体系，这一体系的建立标志着在提升民众信息获取便利度方面取得了显著进展，同时，也极大地促进了城市管理透明度的提升。该服务体系通过整合多方信息资源，优化查询流程，使民众能够迅速、准确地获取所需信息，有效解决了信息不对称的问题，增强了政府与民众之间的互信基础。特别是在食品安全追溯这一关键领域，北京市展现出前瞻性的技术创新与应用能力，创新性地引入了区块链技术作为核心支撑。区块链技术以其独特的去中心化、数据不可篡改的特性，为食品从生产源头直至消费终端的每一个环节提供了强有力的数据追踪与验证机制。这一机制确保了食品链上所有关键信息的真实性与完整性，使得监管机构能够实时、准确地掌握食品流向与质量状况，及时发现并处理潜在的安全风险。

通过区块链技术的应用，北京市食品安全追溯体系实现了从被动应对向主动预防的根本性转变。一方面，消费者可以通过扫描产品上的二维码，轻松获取食品的来源、生产日期、检测报告等详细信息，增强了消费者的知情权与选择权；另一方面，监管机构能够依托区块链上的不可篡改数据，对食品生产、加工、运输、销售等各个环节进行全程监控，有效提升了食品安全监管的精准度与响应速度，极大地增强了食品安全监管的效能与公信力。

面对2020年突如其来的新冠疫情挑战，北京市迅速响应，基于"外防输入、内防反弹"的总体防控策略，创造性地提出了"人物并防"的防控新思路。这一策略不仅关注人与人之间的传播链条，同时加强对进口冷链食品等物品的检测与防控，构建起全方位、立体化的疫情防控网络，有效遏制了疫情的扩散与反弹。

此外，在应对疫情冲击的过程中，北京市积极拥抱新兴商业模式与业态，这些新模式不仅为经济复苏注入了强劲动力，还成为推动外贸转型升级、实现高质量发展的重要引擎。具体而言，通过数字化转型、跨境电商、服务贸易创新等路径，北京市的外贸结构得以优化，国际竞争力显著增强。

北京市商务局的相关负责人指出，为进一步推动服务贸易的繁荣发展，北京市已设立并实施了一系列服务贸易创新试点项目。这些项目不仅聚焦服务贸易的自由化、便利化，还积极探索服务贸易的新模式、新业态，旨在形成可复制、可推广的"北京经验"，为全国乃至全球的服务贸易发展提供有益的借鉴与启示。这一系列举措不仅展现了北京市作为国际大都市的创新活力与开放姿态，也为全球服务贸易的未来发展贡献出宝贵的"北京智慧"。

2. 致力于创建数字贸易的示范区域

针对北京市内特定园区而言，加速构建数字服务进出口基地的战略部署已跃升为首要且紧迫的任务。这一战略导向旨在积极响应全球数字经济快速发展的趋势，以及国家对数字服务贸易高质量发展的迫切需求。近期，这些园区的发展重心聚焦于积极促进企业服务出口的数字化转型进程，力图通过技术创新与模式创新，推动传统服务贸易向数字化、智能化方向转型升级。同时，园区亦致力于迅速培育并壮大一批新的数字服务出口主体[67]，这些主体将成为驱动数字服务贸易增长的新引擎，为北京市乃至全国的数字经济国际竞争力注入强劲动力。

在此背景下，北京“两区”（即自由贸易试验区和国家服务业扩大开放综合示范区）建设规划[68]的发布，为园区发展提供了更为明确的方向与政策支持。中关村软件园作为北京市科技创新与数字经济发展的高地，凭借其独特的区位优势、产业基础与创新生态，被正式认定为北京市唯一的集国家数字服务出口基地、国际信息产业与数字贸易港以及数字贸易试验区于一体的“三位一体”[69]资质持有者。这一认定不仅是对中关村软件园在数字服务贸易领域已有成就的肯定，更是对其未来在推动数字服务国际化、促进产业融合发展、探索制度创新等方面寄予厚望。

中关村软件园“三位一体”资质的获得，意味着其将在更高层次上参与全球数字服务贸易规则制定，成为连接国内外市场的桥梁与纽带。园区将依托这一平台，深化与国际数字服务市场的对接与合作，吸引更多国际高端要素资源聚集。同时，通过持续优化营商环境、强化政策支持与服务保障，激发企业创新活力，促进数字服务新业态、新模式不断涌现，为北京市乃至中国数字服务贸易的高质量发展贡献更多“中关村方案”。

在2020年全球新冠疫情肆虐的严峻挑战下，北京市的知识密集型服务贸易展现出了非凡的韧性与增长潜力，其增速不仅未受疫情负面影响，反而显著超越了整体服务贸易的增长速度，达到了令人瞩目的23个百分点之差。这一逆境中的强劲增长态势，不仅彰显了北京市在知识密集型产业领域的深厚底蕴与创新活力，也凸显了其在全球服务贸易格局中的重要地位与竞争优势。

进入2021年，这一增长趋势得以延续并进一步强化。在2021年的前6个月，知识密集型服务贸易的占比进一步提升至54.1%，这一比例的大幅提升，不仅反映了北京市服务贸易结构的持续优化升级，也预示着知识密集型服务贸易正成为推动北京市服务贸易高质量发展的核心力量。在此背景下，北京市于 2021 年宣布了创建“数字贸易示范区”的宏伟蓝图，旨在通过构建高水平开放型数字贸易体系，引领全球数字贸易规则制定与创新，进一步提升北京市在全球数字贸易领域的影响力与话语权。为实现这一目标，北京市政府已出台了一系列针对性强、支持力度大的政策措施，旨在营造更加开放、包容、便利的数字贸易营商环境，激发市场主体的创新活力与竞争力。

尤为重要的是，北京市明确提出，到规划期末，数字服务贸易将占据全市服务贸易总量的 75% 以上[70]，这一目标的确立，不仅体现了北京市对数字服务贸易未来发展的坚定信心与战略决心，也预示着北京市服务贸易将迎来一个以数字贸易为主导、知识密集型服务贸易为核心的高质量发展新阶段。通过持续深化数字贸易领域的改革开放，北京市将有望在全球数字贸易版图中占据更加重要的位置，为构建开放型世界经济贡献更多“北京智慧”与“北京方案”。

3. 在“两区”建设中，政策先行先试已经启动

自北京市启动自由贸易试验区和国家服务业扩大开放综合示范区（以下简称“两区”）建设以来，其展现出的实施效率与推进力度堪称典范，仅用一年时间便实现了原定三年至五年规划目标的 90% 以上，这一非凡成就充分彰显了北京市在改革开放与创新发展方面的“加速度”[71]。这一显著进展不仅体现了北京市政府的高效决策与执行力，也反映了其在面对复杂国内外环境时所展现出的强大韧性与应变能力。

在此背景下，北京市致力于打造一个全国领先的互联网基础设施——京津冀征信链，该平台旨在通过互联网技术和区块链技术的深度融合，构建一个基于企业信用信息的征信系统。京津冀征信链[72]的建立，不仅有助于提升区域信用体系的透明度和效率，也为优化营商环境、促进跨区域经济合作提供了坚实的基础。

依托“两区”建设的蓬勃动力与战略导向，北京市精准布局并成功建立了多个具备高度战略价值与示范意义的重点平台，同时，精心策划并实施了一系列具有里程碑意义的标志性项目。这一系列举措不仅显著增强了要素资源的集聚效应，大幅提升了市场的活跃度与竞争力，更为北京市经济结构的优化升级与高质量发展奠定了坚实的基础。在具体实践中，北京市通过深化资源配置机制改革，优化资源在不同产业、不同区域间的流动与配置，有效提升了资源利用效率与整体效能。同时，北京市不断强化重点平台的功能定位与服务能力，通过完善基础设施建设、提升平台服务质量、拓展平台合作网络等多维度措施，为产业链上下游企业提供了更为广阔、便捷的发展空间与合作机遇。

在推动项目落地方面，北京市注重发挥政府引导与市场机制的双重作用，通过制定优惠政策、提供资金支持、优化营商环境等多种方式，加速标志性项目的落地实施与成果转化。这些项目的成功实施，不仅为北京市带来了显著的经济效益与社会效益，更为产业链、创新链、资金链与人才链的深度融合提供了有力支撑。

通过这一系列举措的实施，北京市成功促进了产业链上下游企业的紧密协作与协同创新，加速了新技术、新业态、新模式的培育与壮大。同时，北京市还注重强化资金链对产业创新的支持作用，通过构建多元化的融资渠道与风险投资体系，为创新型企业提供了充足的资金支持与风险保障。此外，北京市还高度重视人才链的构建与完善，通过实施人才引进计划、优化人才发展环境、提升人才服务水平等措施，为经济高质量发展提供了坚实的人才保障与智力支持。

据北京市商务局发布的统计数据显示，在疫情防控常态化的高压态势下，依托“两区”建设的推动，自贸试验区以其仅占全市总面积七千分之一的有限空间，成功吸引并促进了近三成外资企业的增长[71]。这一数据不仅彰显了自贸试验区在吸引外资、促进开放型经济发展方面的巨大潜力与独特优势，也进一步验证了“两区”建设对于提升北京市乃至京津冀地区国际竞争力与影响力的关键作用。通过持续深化“两区”建设，北京市正逐步构建起一个更加开放、包容、便利、高效的营商环境，为全球投资者提供了广阔的发展空间和无限商机。

致力于构建数字贸易领域的示范高地，并矢志成为全球数字经济版图中的标杆城市，北京市自启动“两区”建设项目以来，采取了一系列全方位、深层次、系统性的策略与举措，强力推动服务贸易的创新发展与转型升级。这一系列战略部署不仅显著提升了北京市的开放程度与国际竞争力，更在数字贸易领域激发出无限活力与巨大潜力，为全球经济的高质量发展注入了强劲动力。在具体实践中，北京市充分利用“两区”建设的独特优势与政策红利，聚焦数字贸易的核心要素与关键环节，通过深化体制机制改革、优化营商环境、强化政策支持等多维度措施，为数字贸易的创新发展提供了坚实的制度保障与政策支撑。同时，北京市还注重发挥市场在资源配置中的决定性作用，通过构建开放、包容、协同的数字贸易生态系统，吸引全球优质资源与创新要素加速汇聚，为数字贸易的转型升级注入了强劲活力。

在推进服务贸易创新发展的过程中，北京市高度重视数字技术的深度融合与应用创新，通过推动大数据、云计算、人工智能等前沿技术与服务贸易的深度融合，加速培育了一批具有国际竞争力的数字贸易新业态、新模式。这些新业态、新模式的涌现，不仅丰富了服务贸易的内涵与外延，更在提升服务贸易效率、降低交易成本、增强国际竞争力等方面展现出显著优势。

此外，北京市还注重加强国际合作与交流，通过积极参与全球数字贸易规则制定、深化与“一带一路”共建国家及地区的经贸合作、搭建国际数字贸易交流平台等措施，不断提升北京市在全球数字贸易领域的话语权与影响力。这些国际合作举措不仅为北京市数字贸易的开放发展拓展了广阔空间，更为全球数字贸易的繁荣与发展贡献了中国智慧与中国方案。

在这一战略导向下，北京市充分利用“两区”建设的政策红利与制度创新优势，通过优化营商环境、强化政策支持、促进产业升级等多维度措施，为服务贸易特别是数字服务贸易的快速发展奠定了坚实基础。数据显示，2021 年，北京市服务贸易呈现出强劲的反弹态势，这一积极变化不仅反映了其在应对全球疫情挑战中的强大恢复力与韧性，也彰显了北京市作为国际服务贸易中心的核心竞争力与影响力。

高度的开放性作为北京市服务贸易发展的显著特征，不仅体现在市场准入、跨境交易、数据流动等方面的政策突破与创新，更体现在其对全球数字贸易规则制定与标准引领的积极参与和贡献方面。通过深化国际合作、拓展海外市场、吸引外资参与等路径，北京市有效促进了服务贸易的多元化与国际化发展，为构建开放型世界经济贡献了“北京力量”。

此外，高度的开放性还进一步增强了北京市的经济韧性，使其在复杂多变的国际环境中保持了稳定的经济增长与社会繁荣。通过推动服务贸易与数字经济的深度融合，北京市不仅培育了一批具有国际竞争力的服务贸易企业与品牌，还促进了产业结构的优化升级与经济质量的全面提升，为高品质发展注入了源源不断的动力与活力[71]。

二、设定的发展方向

截至 2025 年，北京市在构建韧性城市空间管理体系方面取得了里程碑式的显著成就。这一体系的建设不仅标志着首都城市治理现代化进程的重要一步，更体现了对全球气候变化、自然灾害以及社会经济不确定性等复杂挑战的前瞻性应对。具体而言，韧性城市的空间布局框架已初步成型，这一布局通过科学合理的规划与设计，有效整合了城市空间资源，确保了城市功能在不同风险情境下的持续运作与快速恢复能力。

在此过程中，针对城市运行中的关键薄弱环节，北京市实施了精准识别与系统优化策略。通过强化基础设施的冗余设计与智能化改造，提升了城市关键系统对极端天气、地质灾害等自然灾害的抵御能力，显著增强了城市的安全韧性。同时，针对人口密集区、经济核心区域及生态敏感地带等关键地区，实施了更为严格的韧性保障措施，包括但不限于加强应急管理体系、提升资源调配效率、优化生态环境治理等，从而确保了这些区域在面对各类冲击时的稳定与韧性。

此外，北京市在韧性城市建设中还特别注重了技术创新与智慧治理的融合应用。通过大数据、云计算、物联网等先进信息技术的集成运用，实现了对城市运行状态的实时监测、预警与高效响应，为城市管理者提供了科学决策的依据，也为市民提供了更加安全、便捷的生活环境。

到 2035 年为止，北京市作为社会主义现代化强国首都，将圆满构建一个与之地位相称、高度发达的韧性城市空间管理体系。这一体系的建立，不仅标志着北京市在城市治理现代化领域取得了重大突破，而且在全球城市韧性建设的版图中树立了新的标杆。该体系不仅具备卓越的维护与恢复能力，能够有效应对各类突发挑战，确保城市功能的连续性与稳定性，而且通过创新性地构建城市韧性生命线系统，实现了对城市关键基础设施、生命线工程及重要功能区域的全方位保护与强化。

城市韧性生命线系统作为该管理体系的核心组成部分，通过高度集成的智能化监测、预警与响应机制，确保了城市在遭遇极端天气、地质灾害、公共卫生事件等极端灾害风险时，能够迅速调动资源、有效减轻灾害影响，并迅速恢复城市正常运行。这一系统的建立，不仅显著提升了城市的应急管理水平，也为市民提供了更加安全、可靠的生活与工作环境。

在此基础上，北京市还针对城市安全的薄弱区域实施了系统性的消除策略。通过精准识别城市运行中的潜在风险点，采取针对性的工程措施与管理手段，有效降低了这些区域在灾害发生时的脆弱性。同时，通过加强社区层面的韧性建设，提升了基层社会治理能力，增强了市民的自救互救能力与社区凝聚力，为城市韧性体系的构建提供了坚实的群众基础。

此外，北京市在韧性城市建设中还特别注重了跨领域、跨部门的协同合作与信息共享。通过建立健全的协调机制与合作平台，促进了政府、企业、社会组织及公众之间的有效沟通与合作，形成了应对极端灾害风险的强大合力。这一体系不仅具备了强大的维护与恢复能力，而且通过构建城市韧性生命线系统、消除城市安全薄弱区域及促进跨领域协同合作，全面提高了应对极端灾害风险的韧性，为首都城市的长期安全、可持续发展奠定了坚实的基础。这一系列成就不仅为国内外城市韧性建设提供了宝贵的经验借鉴，也为全球城市应对未来挑战、实现高质量发展探索了新的路径与模式。

展望至2050年，北京市致力于全面构建一个与社会主义现代化强国首都地位相称、达到国际顶尖水准的韧性城市空间治理体系。这一宏伟目标的设定，不仅体现了北京市对于城市治理现代化与可持续发展的坚定承诺，也彰显了其作为全球领先城市在应对未来挑战、引领韧性城市建设方面的雄心壮志。

为实现这一目标，北京市将聚焦于韧性规划治理能力的全面现代化，包括但不限于城市规划的前瞻性、科学性、灵活性与适应性，以及治理机制的创新性、高效性与协同性。通过整合多学科知识、运用先进技术与数据驱动的方法，北京市将构建一个能够精准识别风险、高效配置资源、快速响应挑战的韧性规划框架，确保城市在面对自然灾害、公共卫生事件、社会经济波动等多重风险时，能够维持其基本功能与服务的连续性。同时，在灾后迅速恢复并促进城市的长期转型与可持续发展。北京市将致力于打造一个在灾害发生时能够保持韧性、灾后能够迅速恢复，并具备未来转型能力的韧性城市典范。这要求北京市不仅要强化城市基础设施的韧性建设，提升关键系统的冗余度与恢复力，还要深化社会治理体系的创新，增强社区层面的自救互救能力与韧性文化，构建政府、企业、社会组织及公众共同参与、协同治理的韧性网络。

此外，北京市还将注重韧性城市建设的国际化交流与合作，积极参与全球韧性城市网络，分享经验、学习最佳实践，共同推动全球城市韧性治理体系的完善与发展。通过加强国际合作，北京市将不断提升自身的韧性治理水平，为全球城市应对未来不确定性、实现可持续发展贡献中国智慧与中国方案。

预计到2050年，北京市将全面构建一个与国际一流水平相匹配的韧性城市空间治理体系，成为灾害发生时能够维持、灾后能够恢复、未来能够转型的韧性城市典范，为全球城市的韧性建设提供宝贵经验与示范效应。

三、关于发展的主要焦点和具体执行方案

自2024年以来，北京市的经济态势呈现出稳步复苏与高质量发展的双重积极特征，不仅体现在经济增长速度的逐步恢复上，更在于经济发展品质的显著提升，标志着北京市经济结构优化与转型升级的显著成效。在此基础上，北京市积极响应国家关于进一步扩大高水平对外开放的战略部署，致力于在新的历史起点上推动经济社会的全面进步与国际竞争力的不断增强。

围绕首都的"四个中心"战略定位——政治中心、文化中心、国际交往中心、科技创新中心，北京市将深化实施京津冀协同发展战略与创新驱动发展战略[73]，旨在通过区域协同与科技创新的双轮驱动，加速构建现代化经济体系，提升城市的核心功能与全球影响力。

在深化京津冀协同发展战略方面，北京市将强化与天津、河北等周边地区的合作，通过优化区域空间布局、促进产业协同发展、加强生态环境保护等措施，共同打造世界级城市群与现代化都市圈，为区域经济的整体跃升与可持续发展奠定坚实基础。在创新驱动发展战略的推动下，北京市将充分发挥其在科技创新领域的领先优势，通过加大研发投入、培育创新主体、优化创新生态等路径，加速科技成果向现实生产力转化，推动经济高质量发展。同时，北京市将积极构建开放协同的创新网络，吸引全球创新资源汇聚，提升国际科技合作水平，为打造国际科技创新中心提供有力支撑。

在此基础上，北京市将全面加速"两区"建设，通过深化改革开放、优化营商环境、促进服务贸易与数字经济融合发展等措施，打造更高水平的开放型经济新体制。北京市将致力于成为国际数字经济的标杆

城市，通过推动数字技术与实体经济深度融合，加速数字产业化与产业数字化进程，为全球经济数字化转型贡献“北京方案”。

自 2024 年以来，北京市的经济发展呈现出稳健复苏与品质显著提升的积极态势，这一趋势不仅体现了北京市经济韧性与增长潜力的有效释放，也彰显了其在面对复杂多变全球经济环境时所展现出的战略定力与应对能力。展望未来，北京市将继续秉持“四个中心”的战略定位，深化实施京津冀协同发展战略与创新驱动发展战略，致力于在更高层次、更广领域推动经济社会的全面转型升级。在深化京津冀协同发展的过程中，北京市将充分发挥核心城市的引领作用，通过优化区域空间布局、强化产业协同发展、推动交通一体化与生态环境保护等多维度措施，促进京津冀地区形成优势互补、高质量发展的区域经济一体化格局。同时，北京市还将加强与周边地区的合作与交流，共同探索跨区域合作新模式，为区域经济协同发展注入新的活力与动力。

在实施创新驱动发展战略方面，北京市将全面加速“两区”建设，通过深化体制机制改革、优化创新生态环境、强化政策支持与服务保障等措施，为科技创新与数字经济发展提供更为广阔的空间与更为有力的支撑。北京市将致力于打造国际科技创新中心与数字经济标杆城市，通过推动数字经济与实体经济深度融合、加速培育新兴产业集群、提升科技创新成果转化效率等措施，为经济高质量发展注入强劲动力。北京市还将积极融入新发展格局，通过深化供给侧结构性改革、扩大高水平对外开放、推动消费升级与产业升级协同并进等措施，不断提升经济发展的质量与效益。北京市将充分发挥其在科技创新、数字经济、服务业开放等方面的领先优势，为构建以国内大循环为主体、国内国际双循环相互促进的新发展格局作出新的更大贡献（见图 4－1）。

1. 为了顺应全球经济一体化的发展趋势，北京市在推动“两区”建设和实现更高层次的开放等方面需要共同努力

“两区”建设，作为北京市在新时代背景下全方位践行新经济发展理念、构筑新型经济发展模式的核心支撑与关键驱动力，已经取得了显

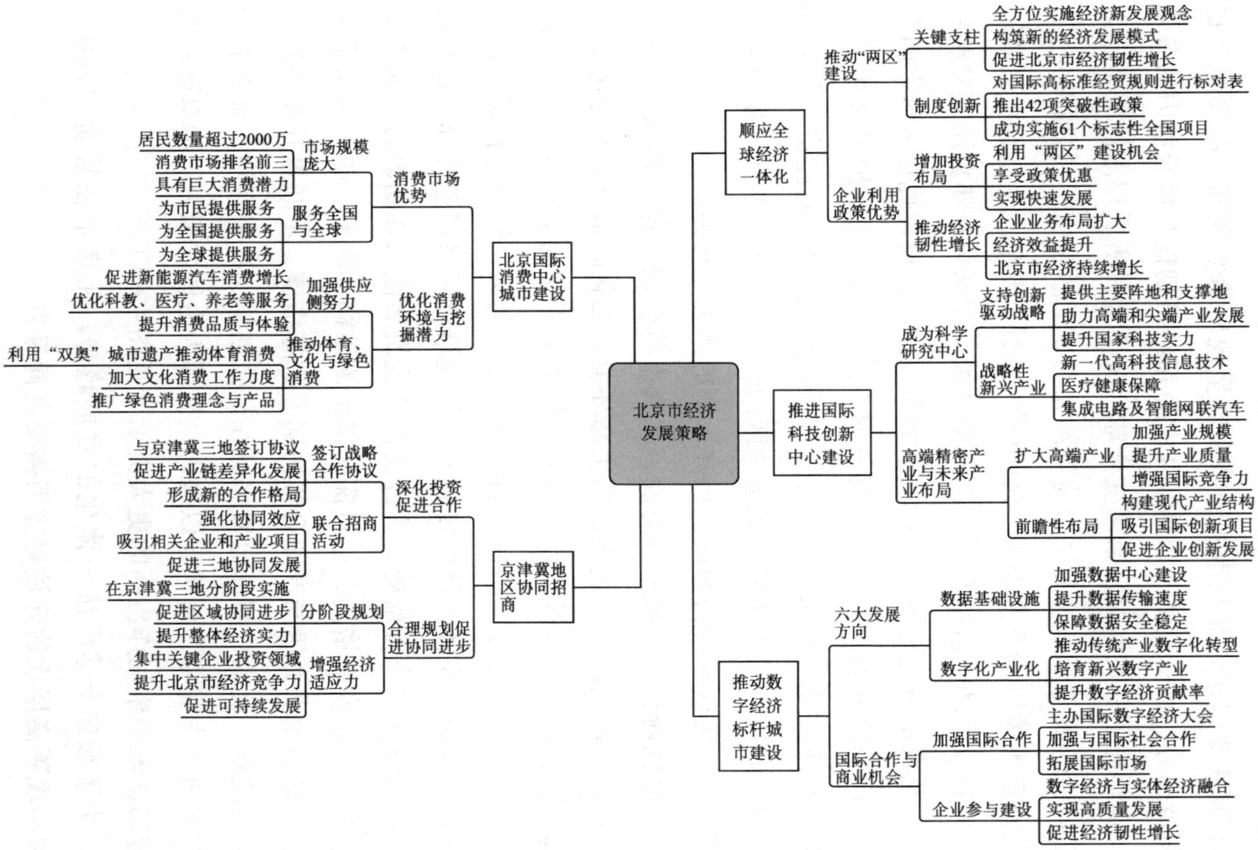

图 4-1　北京市经济发展策略框架

著成效并展现出巨大的发展潜力。在过去的3年，北京市积极响应国家发展战略，深入贯彻新发展理念，以“两区”建设为契机，持续致力于与国际高标准经贸规则进行深度对标与衔接，不断推进制度层面的创新与实践，力求在更高层次、更广领域推动经济社会的全面转型升级。北京市以制度创新为核心，通过深化体制机制改革、优化营商环境、强化政策支持与服务保障等多维度措施，为“两区”建设提供了坚实的制度保障与政策支撑。北京市积极借鉴国际先进经验，对标国际高标准经贸规则，不断推动贸易投资自由化便利化，努力构建更加开放、包容、便利的营商环境。同时，北京市还注重发挥市场在资源配置中的决定性作用，通过激发市场活力、促进公平竞争、提升服务质量等措施，为经济高质量发展注入了强劲动力。

在推进“两区”建设的过程中，北京市还注重强化创新驱动与产业升级，通过推动数字经济与实体经济深度融合、加速培育新兴产业集群、提升科技创新成果转化效率等措施，为经济转型升级提供了有力支撑。北京市充分发挥其在科技创新、数字经济、服务业开放等方面的领先优势，积极推动“两区”成为国际科技创新中心与数字经济标杆城市的重要载体。

北京市还注重加强国际合作与交流，通过积极参与全球经贸治理、深化与“一带一路”共建国家及地区的经贸合作、搭建国际经贸交流平台等措施，不断提升其在国际经贸领域的影响力与话语权。这些国际合作举措不仅为北京市“两区”建设拓展了广阔空间，也为全球经贸合作与发展贡献了中国智慧与中国方案。

在此过程中，北京市已累计推出了42项具有全国示范效应与广泛影响力的突破性政策，这些政策不仅涵盖了市场准入、跨境贸易、投资便利化、金融服务等多个关键领域，而且在制度设计上实现了与国际通行规则的深度接轨，为吸引外资、促进贸易自由化便利化提供了坚实的制度保障。

同时，北京市成功实施了61个标志性的全国项目，这些项目不仅涉及数字经济、科技创新、文化创意等战略性新兴产业，还涵盖了传统产业的转型升级与绿色发展，为北京市经济结构的优化升级与产业体系的现代化提供了有力支撑。此外，北京市还采取了 40 项旨在深化改革开放、优化营商环境的改革措施，这些措施的实施有效降低了企业运营成本、提升了行政效率，为市场主体创造了更加公平、透明、可预期的营商环境。

值得注意的是，北京市在“两区”建设中形成的这些创新经验与实践成果，已被广泛推广至全国范围，成为其他地区学习借鉴的典范。这不仅体现了北京市作为首都的引领示范作用，也彰显了其在推动国家经济治理体系与治理能力现代化进程中的重要贡献。

通过实施上述策略与措施，众多企业得以充分利用北京“两区”建设的独特机遇与政策优势，增加在北京的投资布局与业务拓展，实现了企业的快速成长与可持续发展。这不仅促进了北京市经济总量的稳步增长，更增强了其经济的韧性与抗风险能力，为构建以国内大循环为主体、国内国际双循环相互促进的新发展格局提供了有力支撑。

2. 紧跟新一波的科技变革趋势，在推进国际科技创新中心的建设过程中持续创新和进取

北京正矢志成为全球领先的科学研究中心与创新高地之一，旨在为国家创新驱动发展战略提供强有力的支撑，并为高端及尖端产业的蓬勃发展开辟核心阵地与战略支点[74]。作为国家的科技创新核心枢纽，北京承载着推动产业升级、引领未来发展的重大使命。

展望未来，北京精心规划并大力推进新一代高科技信息技术、医疗健康保障、集成电路、智能网联汽车等一系列战略性新兴产业的深度发展与广泛应用。这些领域以其迅猛的发展态势和广阔的市场前景，成为驱动北京乃至全国经济转型升级的关键力量。新一代高科技信息技术的发展，将重塑数字经济的底层架构，为智慧城市建设、产业升级转型提供强大动力；医疗健康保障领域的创新，将极大提升公共卫生服务能力与民众健康福祉；集成电路产业的壮大，将奠定国家信息安全的基石，推动电子信息产业的自主可控；智能网联汽车的突破，则将引领汽车产业革命，加速交通出行方式的智能化转型。

北京市正积极拓展并强化高端精密产业的布局，聚焦于精密制造、新材料、航空航天等前沿领域，旨在构建具有国际竞争力的现代高端产业体系。此外，北京还以前瞻性的视野，对未来产业进行战略性布局，探索量子信息、人工智能、生物技术等未来科技领域，以期在全球科技竞争中占据先机。

为实现这一目标，北京正加速构建一系列国际科技创新中心的标志性关键项目，包括重大科技基础设施、高水平研发机构、创新型企业集群等，这些项目的建立将为各类型企业提供前所未有的创新机遇与发展空间。通过搭建开放合作的创新生态，促进产学研深度融合，北京正致力于打造一个集研发、孵化、产业化于一体的科技创新全链条，为企业的快速成长与产业升级提供全方位的支持与服务。

3. 紧跟全球经济的数字化趋势，并在推动数字经济标杆城市的建设过程中寻找商业机会

北京正积极致力于成为数字经济的全球标杆城市，其战略焦点在于六大核心领域[75]——数据基础设施建设、数字化产业化进程、产业数字化转型、数字化治理能力提升、数据价值化探索以及数字贸易的繁荣发展。这些领域共同构成了北京数字经济生态的关键支柱，旨在通过创新驱动，推动经济结构的深度优化与产业体系的现代化升级。

在数据基础设施建设方面，北京正加速构建高效、安全、智能的数据中心与网络体系，为数字经济的蓬勃发展提供坚实的基础支撑。数字化产业化进程则侧重于培育数字经济新业态、新模式，推动信息技术创新与传统产业的深度融合，催生新的经济增长点。同时，产业数字化转型强调利用数字技术对传统产业进行智能化改造，提升生产效率与服务质量，实现产业升级与价值重塑。

数字化治理能力的提升，旨在通过大数据、人工智能等先进技术优化政府决策流程，提升公共服务效能，构建更加开放、透明、高效的数字治理体系。数据价值化探索则聚焦于数据要素市场的培育与规范，推动数据资源的有效配置与高效利用，挖掘数据的潜在经济价值与社会价值。此外，数字贸易的繁荣发展，将促进北京与全球数字经济的深度融合，拓展国际贸易新空间，提升国际竞争力。

在此背景下，北京高度重视与国际社会在数字经济领域的交流合作，成功举办了全球数字经济大会、世界5G大会、全球机器人大会等一系列具有国际影响力的盛会。这些活动不仅展示了北京在数字经济领域的创新成果与前沿趋势，更为加强国际合作、共享数字经济机遇搭建了重要平台。

广大企业敏锐地捕捉到了数字经济与实体经济深度融合所带来的巨大机遇，积极参与北京数字经济标杆城市的建设进程。他们通过技术创新、模式创新，推动传统产业的数字化转型与智能化升级，不仅实现了自身的高质量发展，更为北京市经济的韧性增长注入了强劲动力。这些企业的积极参与，不仅丰富了数字经济的生态体系，也促进了产业链、创新链、价值链的深度融合与协同发展。

4. 紧密关注消费的升级趋势，并在北京作为国际消费中心的城市建设中发挥积极作用

北京市，作为拥有超过2000万常住人口的超大型城市，其消费市场规模在全国位居前列，展现出极为庞大的消费潜力与市场活力。作为首都，北京不仅承担着为本地居民提供高质量产品与服务的责任，更以其独特的地理位置与资源优势，辐射全国乃至全球市场，成为连接国内外消费的重要桥梁与纽带。

鉴于其独特的市场地位与消费潜力，北京市正积极谋划，旨在充分利用首都的市场优势，精准捕捉并引领消费趋势，通过优化消费环境、深挖消费潜力，以国际化、高品质的标准，全力打造一流的国际消费中心城市。这一战略目标的设定，不仅体现了北京市对于消费产业升级与高质量发展的贡献，也彰显了其作为国际大都市的雄心壮志与责任担当。

为实现这一目标，北京市计划从供给侧入手，通过一系列创新举措，激发市场活力，推动消费市场的持续增长。具体而言，北京市将积极促进新能源汽车等大宗消费品的快速增长，这不仅有助于推动绿色消费、低碳生活理念的普及，也是实现汽车产业转型升级、培育新的经济增长点的重要途径。同时，北京市还将优化科教、医疗、养老等多方面的服务供给，以满足人民日益增长的美好生活需要，提升城市生活品质与国际竞争力。

此外，北京市还将充分利用其作为“双奥”城市的独特遗产，通过举办高水平体育赛事、建设体育设施、推广体育文化等方式，推动体育消费的快速发展，打造具有国际影响力的体育消费品牌。在文化消费与绿色消费方面，北京市也将加大工作力度，通过提供丰富多彩的文化产品与绿色健康的消费体验，培养新的消费需求，引领消费潮流。

值得注意的是，北京市在推动消费市场升级的过程中，始终坚持以人民为中心的发展思想，注重提升产品与服务的品质与多样性，以满足不同消费群体的需求[76]。通过提供高品质、个性化的消费体验，北京市不仅能够激发新的消费需求，促进消费市场的持续繁荣，更能够提升城市的国际形象与软实力，为构建新发展格局、推动高质量发展作出重要贡献。

5. 紧紧抓住京津冀地区和谐共荣的战略机遇，在产业链的协同招商活动中共同前进

北京市当前正积极致力于推进与京津冀区域（涵盖天津市与河北省）之间投资促进的深度合作战略，旨在通过精心策划并签订一系列兼具前瞻性与实操性的投资促进战略合作协议，为区域经济一体化的发展进程注入新的活力与强劲动力。这一系列战略协议的签署，不仅标志着北京市与京津冀三地政府在招商引资领域合作达到了一个新的高度，更预示着在产业链协同发展、资源配置优化、市场空间拓展等多个关键维度上，将构建起更为紧密、高效且富有成效的合作机制。

北京市充分依托其作为首都的独特区位优势和资源禀赋，携手天津市与河北省，共同探索跨区域投资促进的新模式与新路径。通过签订这些具有里程碑意义的战略合作协议，三方将围绕共同的发展目标，深化在招商引资政策、信息共享平台、项目落地服务、产业协同发展等方面的沟通与协作，形成优势互补、资源共享、互利共赢的区域合作新格局。这一系列协议的签署，不仅有助于提升京津冀区域的整体投资吸引力与竞争力，更将促进产业链上下游企业的紧密协作与协同创新。通过优化资源配置、强化产业联动、拓展市场空间等措施，将有效推动区域内产业的转型升级与高质量发展，为区域经济一体化注入更为强劲的动力。

同时，北京市与津冀三地在投资促进深度合作中，还将注重发挥市场的决定性作用与政府的引导作用，通过构建开放、包容、透明的市场环境，激发市场主体的活力与创造力，为区域经济一体化的发展提供更为坚实的支撑与保障。

在这一合作框架下，北京市与津冀三地致力于通过招商引资合作，促进产业链上下游企业的差异化布局与互补性发展。通过精准识别各自的优势产业与潜力领域，三地共同构建了一个既竞争又合作、既分工又协同的新型产业链生态。这种差异化的产业链发展模式，不仅有助于提升整个区域产业链的稳定性和韧性，也为区域内企业提供了更广阔的市场空间和更丰富的合作机遇，从而形成了一个互利共赢、协同发展的新格局。

为进一步强化招商引资工作的协同效应，北京市计划与津冀三地联合开展产业链招商活动。这些活动将围绕重点产业链的关键环节和核心领域，通过搭建交流平台、共享信息资源、优化招商服务等方式，吸引一批与津冀三地产业链高度契合、具有显著带动作用的企业和产业项目落户。这些项目的成功落地，将直接推动区域内产业升级和经济增长，更将通过技术溢出、人才流动、资本集聚等效应，带动整个区域产业链的创新能力和竞争力提升。

在推动京津冀三地协同发展的过程中，北京市将注重分阶段、有重点地进行合理规划[77]。通过深入分析区域内各地区的资源禀赋、产业基础和发展潜力，北京市与津冀三地共同制定并实施一系列有针对性的政策措施和合作项目，以促进三地之间的优势互补、资源共享和协同发展。这种分阶段、有重点的规划与实施策略，有助于确保合作项目的顺利推进和区域经济的持续健康发展。

展望未来，北京市的产业发展方向将更加聚焦于几个关键的企业投资领域。这些领域包括但不限于高端制造业、数字经济、生物医药、新能源与节能环保等战略性新兴产业。通过吸引并培育这些领域的领军企业和创新项目，北京市旨在增强其在全球产业链和价值链中的地位与影响力，同时提升其在面对国内外经济环境变化时的适应力和竞争力。这一战略导向不仅有助于推动北京市产业结构的优化升级和经济质量的提升，也将为京津冀区域乃至全国的经济发展注入新的动力。

第二节　数字金融影响上海绿色经济韧性发展的状况

一、基础信息概览

（1）最新发布的官方公报数据显示，2022 年上海市的地区生产总值（GDP）已达到了 44652.8 亿元人民币的显著水平，这一数据不仅彰显了上海市作为中国经济核心城市的强大经济实力，也反映了其在全球经济版图中的重要地位。通过深入分析这一经济指标，我们可以进一步理解上海市经济发展的动态特征及其在全球范围内的相对位置。

以常住人口作为基准进行计算，上海市在 2022 年的人均 GDP 实现了接近 4% 的增长率，达到了 18.04 万元人民币的新高度。这一数据不仅体现了上海市经济总量的持续扩张，更彰显了其经济发展质量的稳步提升。人均 GDP 作为衡量一个地区经济发展水平的重要指标，其增长往往伴随着居民生活水平的提高、产业结构的优化以及经济效率的提升。

将上海市的人均 GDP 水平与国际进行比较，我们可以发现其已经与捷克这一中等发达国家相当，并且超越了诸如葡萄牙、沙特阿拉伯、希腊等多个具有不同经济发展特征的国家[78]。这一对比不仅揭示了上海市在全球经济体系中的相对位置，也反映了其经济构架正在不断得到优化和升级。上海市作为中国的经济、金融、贸易和航运中心，其经济结构的多元化、高端化特征日益明显，服务业、高新技术产业以及战略性新兴产业在经济发展中的贡献率不断提升。进一步分析上海市经济发展的动力源泉，我们可以看到其得益于多个方面的积极因素。一方面，上海市作为改革开放的前沿阵地，持续深化市场化改革，优化营商环境，吸引了大量国内外优质资本和高端人才的流入。另一方面，上海市积极推动创新驱动发展战略，加强科技创新和成果转化，培育了一批具有国际竞争力的创新型企业和产业集群。此外，上海市还注重提升城市功能和品质，加强基础设施建设和生态环境保护，为经济的可持续发展奠定坚实基础。

在同一年度内，上海市在工业发展领域展现出了显著的新活力与创新动能，这一趋势集中体现在集成电路、生物医药以及人工智能这三大先导产业的快速发展上。上海市政府精心规划的“上海方案”，针对这三大先导产业提出了 102 项具体任务，并已全面付诸实施[78]。这一系列战略举措不仅彰显了上海市在推动高新技术产业和战略性新兴产业方面的坚定决心，也为其工业经济的转型升级注入了强劲动力。

集成电路、生物医药和人工智能这三大先导产业的制造业产值在全年内实现了同比 11.1% 的显著增长，不仅反映了上海市工业经济的蓬勃活力，也体现了其在全球产业链和价值链中的不断攀升[78]。这一增长态势不仅得益于上海市在技术创新、人才引进、资金支持等方面的持续投入，也与其优化产业结构、提升产业竞争力的努力密不可分。

引人注目的是，在新型产品的生产方面，上海市同样取得了令人瞩目的成绩。太阳能电池、新型能源汽车、工业级机器人以及集成电路圆片等关键产品的生产量均实现了迅猛增长。其中，太阳能电池的生产量增长率高达120%，这一数据彰显了上海市在清洁能源和可再生能源领域的发展潜力，更反映了其积极响应国家“碳达峰、碳中和”战略目标的实际行动。新型能源汽车的生产量增长率达到了56.5%，高速增长得益于新能源汽车市场的持续扩大，也与上海市在新能源汽车产业链上下游的布局和协同发展密切相关[78]。工业级机器人的生产量增长率虽然相对温和，但仍达到了7.1%，反映了上海市在智能制造和自动化生产方面的稳步推进。集成电路圆片的生产量增长率虽然略低，但仍保持了5.5%的正增长，体现了上海市在集成电路产业的基础优势和持续创新能力，也为其在未来全球集成电路市场的竞争中奠定了坚实基础。

上海市在工业发展领域所展现出的蓬勃新活力与创新驱动的强大动能，鲜明地体现在其三大先导产业（即集成电路、生物医药、人工智能）制造业产值的迅猛增长与持续攀升上，而且深刻地反映在一系列新型产品（包括但不限于高端装备、新能源汽车、新材料等）生产量的急剧扩张与快速迭代之中。这一系列积极且显著的变化，有力地彰显了上海市在积极响应国家发展战略、主动拥抱新一轮科技革命与产业变革、坚定不移地推动工业经济转型升级方面的坚强决心与显著成效，更为其在全球经济体系中持续巩固领先地位、不断开拓创新发展新境界提供了坚实的产业支撑与强大的内生动力。上海市在工业发展方面的新活力与创新动能，得益于其对于创新驱动发展战略的深入实施与全面推进。上海市通过加大研发投入、优化创新生态、强化企业主体地位、推动产学研深度融合等一系列举措，有效地激发了创新主体的活力与创造力，加速了科技成果的转化与应用，为工业经济的转型升级注入了强劲的动力。

上海市还注重发挥其在产业基础、人才资源、市场网络等方面的独特优势，通过优化产业布局、完善产业链条、提升产业能级等措施，推动了三大先导产业与新型产品的快速发展与壮大。这些产业与新产品的快速发展，为上海市的经济增长提供了有力的支撑，更为其在全球经济体系中保持领先地位与持续创新发展奠定了坚实的基础。此外，上海市还积极融入全球产业分工与合作体系，通过深化国际合作与交流、拓展国际市场空间、提升国际竞争力等措施，不断推动其工业经济向更高层次、更广领域迈进。这一系列举措的实施，有助于提升上海市在全球经济体系中的地位与影响力，更为其持续创新发展与保持领先地位提供了更为广阔的空间与更为有力的支撑。

（2）在金融经济的改革与创新领域，上海市于 2022 年取得了显著的进展与突破，这一趋势不仅巩固了其作为中国乃至全球金融中心的重要地位，也为全球金融市场的稳定与发展贡献了新的力量。具体而言，金融业已成为上海市经济增长的一大亮点，其增加值在 2022 年达到了 8626.31 亿元人民币的显著水平，相较于上一年度实现了 5.2% 的稳健增长。这一数据不仅反映了上海市金融业在体量上的持续扩张，更彰显了其在质量上的不断提升，体现了金融创新与改革对于经济增长的强大推动力。

进一步分析，上海市金融市场的活跃度与影响力在近年来持续增强。2021 年，上海市的金融市场交易量达到了 2932.98 万亿元人民币的历史新高，与前一年度相比实现了 16.8% 的年度增长。这一数据不仅揭示了上海市金融市场交易活动的频繁与高效，也反映了其在全球金融市场中的重要地位和影响力。金融市场的繁荣不仅为上海市的经济发展提供了强大的资金支持，也为国内外投资者提供了丰富的投资选择和良好的市场环境。

上海市在金融经济领域的改革与创新实践，近年来取得了显著进展，其成就直观体现在金融业增加值的稳步上扬与金融市场交易量的持续扩大的经济指标层面，更深层次地体现在其金融体系的日益完善与金融服务的不断优化的结构性变革之中。上海市作为国际金融中心，其金融体系的完善不仅体现在金融机构种类的丰富、金融市场层次与功能的提升，还体现在金融监管体系的健全与风险防控能力的增强，这些均为金融市场的稳健运行与金融服务的高效提供奠定了坚实基础。在金融改革开放方面，上海市积极响应国家发展战略，通过放宽市场准入、优化金融资源配置、深化利率与汇率市场化改革等一系列举措，有效激发了金融市场活力，提升了金融资源配置效率。同时，上海市还加强了与国际金融市场的互联互通，拓宽了境外投资者参与境内金融市场的渠道，增强了上海金融市场的国际影响力与竞争力。在金融监管与创新方面，上海市坚持创新与监管并重，通过构建包容审慎的监管框架，既鼓励金融创新与金融科技的应用，又有效防范化解金融风险，保障了金融市场的健康稳定发展。上海市还积极探索运用大数据、云计算、人工智能等现代信息技术手段提升金融监管效能，为金融监管的智能化、精准化提供了有力支撑。在金融服务的优化方面，上海市注重提升金融服务的普惠性、便捷性与个性化，通过完善金融服务网络、优化金融服务流程、创新金融服务产品等措施，有效满足了实体经济多样化的金融需求。特别是针对小微企业、“三农”等薄弱环节，上海市加大了金融支持力度，创新了融资担保、信用贷款等金融产品与服务模式，为实体经济的发展提供了有力的金融支持。

上海市还高度重视金融新业态与新模式的培育与发展，积极推动金融科技的创新与应用，如区块链、数字货币、智能投顾等领域的探索与实践，为金融业的转型升级注入了新的活力与动力。这些新业态与新模式的涌现，不仅丰富了金融服务的内涵与外延，还推动了金融行业的数字化转型与智能化升级，为上海国际金融中心的建设增添了新的亮点与增长点。

截至 2022 年，上海市在金融领域的战略布局与创新发展迈出了坚实步伐，特别是在国际再保险业务平台的建设、数字人民币试验项目的推进以及资本市场金融科技创新试验的加速方面，展现出了显著的引领效应与示范价值。这些举措不仅体现了上海市作为国际金融中心的深厚底蕴与前瞻视野，也为其在全球金融版图中的竞争力与影响力注入了新的活力。

在国际再保险业务平台的建设上，上海市积极响应国家关于提升金融服务实体经济能力、深化保险业对外开放的号召，通过优化政策环境、完善基础设施、吸引国际再保险机构入驻等一系列措施，有力推动了国际再保险市场的集聚与发展。再保险平台的成功构建，有助于提升我国再保险市场的国际化水平，更为全球再保险资源的优化配置提供了重要平台，进一步巩固了上海市在全球再保险领域的领先地位。

在数字人民币试验项目的推进上，上海市紧跟国家数字货币发展战略，积极探索数字人民币在支付结算、金融服务、商贸流通等领域的创新应用。通过搭建数字人民币应用场景、拓展数字人民币支付渠道、优化数字人民币使用体验等措施，上海市有效推动了数字人民币的普及与推广，为构建安全、便捷、高效的数字金融体系奠定了坚实基础。

在资本市场金融科技创新试验方面，上海市充分利用其资本市场发达、金融科技创新活跃的优势，积极推动金融产品与服务创新。2022年，上海市成功推出了中证1000股指期货与期权、上证50股指期权、中证500ETF期权等多种金融产品，这些产品的推出不仅丰富了资本市场的风险管理工具，也为投资者提供了更为多样化的投资选择与资产配置策略。同时，上海市还通过优化金融科技创新监管机制、加强金融科技创新人才培养等措施，为资本市场金融科技创新试验提供了有力保障。

上海市在2022年还实现了持牌金融机构数量的显著增长，全年新增持牌金融机构数量达到52家[78]。这是上海市持续优化金融营商环境、提升金融服务实体经济能力的具体体现。通过放宽市场准入、优化审批流程、加强政策扶持等措施，上海市有效吸引了国内外金融机构的集聚与发展，为金融市场的繁荣与稳定提供了坚实支撑。

（3）在全球经济环境趋于复杂多变，不稳定性现象显著上升，以及外部市场需求普遍放缓的大背景下，2022年上海市的对外贸易表现依旧亮眼，展现出强大的韧性与增长潜力。这一年，上海口岸作为国际贸易的重要枢纽，其货物贸易进出口总值达到了惊人的10.4万亿元人民币，彰显了上海市在全球贸易体系中的核心地位，也反映了其作为国际贸易中心的综合实力与竞争优势。

具体数据显示，上海口岸的货物贸易进出口总值占全球贸易总额的比重约为3.6%，这一比例在全球主要城市中稳居首位，凸显了上海市在全球贸易网络中的关键节点作用。在全球经济面临诸多不确定性和挑战的情况下，上海口岸能够维持并扩大其贸易规模，实属难能可贵。这主要得益于上海市在优化营商环境、提升贸易便利化水平、加强国际贸易合作等方面所作出的不懈努力。

上海市通过深化“放管服”改革，简化通关流程，提高通关效率，有效降低了企业的交易成本和时间成本。同时，上海市还积极构建开放型经济新体制，推动自由贸易试验区建设，扩大对外开放领域，吸引了大量国内外企业前来投资兴业，进一步促进了贸易规模的扩大和贸易结构的优化。上海市还注重加强与国际经贸组织的合作与交流，积极参与全球经济治理和国际贸易规则制定，不断提升其在全球贸易体系中的话语权和影响力。这些举措不仅为上海市的对外贸易发展提供了有力保障，也为全球贸易的稳定与繁荣作出了积极贡献。

（4）在社会民生领域，上海市于2022年采取了一系列有力措施，以加强社会保障体系的建设和完善，确保居民生活水平稳步提升。这些措施不仅体现了政府对民生福祉的高度重视，也反映了其致力于构建和谐社会、实现共同富裕的决心与行动。

上海市在2022年实现了社会民生保障标准的逐步提升，这一趋势体现在城乡居民人均可支配收入的稳步增长上。城市常住居民的人均可支配收入在原有基础上增加了1.9%，虽然增速相对温和，但在全球经济形势复杂多变、不确定性增加的背景下，显得尤为难能可贵。它反映了上海市在经济稳定增长的同时，注重提升居民收入、改善民生福祉的努力与成效。

与此同时，上海农村常住居民的人均可支配收入则实现了更为显著的增长，达到了3.1%。这一增速不仅高于城市常住居民，也体现了上海市在推进城乡一体化发展、缩小城乡收入差距方面的积极进展。通过加强农村基础设施建设、促进农村产业发展、提高农民转移就业质量等措施，上海市有效提升了农村居民的收入水平和生活质量。上海市还特别注重兜底保障措施的加强，以确保困难群众的基本生活得到有效保障。全年全市居民的人均转移净收入相较于上一年实现了8.8%的显著增长，这一数据不仅反映了政府在社会保障方面的投入力度加大，也体现了社会保障制度在改善民生、促进社会公平方面的积极作用。通过完善社会保障体系、提高社会保障待遇、加强社会保障管理等措施，上海市有效提升了居民的生活保障水平和幸福感[78]。

2022年，上海市在宏观经济调控与社会民生保障领域取得了令人瞩目的显著成效，其表现不仅体现在宏观经济指标的稳健增长上，更深刻地反映在物价水平与就业率等关键社会民生指标的相对稳定状态之中，为城市经济的平稳健康运行与社会和谐稳定提供了坚实的支撑与保障。具体而言，该年度上海市的居民消费价格指数（CPI）相较于前一年实现了2.5%的温和增长，这一增长态势不仅严格遵循并符合了年度宏观经济调控的预期目标，而且充分彰显了上海市在价格稳定与宏观经济治理方面的卓越能力与显著成效。CPI作为衡量居民消费商品与服务价格水平变动的重要指标，其适度增长对于激发市场活力、促进消费增长具有积极的推动作用。上海市CPI的2.5%增长，既保持了价格水平的相对稳定，避免了剧烈波动对居民生活与市场预期造成的负面影响，又在一定程度上反映了经济增长的活力与消费需求的扩张，为经济的持续增长提供了有力的内需支撑。上海市在CPI调控过程中，注重平衡经济增长与价格稳定的关系，通过综合运用货币政策、财政政策等宏观经济调控手段，有效引导市场预期，保持了价格水平的合理稳定。这一过程中，上海市还加强了市场监管，打击哄抬物价、囤积居奇等违法行为，维护了良好的市场秩序与公平竞争环境，为CPI的稳定增长提供了有力保障。

此外，上海市在保障就业率稳定方面同样取得了显著成效。通过实施积极的就业政策、加强职业技能培训与创业扶持、优化就业服务等措施，有效促进了劳动力的充分就业与合理配置，为城市的经济发展与社会稳定奠定了坚实基础。就业率的稳定不仅保障了居民的收入来源与生活水平，还有助于提升社会整体的消费能力与信心，为经济的持续增长提供了有力支撑。

在就业市场方面，上海市 2022 年表现出色，全年新增就业岗位达到了 56.35 万个，彰显了城市经济的强劲动力与就业吸纳能力，也反映了政府在促进就业、保障民生方面的积极努力。同时，城市的调查失业率成功恢复至 4.5% 以下[78]，不仅低于全国平均水平，也远低于国际公认的失业率警戒线，体现了上海市在应对经济挑战、保障就业稳定方面的显著成效。

从宏观经济的角度来看，上海市在 2022 年成功经受了一系列空前的挑战，包括全球经济环境的不确定性、国内产业结构调整的压力以及疫情防控的复杂形势等。然而，得益于政府的有效治理、市场的灵活应对以及社会各界的共同努力，上海市的经济活动展现出了强大的韧性与回稳态势。这一趋势不仅体现在物价与就业率的稳定上，也反映在工业生产、服务业复苏、外贸增长等多个方面。

上海市经济的韧性增强与回稳态势[79]，得益于其多元化的经济结构、高效的政府治理能力以及深厚的市场基础。在应对外部冲击时，上海市能够迅速调整政策，优化资源配置，确保关键领域的稳定运行。同时，通过深化改革开放、推动创新驱动发展、加强区域合作等措施，上海市不断激发内部活力，拓展发展空间，为经济的长期稳定增长奠定了坚实基础。

整体看来，2022 年上海市在物价稳定、就业保障以及宏观经济韧性方面取得了显著成效，这些成就不仅为城市居民提供了更好的生活保障，也为城市经济的可持续发展注入了强劲动力。未来，随着国内外经济形势的变化，上海市将继续发挥其独特优势，积极应对各种挑战，为构建更加繁荣、和谐、可持续的城市经济体系作出更大贡献。

二、设定的发展方向

对于上海这座国际大都市而言，2021 年至 2025 年标志着其向第二个百年奋斗目标迈进的首个五年规划期的正式启动，这一历史阶段承载着上海在新的发展坐标上深化“五个中心”（即国际经济、金融、贸易、航运和科技创新中心）建设的重大使命，同时也是加速推进上海向具有全球影响力的社会主义现代化国际大都市转型的关键时期[80]。在这一重要历史节点上，上海面临着前所未有的发展机遇与挑战，需要在国家发展战略的总体框架下，结合自身的地域特色与资源优势，探索出一条符合时代要求与自身实际的发展道路。《上海市国民经济和社会发展第十四个五年规划和二〇三五年远景目标纲要》的出台，是上海深入贯彻《中共中央关于制定国民经济和社会发展第十四个五年规划和二〇三五年远景目标的建议》及《中共上海市委关于制定上海市国民经济和社会发展第十四个五年规划和二〇三五年远景目标建议》精神的具体体现，是在充分调研、科学论证与广泛征求意见的基础上精心编制而成的[81]。这一纲要不仅深刻把握了国内外经济形势的新变化与新特征，还紧密结合了上海经济社会发展的新阶段与新要求，为上海的未来发展描绘了一幅宏伟蓝图。

该纲要不仅明确了上海在未来五年乃至更长时期内的经济社会发展目标、主要任务与战略举措，还注重从宏观与微观、全局与局部、当前与长远等多个维度进行统筹规划与布局。它既是上海实现高质量发展的行动指南，也是引领全市人民团结一心、共同奋斗的精神旗帜。通过这一纲要的实施，上海将进一步优化产业结构、提升创新能力、增强城市功能、改善民生福祉，为打造具有全球影响力的社会主义现代化国际大都市奠定坚实基础。同时，该纲要还强调了创新驱动发展战略的重要性，提出要加快构建具有国际竞争力的现代产业体系，推动数字经济、智能制造、绿色低碳等战略性新兴产业的快速发展。同时，注重提升城市治理能力与公共服务水平，加强生态文明建设，推动形成人与自然和谐共生的城市发展新格局。

三、关于发展的主要焦点和具体执行方案

上海作为一座国际大都市，在应对极端气候灾害、优化城市建设与管理、升级社区基础设施、推进数字化治理赋能以及强化城市应急响应等多个维度，实施了一系列富有成效的安全制度改革与创新举措，这些努力共同塑造了上海作为"全球最安全城市之一"的新时代城市治理形象。这些成就不仅彰显了上海市政府在提升城市安全韧性、保障居民生命财产安全方面的坚定决心与高效执行力，也为全球城市安全管理提供了宝贵的经验与启示。然而，在构建韧性城市的征途中，上海市仍需直面一系列复杂而严峻的挑战。首要问题在于，尽管上海在多个领域取得了显著进展，但在综合统筹协调机制方面仍存在不完善之处，具体表现为跨部门、跨区域协作的流畅度与效率有待提升，资源整合与力量调配的能力尚需加强。这一现状在一定程度上制约了城市安全管理整体效能的充分发挥。

城市面临的不确定性风险日益增多，包括但不限于极端天气事件的频发、新型安全威胁的涌现以及社会经济活动的快速变化等。这些不确定性因素给城市安全管理带来了前所未有的压力，要求上海市必须进一步增强综合应对能力，包括风险评估、预警监测、应急响应与恢复重建等各个环节。另外，预警系统和应急救援能力的建设也是当前亟待加强的关键领域。尽管上海在数字化治理方面取得了显著进展，但在预警信息的精准发布、应急资源的快速调配以及救援行动的高效执行等方面，仍有较大的提升空间。特别是在面对突发事件时，如何确保预警信息的及时准确传达、救援力量的迅速集结与有效部署，以及灾后恢复重建工作的有序开展，是上海构建韧性城市不可或缺的一环。

鉴于上述挑战，本研究提出以下关键建议以进一步推动上海韧性城市的构建：一是深化综合统筹协调机制改革，强化跨部门、跨区域的协

同作战能力，构建更加高效的城市安全管理网络；二是加强城市不确定性风险的研究与评估，建立健全风险预警与监测体系，提升城市对各类风险的预见性与应对能力；三是加大预警系统与应急救援能力的投入与建设，利用先进科技手段提升预警信息的精准度与覆盖面，优化应急救援资源的配置与调度机制，确保在关键时刻能够迅速有效地响应各类突发事件；四是推动社区层面的安全治理创新，增强社区居民的安全意识与自救互救能力，构建更加安全和谐的社区环境。通过这些关键举措的实施，上海市将能够进一步提升其作为韧性城市的综合竞争力，为居民提供更加安全、宜居的生活环境（见图4-2）。

（1）为了进一步强化上海市韧性城市建设的系统性与协同性，确保各项政策与措施能够高效、有序地推进，上海市亟须构建一个跨越多个政府部门、集政策制定、规划实施、统筹协调、监督评估等多功能于一体的韧性城市建设管理机构。这个机构的核心职责在于，从全局视角出发，全面负责并引领全市范围内韧性安全城市建设的战略规划、政策导向、资源整合、项目推进以及成效评估[82]，从而确保韧性城市建设工作的系统性、连贯性和有效性。

该韧性城市建设管理机构将扮演至关重要的角色，它不仅要负责制定长远的城市韧性发展战略与具体实施方案，还需在规划阶段就充分考虑到城市面临的各种潜在风险与挑战，确保规划内容的科学性、前瞻性和可操作性。在政策的制定与执行过程中，需充分发挥该机构跨部门协调的优势，促进政府内部各相关部门之间的有效沟通与协作，打破部门壁垒，实现资源的优化配置与共享，确保各项政策能够无缝衔接、协同推进。

与此同时，为了加强韧性城市建设工作的落地实施，上海市还在16个行政区划内同步建立了相应的区级韧性城市建设管理机构。这些区级机构作为市级机构的延伸与补充，将负责在各自区域内贯彻落实市级层面的政策与规划，同时结合本区域的实际情况，制定更具针对性的实施方案与具体措施。通过构建这样一个上下协同、左右配合的全面网

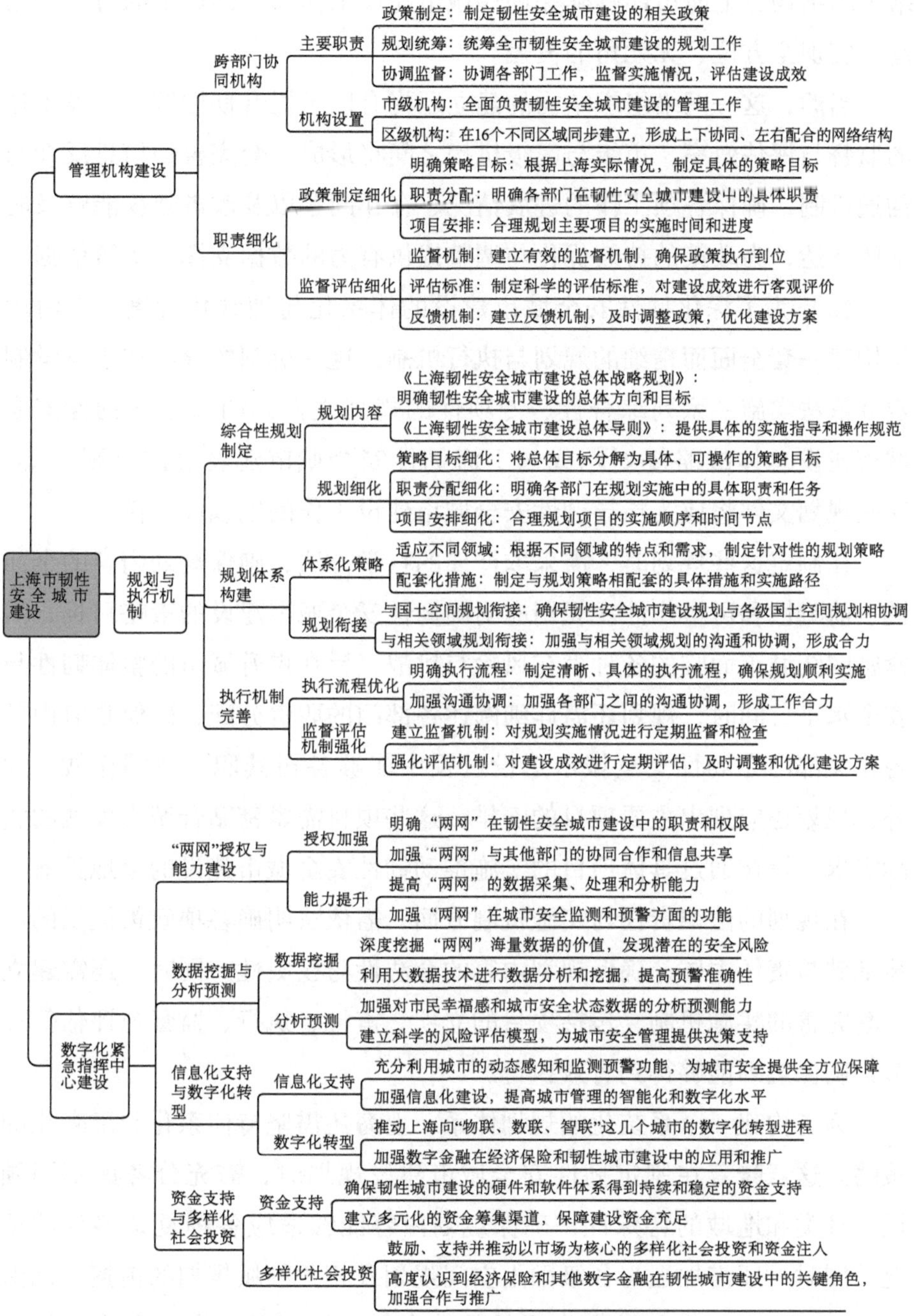

图 4－2　上海市韧性安全城市建设框架

络组织结构，上海市能够确保韧性城市建设工作深入到城市的每一个角落，实现全方位、无死角的覆盖。

当然，这一网络组织结构的建立还将有助于提升韧性城市建设工作的监督与评估效率。市级与区级机构之间将形成一套完善的信息反馈与沟通机制，确保各项工作的进展情况、存在问题以及改进建议能够及时上传下达，为政策的持续优化与调整提供有力的数据支撑与决策依据。

（2）为了深化韧性安全城市建设的体系化与细致化程度，上海亟须构建一套全面而精细的规划与执行机制，这一机制的核心在于科学制定并依法实施一系列综合性、专项性的规划文件，如《上海韧性安全城市建设总体战略规划》或《上海韧性安全城市建设总体导则》等，这些规划文件将成为指导韧性安全城市建设工作的纲领性文件。

在制定这些规划时，需采取严谨的科学方法，确保规划内容的全面性、前瞻性和可操作性。规划应明确韧性安全城市建设的策略目标，需紧密围绕城市面临的各种潜在风险与挑战，旨在提升城市的整体韧性与安全水平。同时，规划还需详细阐述各部门的职责分配，确保政府内部各相关部门在韧性安全城市建设过程中能够各司其职、协同作战。此外，规划还应列出主要项目的安排，这些项目需紧密贴合城市发展的实际需求，旨在通过具体项目的实施推动韧性安全城市建设的落地见效。

在规划的法律责任与实施机制方面，需依法明确各项政策提议的法律基础与责任主体，确保规划内容的合法性与权威性。同时，还需建立一套完善的实施机制，包括项目的立项、审批、执行、监督与评估等环节，确保规划能够得到有效执行。

为了构建一个系统化的规划体系，上海还需坚持体系化与配套化的策略。这意味着在制定韧性安全城市建设规划时，需充分考虑不同领域、种类和地域的特殊性，确保规划内容能够适应各种复杂多变的情况。同时，还需加强与各级国土空间规划及相关领域规划的衔接，确保韧性安全城市建设与城市发展的整体布局相协调。上海还需将规划目标、策略和行动细化落实，推动韧性安全城市建设步入制度化、常规化、长效化及区域协同发展的新阶段。这要求政府不仅要在规划制定上下功夫，更需在规划执行上加大力度，确保各项规划内容能够得到有效落实。同时，还需加强区域间的协同合作，推动韧性安全城市建设在更大范围内取得成效[82]。

（3）聚焦于智能化与数字化的深度融合，上海正致力于构建一个高效的城市数字化紧急指挥中心，该中心将成为城市安全管理体系中的神经中枢，大幅提升城市应对各类紧急事件的能力与效率。为实现这一目标，上海需进一步强化对“两网”（即城市物联网与大数据网络）的授权与能力建设，不仅要求技术层面的升级与优化，更需在政策、法规及标准制定上给予充分支持与保障。“两网”作为城市数字化的基石，蕴含着海量的数据资源，这些数据是观察城市运行状态、预测未来趋势、及时发现并处置潜在风险的重要依据。因此，上海需深度挖掘“两网”数据的价值，通过先进的数据分析技术，如机器学习、人工智能算法等，对城市运行数据进行全面、深入的分析，以实现对市民幸福感、城市安全状态等关键指标的精准监测与评估。

在此基础上，上海还需加强对城市安全风险的预测与预警能力，这是构建韧性城市、保障城市安全的关键所在。通过构建智能预警系统，利用大数据分析技术，对城市运行中的异常数据进行实时监测与识别，一旦发现潜在的安全隐患或风险点，立即触发预警机制，将相关信息迅速传达至相关部门与责任人，以便在风险尚处于萌芽阶段时就能采取有效措施予以消除，从而避免或减少安全事故的发生。此外，上海在推进城市数字化紧急指挥中心建设的过程中，还需注重跨部门、跨领域的协同合作，打破信息孤岛，实现数据共享与业务协同，确保在紧急事件发生时，能够迅速调动各方力量，形成合力，共同应对挑战[82]。充分利用城市的动态感知与监测预警功能，是构建全方位城市安全保障体系的关键一环，它不仅为城市运行的安全稳定提供了坚实的基础，也为韧性城市的建设注入了强大的信息化动力。城市动态感知与监测预警功能的实现依赖于先进的信息采集技术、高效的数据处理算法以及智能的预警分析模型，它们共同构成了一个高度集成的城市安全管理系统。在这个系统中，城市的各个角落都被纳入到动态感知的范围，通过遍布城市的传感器网络，实时收集各类关键数据，包括但不限于环境参数、交通流量、人群密度、基础设施状态等。这些数据经过高效处理与分析，能够揭示出城市运行的内在规律与潜在风险，为管理者提供决策支持。

监测预警功能则是这一系统的重要组成部分，它通过对历史数据与实时数据的综合分析，运用先进的预测模型与算法，能够提前识别出可能引发安全事故的风险因素，并发出预警信号。这种预警不仅限于单一事件，还能够对复杂多变的城市安全风险进行综合分析，提供多层次、多维度的预警信息，从而有效提升城市的应急响应能力与风险管理水平。

同时，充分利用城市的动态感知与监测预警功能，也在积极推动上海向“物联、数联、智联”这一城市数字化转型的高级阶段迈进。物联（Internet of Things，IoT）意味着城市中的各类物体与设备都能够通过互联网相互连接，实现数据的实时交换与共享；数联（Data Interconnection）则强调数据在城市管理中的重要地位，通过数据的整合与分析，提升城市管理的智能化水平；智联（Intelligent Connection）则是在物联与数联的基础上，运用人工智能、大数据等先进技术，实现城市管理的自动化与智能化决策[83]。同时，还需要强调资金的多样性和高效性，以确保韧性城市建设的硬件和软件体系得到持续和稳定的资金支持，这是韧性安全城市建设的核心要素和关键所在[82]。更进一步地，本研究鼓励、支持并推动以市场为核心的多样化社会投资和资金注入，高度认识到经济保险和其他数字金融在韧性城市建设中的关键角色。

第三节　数字金融影响重庆绿色经济韧性发展的状况

一、基础信息概览

重庆市各级政府正深入贯彻习近平总书记的一系列重要指示和批示精神，全面而细致地落实党中央的各项决策与部署，严格遵循政府工作指南，以确保政策执行的高效性与精准性。在稳进增效、除险固安、改革突破以及惠民强企等多个关键领域，重庆市各级政府均展现出高度的责任感与执行力，旨在推动经济社会的稳健与健康发展，为城市的长期繁荣奠定坚实基础。重庆市经济社会发展交出了令人瞩目的高分报告，实现了良好的开局。这一成就的背后，是重庆市各级政府在多个方面所作出的不懈努力与显著成效。

在稳进增效的战略导向下，重庆市通过一系列综合措施有效推动了经济的高质量发展，这些措施不仅聚焦于产业结构的优化升级、创新能力的显著提升以及基础设施建设的全面加强，还深刻体现了政府在平衡经济增长与环境保护关系、推动绿色低碳产业发展及促进传统产业转型升级方面的深思熟虑与坚定决心。重庆市在产业结构优化方面，致力于构建现代化经济体系，通过大力发展高新技术产业、战略性新兴产业以及现代服务业，有效提升了产业链的附加值与竞争力。同时，重庆市注重对传统产业进行技术改造与模式创新，通过引入智能化、绿色化生产方式，推动传统产业向高端化、智能化、绿色化方向转型升级，为经济的可持续发展奠定了坚实基础。

在创新能力提升方面，重庆市积极营造创新生态，加大研发投入，强化企业创新主体地位，推动产学研深度融合，形成了一批具有自主知识产权的核心技术与创新成果。这些创新成果不仅提升了重庆市的产业技术水平与核心竞争力，还为经济的转型升级与高质量发展提供了强大动力。

在基础设施建设方面，重庆市注重完善交通、能源、信息等基础设施网络，提升城市承载能力与运行效率。通过构建高效便捷的交通体系、安全可靠的能源保障体系以及智慧互联的信息网络体系，为经济的稳定增长与高质量发展提供了有力支撑。

重庆市在平衡经济增长与环境保护关系方面，积极响应国家生态文明建设号召，坚持绿色发展理念，积极推动绿色低碳产业的发展。通过制定实施绿色低碳产业政策、加强生态环境保护与修复、推广清洁能源与节能技术等措施，有效降低了经济发展的环境成本，提升了生态环境的承载能力，为经济的可持续发展创造了良好条件。同时，重庆市还加大对传统产业的转型升级支持力度，通过政策引导、资金支持、技术帮扶等手段，推动传统产业向绿色低碳、高效循环方向转变。这些措施不仅有助于提升传统产业的竞争力与生命力，还为重庆市经济的整体转型升级与高质量发展提供了有力保障。

在除险固安方面，重庆市各级政府高度重视城市安全管理工作，通过加强安全生产监管、完善应急管理体系、提升城市防灾减灾能力等措施，有效降低了城市运行的安全风险。政府还注重提升市民的安全意识与自救互救能力，通过宣传教育、应急演练等方式，增强了市民对突发事件的应对能力。

在改革突破方面，重庆市持续深化各领域改革，通过简政放权、优化营商环境、激发市场活力等措施，为经济社会发展注入了新的动力。政府注重发挥市场在资源配置中的决定性作用，同时加强政府对市场的监管与服务，以构建更加公平、透明、高效的市场环境。

在惠民强企方面，重庆市各级政府坚持以人民为中心的发展思想，通过加大民生投入、提升公共服务水平、促进就业创业等措施，切实增强了市民的获得感与幸福感。同时，政府还注重支持企业发展，通过减税降费、提供金融服务、优化营商环境等方式，帮助企业降低成本、提高效率、拓展市场，从而增强了企业的竞争力与创新能力。

（1）重庆市其生产总值年增长率在全国范围内位居第二，这一成就彰显了该地区经济的强劲增长动力与高度的韧性。据重庆市发展改革委的相关负责人介绍，在2023年上半年，重庆市的经济社会发展已经顺利达成了“时间过半、任务过半”的既定目标，这标志着其在经济发展方面取得了显著的阶段性成果，并因此提交了一份高分报表。

从具体数据来看，重庆市的生产总值与2022年同期相比实现了6.1%的增长，这一增速不仅远高于全国平均水平，而且与全国平均增速相比高出了1.1个百分点。更为引人注目的是，与第一季度相比，重庆市在全国的领先比例增加了0.2个百分点，从而稳固了其在全国排名第二的位置。这一系列数据不仅反映了重庆市经济的持续增长态势，更凸显了其在面对复杂多变的国内外经济环境时所展现出的较高经济韧性。经济韧性，作为衡量一个地区经济抗风险能力与恢复能力的重要指标，对于地区的长期稳定发展具有重要意义。重庆市能够在全国范围内保持领先的经济增长率，并不断提升其经济韧性，这得益于其多元化的产业结构、持续优化的营商环境、高效的政府治理以及积极的政策引导等多方面因素的综合作用。

在经济发展的进程中，重庆市高度重视并致力于平衡经济增长、社会公平与环境保护之间的复杂关系，通过一系列精心策划与实施的战略举措，成功地推动了绿色低碳产业的蓬勃发展，加强了社会保障体系的全面建设，并显著提升了公共服务水平，从而实现了经济社会的全面协调可持续发展。这一系列努力不仅为重庆市当前的经济增长奠定了坚实的基础，更为其面向未来的长期发展注入了新的活力与强劲动力。

在推动绿色低碳产业发展方面，重庆市积极响应国家生态文明建设战略，通过制定实施一系列鼓励绿色低碳产业发展的政策措施，引导社会资本向节能环保、清洁能源、新能源汽车等绿色领域投资，促进了产业结构的优化升级与经济的绿色发展。同时，重庆市还注重提升绿色低碳技术的研发与应用能力，通过加强产学研合作、引进消化吸收再创新等方式，形成了一批具有自主知识产权的绿色技术与产品，为绿色低碳产业的快速发展提供了有力支撑。

在加强社会保障体系建设方面，重庆市注重构建覆盖全体居民的社会保障体系，通过完善养老保险、医疗保险、失业保险等社会保险制度，提高了社会保障的覆盖面与保障水平。同时，重庆市还加大了对低收入群体的帮扶力度，通过实施精准扶贫、社会救助等措施，有效保障了困难群众的基本生活，促进了社会的公平与和谐。

在提升公共服务水平方面，重庆市注重优化公共资源配置，通过加大教育、医疗、文化等公共服务领域的投入，提高了公共服务的供给质量与效率。特别是针对农村地区与边远地区，重庆市实施了一系列倾斜政策，通过加强基础设施建设、优化公共服务布局等措施，缩小了城乡、区域间的公共服务差距，促进了公共服务的均衡化发展。

从细致入微的角度剖析，重庆市在执行国家重大战略方面取得了显著的成效，特别是在新时代背景下推动的“双城记”（通常指成渝地区双城经济圈建设）项目中，进展迅速且成果斐然。该项目框架下，共计规划并实施了 300 个重大共建项目，这些项目的总投资规模高达 2453.4 亿元人民币，展现了巨大的经济拉动潜力。截至目前，这些项目的投资进度达到了 56.2%，标志着项目推进顺利，资金利用效率较高。

在基础设施建设方面，一系列标志性工程如梁开高速公路、川渝南北大道三期等已圆满竣工并正式投入使用，这些工程的落成不仅极大地改善了区域交通条件，也为区域经济一体化发展提供了坚实的硬件支撑。此外，政务服务领域的合作也取得了突破性进展，实现了 311 项政务服务事项的跨省通办，这一举措极大地便利了企业和民众，促进了区域间的要素流动与合作交流。

在西部陆海新通道建设方面，重庆市积极拓展网络覆盖范围，新增了 4 个国家（地区）港口接入，使得通道覆盖的港口总数达到了 124 个国外港口和 523 个国内港口，显示出通道网络的日益完善和国际化水平的显著提升。同时，围绕西部陆海新通道建设的枢纽港产业园项目也取得了积极进展，已有45个项目签约并开始施工，这些项目将为区域经济的高质量发展提供新的增长极。

在生态环境保护方面，重庆市在长江干流重庆段的表现尤为突出。该区域的水质优良比例、空气质量优良天数比例以及重点建设用地的安全利用率等关键生态环境指标，在长江经济带各省市中均名列前茅。这不仅体现了重庆市在推进经济社会发展的同时，对生态环境保护的高度重视和有效治理，也为长江经济带乃至全国的生态文明建设提供了宝贵经验和示范效应。

（2）重庆市当前正处于一系列具有深远意义的关键性改革稳步推进的关键时期，这些改革举措不仅触及经济结构的深层次调整与优化，还广泛涵盖了治理体系的全面革新与优化，充分展现了重庆市在积极践行新发展理念、奋力推动高质量发展方面的坚定决心与显著成效。在经济结构深层次调整方面，重庆市致力于构建现代化经济体系，通过优化产业结构、提升产业链水平、增强创新驱动能力等措施，推动经济由高速增长阶段转向高质量发展阶段。特别是针对传统产业的转型升级与新兴产业的培育壮大，重庆市实施了一系列精准有效的政策措施，旨在提升产业的附加值与竞争力，为经济的持续增长提供坚实支撑。重庆市在治理体系的全面优化方面也取得了显著进展。通过深化“放管服”改革，优化政府服务流程，提高行政效率，重庆市有效激发了市场活力与社会创造力。此外，重庆市还注重加强法治建设，完善社会治理体系，提升社会治理能力，为社会的和谐稳定与公平正义提供了有力保障。在推动高质量发展的过程中，重庆市坚持问题导向与目标导向相结合，注重改革的系统性、整体性与协同性。通过加强顶层设计与政策协同，重庆市确保了各项改革举措的有序推进与有效落实，为经济社会的全面发展注入了新的活力与动力。

这些改革举措不仅体现了重庆市在推动高质量发展方面的坚定决心与战略眼光，更彰显了其在应对复杂多变的国内外环境、实现经济持续健康发展方面的智慧与能力。通过经济结构的深层次调整与治理体系的全面优化，重庆市正逐步构建起更加适应新时代要求、更具竞争力的经济体系与治理体系，为其未来的长期发展奠定了坚实基础。

在数字化建设的浪潮中，重庆市正以史无前例的力度与决心，全力推进全方位、深层次的数字化转型进程，旨在构建一个智慧化、高效能、协同化的数字重庆典范。这一宏伟蓝图不仅聚焦于技术层面的革新与应用，更深刻触及治理理念、治理结构与治理流程的全方位变革，标志着重庆市在数字治理时代迈出了坚实步伐。重庆市在市、区县、镇街这三个关键治理层级上，已全面实现了数字化升级与智能化改造。市级治理中心作为宏观决策的指挥中心，通过集成大数据、云计算、人工智能等先进技术，实现了对经济社会运行态势的实时监测与精准预测，为科学决策提供了有力支撑。区县治理中心则作为承上启下的枢纽，通过数字化平台实现政策传达、资源调配与任务协同的高效执行，有效提升了政策落实的精准度与执行力。镇街治理中心作为基层治理的“神经末梢”，通过数字化手段强化了信息采集、问题发现与矛盾化解的能力，确保了基层治理的精细化与人性化。这一数字化升级不仅构建了从市级宏观决策到基层微观管理的全方位、多层次数字化治理体系，更形成了上下联动、信息共享、协同治理的新格局。在这一格局下，政府治理效能得到了显著提升，决策过程更加科学、透明与高效；公共服务供给更加便捷、普惠与个性化，有效满足了市民多样化的需求；社会治理体系更加完善，社会矛盾与风险得到了有效防范与化解。更为重要的是，这一数字化转型进程深刻改变了市民的生活环境与生活方式，智慧化的城市管理与服务让市民享受到了更加便捷、舒适与安全的城市生活。从智慧交通、智慧医疗到智慧教育、智慧社区，数字化应用渗透到市民生活的方方面面，极大地提升了市民的生活质量与幸福感。

在“三攻坚一活化”改革方面，即深化国资国企改革、优化营商环境、推进科技创新和产业升级、盘活存量资产，重庆市取得了显著进展。其中，园区开发区的整合与精简工作已全面完成，这一举措有效优化了资源配置，提高了园区的发展质量和效益。数据显示，每亩土地的税收收入同比上涨了14.3%，这一增长率不仅反映了土地利用效率的显著提升，也体现了园区经济的高质量发展态势。同时，国有企业的利润总额也实现了同比上涨19.9%的佳绩，进一步证明了重庆市在深化国资国企改革方面取得的积极成果，国有企业的经营效率和盈利能力得到了显著提升。

“三攻坚一活化”改革的深入推进，还为重庆市的产业升级和科技创新提供了强大动力。通过优化营商环境，激发了市场活力和社会创造力，吸引了更多优质企业和项目落户重庆；通过推进科技创新，提升了产业的核心竞争力，加速了新旧动能转换；通过盘活存量资产，有效利用了闲置资源，为经济发展注入了新的活力。

总而言之，重庆市在推进重要改革方面取得了显著成效，数字化建设的全面推进和“三攻坚一活化”改革的稳步前行，共同构成了重庆市高质量发展的坚实支撑。这些改革不仅提升了政府治理效能和公共服务水平，还促进了产业升级和经济结构优化，为重庆市的未来发展奠定了坚实基础。

（3）在国内与国际合作领域，重庆市取得了具有里程碑意义的重大突破，这些合作不仅拓宽了重庆市的发展空间，也深化了其在区域经济一体化进程中的核心地位。具体而言，重庆市与新疆维吾尔自治区、西藏自治区、广西壮族自治区等地的合作取得了实质性进展，形成了多领域、深层次、全方位的合作关系。

渝新（重庆市与新疆维吾尔自治区）合作方面，双方围绕算力基础设施建设、能源资源互补等领域展开了深入交流，并在渝哈（重庆市与黑龙江省哈尔滨市）算力通道建设上达成了共识。这一合作不仅有助于提升重庆市的数据处理能力和信息传输效率，也为新疆的算力资源找到了广阔的市场应用空间，实现了两地资源的优化配置和互利共赢。

渝藏（重庆市与西藏自治区）合作则聚焦于能源领域，特别是藏电入渝项目的推进。通过签署战略合作协议，双方明确了合作框架和具体路径，旨在将西藏丰富的水电资源引入重庆，缓解重庆的能源紧张状况，同时促进西藏能源产业的可持续发展。这一合作不仅具有重大的经济意义，也体现了生态优先、绿色发展的理念。

在国际合作层面，重庆市与广西壮族自治区的合作聚焦于西部陆海新通道的共同建设。这一通道作为连接中国西部地区与东南亚、南亚等海外市场的重要纽带，对于推动区域经济的开放发展和国际合作具有重要意义。重庆市积极参与西部陆海新通道的建设和运营，通过签署战略合作协议，与广西等省区共同推动通道的完善和优化，提升了通道的通行能力和物流效率。

重庆市还积极拓展与香港特区的合作。通过成功举办重庆现代生产性服务业推介会和渝港金融合作交流会等活动，重庆市成功吸引了众多香港特区企业和金融机构的关注，促成了多个中新（中国—新加坡）合作项目和渝港合作项目的签署。这些项目涵盖了金融、科技、文化、旅游等多个领域，不仅为重庆市的产业升级和经济发展注入了新的活力，也促进了中新两国和渝港两地之间的经贸往来和文化交流。

（4）服务业作为现代经济体系的重要组成部分，正在重庆市经历着质量提升与规模扩大的双重变革。2023 年上半年，重庆市在数字经济基础设施建设方面取得了显著进展，为服务业的高质量发展提供了坚实的支撑。

截至 2023 年 5 月底，重庆市的 5G 基站建设取得了令人瞩目的成就，其密度达到了 31.95 个/每万人，这一数据在西部地区中排名第二，充分显示了重庆市在推进数字化转型方面的决心与成效。5G 基站的大规模部署，不仅提升了网络传输速度和容量，更为数字经济的快速发展提供了强有力的基础设施保障，为服务业的智能化、网络化转型奠定了坚实基础。

在消费能力激活方面，重庆市通过一系列政策措施，有效促进了假日经济的繁荣。随着居民收入水平的提高和消费观念的转变，假日经济已成为拉动经济增长的重要力量。重庆市充分利用节假日等时间节点，通过举办各类促销活动、文化节庆活动等，有效激发了消费者的购买热情，推动了假日经济的持续增长。

同时，文化和旅游消费潜能的加速释放，也为服务业的发展注入了新的活力。随着人们生活水平的提高，对文化和旅游的需求日益旺盛。重庆市积极挖掘和利用自身的文化旅游资源，通过提升服务质量、丰富产品供给、优化旅游环境等措施，有效满足了消费者的多元化需求，推动了文化和旅游消费的快速增长。

在服务业内部，文化娱乐经纪人和文化活动服务公司等新兴业态也呈现出强劲的增长势头。这些公司凭借其独特的创意、专业的服务和敏锐的市场洞察力，在市场中迅速崛起，成为推动服务业高质量发展的新动能。数据显示，规模较大的文化娱乐经纪人公司的收入增长率达到了9.4倍，文化活动服务公司的收入增长率也达到了2.6倍，这些数字充分展示了重庆市服务业新兴业态的蓬勃生机和发展潜力。

服务行业的公司在当前经济环境中展现出了稳定且积极的经营趋势，这一趋势通过多个行业门类的表现得到了充分印证。从行业细分角度来看，可以观察到10个行业门类在经营绩效上呈现出“9升1降”的格局，即其中9个行业实现了营业收入的增长，而仅有1个行业出现了下降。值得一提的是，在这9个增长行业中，有5个行业的增长率达到了双位数，充分表明了这些行业不仅保持了增长的态势，而且增速较快，具有较高的成长性和盈利能力。进一步分析，这些行业门类的快速增长为服务业整体营业利润的提升作出了重要贡献。得益于这些行业收入的快速增长，服务业整体的营业利润达到了179.3亿元，这一数据不仅反映了服务业公司经营状况的改善，也体现了服务业在国民经济中的重要地位和作用。

从学术角度来看，服务业的稳定增长和良好经营趋势，是多种因素共同作用的结果。一方面，随着消费者需求的多样化和个性化，服务业不断创新服务模式，提升服务质量，满足了市场的多元化需求，从而推动了行业的快速发展。另一方面，政府对于服务业的支持政策，如税收优惠、资金扶持等，也为服务业的发展提供了良好的政策环境。此外，随着数字化转型的深入推进，服务业与信息技术的融合程度不断提高，为行业的创新发展提供了新的动力。

（5）随着重庆市对外贸易结构的持续优化与升级，其出口贸易不仅在数量上实现了显著增长，更在质量上取得了明显提升，同时，通道贸易作为对外贸易的重要组成部分，也展现出了强劲的发展势头。在2024年的前6个月里，重庆市对外贸易的表现尤为突出。

重庆市在电子信息产品领域成功稳定了订单规模，这得益于其完善的产业链、高效的生产能力以及稳定的市场需求。在此基础上，汽车和智能手机等高端制造业产品的出口价值实现了显著增长，与2023年同期相比，汽车出口价值上升了34.9%，智能手机出口价值则增长了35.8%。这一增长不仅反映了重庆市在高端制造业领域的竞争力提升，也体现了其出口产品结构的优化与升级。

在跨境电商领域，重庆市通过推行“跨境电商+产业带”的创新经营模式，有效整合了本地优势产业资源，拓宽了跨境电商的市场渠道。这一模式下，跨境电商交易额实现了10.1%的同比增长，显示出重庆市在跨境电商领域的强劲发展潜力和市场竞争力。

此外，作为连接中国西部与东南亚、南亚等海外市场的重要物流通道，西部陆海新通道在重庆市对外贸易中发挥了举足轻重的作用。在2024年的前6个月里，通过西部陆海新通道运输的货物标箱数量和货值分别实现了54%和89%的同比增长。这一增长不仅得益于通道物流效率的提升和运输成本的降低，也反映了重庆市在拓展海外市场、促进国际贸易合作方面的积极成果。

在吸引外资方面，重庆市也取得了显著成效。新设立的外资企业数量达到了177家，与2023年同期相比，实际使用的外资增长了108.7%。这一增长不仅体现了重庆市良好的投资环境和市场潜力，也为其对外贸易的持续发展提供了有力支撑。

重庆市正积极谋划并大力推进其制造业的技术转型与高端设备迭代更新战略，旨在通过一系列重大技术升级项目及大型设备更新工程的实施，为区域制造业的转型升级与高质量发展奠定坚实基础。为确保这些关键项目的顺利推进与预期成效的充分显现，重庆市政府精心规划并出台了“技改专项贷”政策框架，该框架内嵌 20 项具体且富有针对性的支持措施，旨在通过财政金融政策的精准滴灌，有效激发企业技术革新与设备升级的内生动力，确保政策红利能够切实转化为企业的实际效益与核心竞争力提升。与此同时，在金融、软件信息、现代物流、工业设计以及科技研发等多个具有战略意义的关键领域，重庆市政府亦展现出了其深刻的洞察力，以及其前瞻性的布局。通过深入的调查研究与科学的政策设计，重庆市政府细化并出台了一系列旨在促进这些领域高质量发展的政策措施，明确了具体的应用场景与工作重点，旨在通过政策引导与市场机制的有机结合，推动这些领域实现创新驱动下的快速发展与转型升级。特别是在工业设计领域，重庆市政府更是取得了显著进展，成功培育并建立了 11 家乃至更多数量的国家级工业设计中心，这些中心不仅代表了国内工业设计领域的顶尖水平，更是在推动制造业设计创新、提升产品附加值、增强品牌国际竞争力等方面发挥了不可替代的关键作用。

重庆市也正以前所未有的力度推进项目投资扩展战略，旨在通过一系列重点项目的启动与实施，加速实物投资规模的扩大，为区域经济的高质量发展提供强劲动力。具体而言，重庆市计划在 2024 年的第三季度新启动 26 个基础设施领域的重点项目，这些项目涵盖了交通、能源、水利等多个关键领域，旨在进一步完善城市基础设施网络，提升城市承载能力和综合竞争力。同时，重庆市还将启动 19 个工业领域的重点项目，聚焦于高端制造、智能制造、绿色制造等前沿领域，以推动工业结构的优化升级和产业链的现代化。此外，为确保房地产市场的平稳健康发展，重庆市还将启动 20 个房地产领域的重点项目，以满足人民群众日益增长的居住需求。

在推动房地产市场稳定健康增长方面，重庆市政府充分认识到政策引导与市场机制相结合的重要性。为此，重庆市将充分利用公积金政策的灵活性与优惠性，通过提高公积金贷款额度、优化贷款流程等措施，降低购房者的融资成本，激发市场活力。同时，重庆市还将积极发挥二手房交易市场的调节作用，通过完善交易规则、提升交易效率等措施，促进二手房市场的活跃与健康发展。此外，购房补贴政策的实施也是重庆市推动房地产市场稳定增长的重要手段之一，通过给予购房者一定的财政补贴，有效减轻其经济负担，提升其购房意愿。

为确保每年秋季房交会的顺利进行，重庆市政府将精心组织、周密部署，通过搭建线上线下相结合的交易平台，为购房者提供便捷、高效的购房体验。同时，重庆市还将持续开展如“换新购”和区域房交会等促销活动，通过提供多样化的购房优惠和便捷的金融服务，进一步激发市场活力，满足人民群众对刚性和改善性住房的需求。

为促进外贸外资的稳定增长与全面复苏，重庆市正积极采取一系列战略举措，旨在放大中新（中国—新加坡）互联互通项目的辐射效应，进一步巩固并提升其作为国际贸易与区域合作重要枢纽的地位。具体而言，重庆市致力于加速推进重庆枢纽港产业园的建设步伐，通过优化产业布局、提升基础设施水平、强化物流效能等措施，将该产业园打造成为集仓储、加工、配送、信息服务等功能于一体的现代化产业园区，为外贸企业提供更加便捷、高效的物流服务。

同时，重庆市正积极推动中老泰“三国三园”合作机制的深化落实，即加强与老挝、泰国等东南亚国家在产业园区建设、产业链协同、贸易投资便利化等方面的合作，旨在构建跨境产业链与供应链合作体系，促进区域经济的深度融合与协同发展。在此基础上，重庆市还将着力推动重大技术装备、先进材料生产及成套装备出口等基地的建设，通过技术创新、产业升级、市场拓展等手段，提升本地产品在国际市场的竞争力，为外贸出口注入新的增长动力。

为了加速多式联运集疏运体系的建设进程，重庆市正积极规划并推进西部陆海新通道铁海联运班列的扩容增效工作。该通道作为连接中国西部与东南亚、南亚等海外市场的重要物流通道，对于促进区域贸易往来、提升物流效率具有重要意义。重庆市设定的目标是在全年内实现西部陆海新通道铁海联运班列货运量增长超过20%，这要求重庆市在优化班列运营组织、提升物流服务质量、加强国际合作等方面作出更多努力，以确保目标的顺利实现。

（6）为了确保民生福利的持续提升，重庆市政府正采取一系列综合性策略，旨在拓宽重点人群的就业渠道，增强就业稳定性，同时深化收入分配制度改革，以促进中等收入群体的倍增。具体而言，重庆市政府正逐步扩大针对高校毕业生、农民工、退役军人等重点人群的就业途径，通过政策引导和市场机制的双重作用，鼓励国有企业、事业单位及基层单位增加招聘岗位，以此缓解就业压力，维持城市调查失业率在约5.5%的合理区间内，确保就业形势总体稳定。

在深化中等收入群体倍增计划方面，重庆市政府进行了深入的政策研究与制度创新，推出了一系列旨在优化收入分配机制、提高低收入群体收入的政策措施。这些措施包括但不限于提高最低工资标准、完善社会保障体系、加强职业技能培训等，旨在通过提升劳动者的就业能力与收入水平，缩小收入差距，推动社会公平与和谐。

此外，重庆市政府还积极推动实施了9项主要行动，这些行动构成了促进就业与富民的综合体系。其中包括但不限于：一是加大就业创业扶持力度，通过税收优惠、创业贷款等激励措施，鼓励自主创业与灵活就业；二是实施职业技能提升行动，通过大规模的职业技能培训与再教育，提升劳动者的职业技能与就业竞争力；三是深化收入分配制度改革，通过完善工资制度、优化税收结构等手段，提高居民收入水平，确保居民收入增长速度与经济增速保持同步或更快，以增强经济的内生动力与韧性。

重庆市政府在确保民生福利提升、促进重点人群就业、深化中等收入群体倍增计划以及推动居民收入增长等方面所采取的一系列政策措施与行动，不仅体现了政府对民生问题的深切关注与积极应对，也彰显了其在推动经济社会高质量发展、增强经济韧性与可持续性方面的坚定决心与扎实行动。未来，随着这些政策的持续深化与拓展，重庆市有望在提升民生福祉、促进社会公平正义方面取得更加显著的成效，为构建和谐社会与实现共同富裕目标奠定坚实基础[85]。

二、设定的发展方向

2024 年被普遍视为实现“十四五”规划目标的关键节点，对于重庆市现代化建设而言，这一年份具有从全面规划向深入推进过渡的里程碑意义，同时也是深化改革、力求取得重大进展的斗志昂扬之年[86]。在这一背景下，提升重庆市的经济韧性成为一个核心议题，它不仅关乎重庆市在当前复杂多变的国内外环境中的生存与发展能力，更是推动城市现代化进程、实现可持续发展的关键所在。并且为了有效提升经济韧性，重庆市必须对其所面临的内外环境进行深入细致的剖析。这包括但不限于对全球经济趋势的准确把握、国内政策导向的深刻理解、区域竞争格局的动态监测，以及城市自身资源禀赋、产业结构、创新能力等多维度因素的综合考量。通过这一系列的深入分析，重庆市能够更为精准地识别出经济和社会发展所带来的机遇与挑战，为制定科学合理的发展战略提供坚实依据。在此基础上，重庆市需明确其发展方向、目标、政策、工作和评价体系。发展方向上，应聚焦于构建宜居、有韧性和智慧的城市，这要求重庆市在城市建设、生态保护、社会治理等多个领域实现协同并进。发展目标的设定上，既具有前瞻性，又具备可操作性；既要体现对高质量发展的追求，又要兼顾民生福祉的改善。政策制定上，应注重政策的连贯性与创新性，既要巩固已有的发展成果，又要勇于探索新的发展模式。工作层面上，需细化任务分解，明确责任主体，确保各项政策措施能够得到有效落实。评价体系上，应以结果为导向，注重绩效评估的客观性与全面性，为及时调整优化发展策略提供科学依据。

三、重庆市发展的主要焦点和具体执行方案

图 4 – 3 列示了重庆市经济韧性创新发展框架。

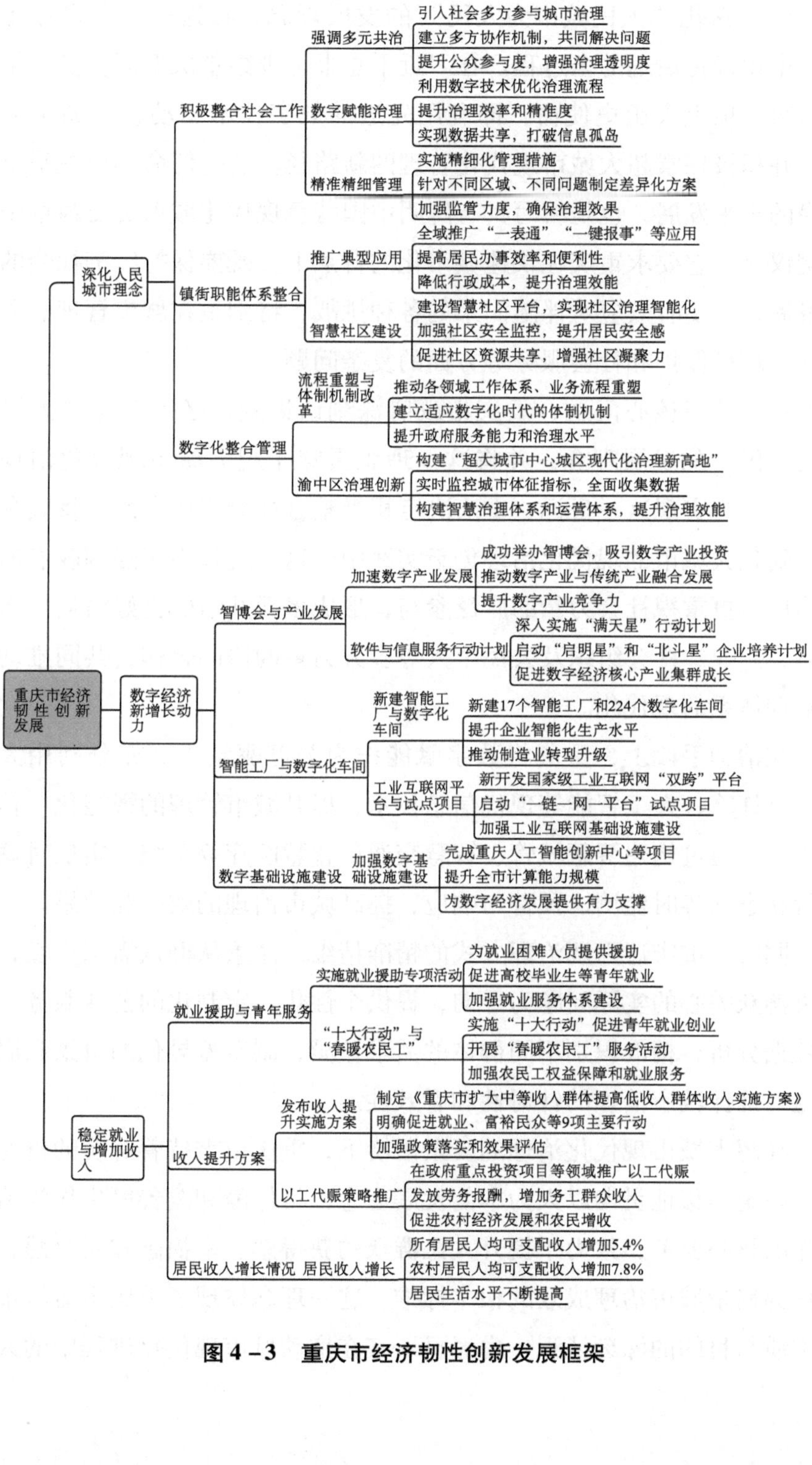

图 4-3　重庆市经济韧性创新发展框架

（1）深化“人民城市为人民”的发展理念，将这一理念贯穿于超大城市现代化治理的全过程。在习近平总书记视察重庆期间，赋予了这座城市一项重大历史使命，即利用先进的数字技术驱动智慧城市的构建，并积极探索超大城市现代化管理的新路径。这一使命不仅关乎重庆自身的未来发展，也是编写具有鲜明中国特色现代化城市历史篇章中的关键议题。它要求重庆在快速城市化的背景下，既要保持经济社会的高速发展，又要有效应对伴随而来的各种挑战，特别是在城市管理、资源分配、环境保护和社会服务等方面的复杂问题。

针对这一核心问题，重庆市政府深刻认识到，必须深化“人民城市为人民”的发展理念，并将这一理念贯穿于超大城市现代化治理的全过程。为实现这一目标，重庆决定积极整合社会工作资源，将其深度融合到超大城市的现代化治理创新实践中。这一过程不仅强调政府的主导作用，更重视社会力量的广泛参与，形成多元共治的良好格局。通过政府、企业、社会组织及公民个人等多方力量的协同合作，共同推动城市治理体系的现代化。

在治理手段上，重庆将数字赋能作为关键驱动力，充分利用大数据、云计算、人工智能等现代信息技术，提升城市管理的智能化、精细化水平。通过构建智慧城管、智慧交通、智慧医疗等系统，实现对城市运行状态的实时监测、预警与响应，提高城市治理的效率和效果。

同时，重庆还强调治理方式的精准精细，注重从群众需求出发，以解决群众关心的实际问题为导向，提供个性化、定制化的公共服务。通过数据分析，精准识别不同群体的需求差异，制定差异化的政策和服务措施，确保城市治理的针对性和有效性。

在超大城市现代化治理的复杂语境下，重庆市秉持着鲜明的价值导向，坚定不移地贯彻以人为本的发展理念，将保障和改善民生作为治理工作的核心要务，致力于提升人民群众的获得感、幸福感和安全感，以此作为衡量城市治理成效的根本标准。这一理念体现了重庆市对城市发展本质与目的的深刻认识，也彰显了其在推动城市现代化进程中的人文关怀与社会责任。为实现这一目标，重庆市采取了一系列创新性与系统性并重的措施。首先，在城市空间布局的优化上，重庆市注重科学规划与合理布局，通过构建多中心、网络化的城市空间结构，有效缓解了城市拥堵、环境污染等“大城市病”，为市民提供了更加宜居的生活环境。同时，重庆市还注重城市风貌的保护与传承，通过历史文化的挖掘与展示，增强了城市的独特魅力与文化底蕴。其次，在生态环境的改善上，重庆市坚持绿色发展理念，通过实施严格的生态环境保护制度、推进生态修复与治理工程、推广绿色低碳生活方式等措施，有效提升了城市的生态环境质量，为市民提供了更加清新的空气、更加优美的景观，以及更加丰富的生态资源。最后，在公共服务质量的提升上，重庆市注重构建覆盖全民、普惠共享的公共服务体系，通过加大教育、医疗、文化、体育等领域的投入，优化公共服务资源配置，提高公共服务供给效率与质量，为市民提供了更加便捷、高效、优质的公共服务。特别是针对低收入群体与特殊困难群体，重庆市实施了系列倾斜政策，通过精准帮扶与社会救助，有效保障了其基本生活与发展权益。

为了推动镇街职能体系与“141”基层智治体系的深度融合，重庆市正积极致力于构建一个高效协同、智能精准的基层治理新模式。这一模式的核心在于加速平台、数据、应用和体制机制的全面整合，以实现治理资源的优化配置与高效利用。具体而言，重庆市将采取一系列创新举措，推动镇街职能与基层智治体系的无缝对接。

在平台整合方面，重庆市将打破信息孤岛，促进不同层级、不同部门之间的信息共享与互联互通。通过构建统一的数字治理平台，实现数据的集中管理、统一调度和高效利用，为基层治理提供强有力的技术支持。

在数据整合方面，重庆市将注重数据的采集、清洗、整合与分析，确保数据的真实性、完整性和时效性。通过数据挖掘与智能分析，揭示基层治理的内在规律与潜在问题，为科学决策提供有力支撑。

在应用整合方面，重庆市将积极推广如“一表通”和“一键报事”

等典型应用，实现基层治理的便捷化、高效化。这些应用通过简化流程、优化界面、提升用户体验等方式，有效降低了群众办事的成本与难度，提高了基层治理的满意度与效率。

当然，重庆市还将积极推动智慧社区的建设，利用物联网、大数据、人工智能等先进技术，实现社区治理的智能化、精细化。通过构建智慧安防、智慧物业、智慧养老等应用场景，提升社区居民的安全感、幸福感与满意度。

在这一过程中，重庆市将特别注重将数字化整合到各种管理流程中，推动各个领域的工作体系、业务流程和体制机制的全面重塑。通过数字化手段，优化工作流程、提高办事效率、降低运营成本，同时增强数字的赋能能力，为基层治理注入新的活力与动力。

渝中区致力于打造“超大城市中心城区现代化治理新高地”，这一宏伟目标紧密围绕数字重庆“1361”总体战略框架展开，旨在通过深化区级与街道两级治理中心的协同工作模式，推动城市治理体系和治理能力现代化。为实现这一目标，渝中区计划采取一系列创新举措，以数字技术为核心驱动力，全面提升城市治理效能。

在数据收集与处理方面，渝中区将实时监控城市各类体征指标，包括但不限于环境质量、交通流量、公共安全、社会经济活动等，通过物联网、大数据、云计算等先进技术，全面、准确地收集城市运行数据。这些数据将成为构建智慧治理体系的基础，为科学决策提供有力支撑。

在智慧治理体系构建方面，渝中区将积极探索“多网融合、一网统管”的新模式。这意味着将城市管理的多个网络（如社会治安网、环境保护网、应急响应网等）进行整合，形成一个统一的治理网络。通过这一网络，实现对城市治理资源的集中调度与高效利用，提升治理效能与响应速度。同时，渝中区还将构建一个层级分明、无缝连接的“区—街道—社区”运营体系，确保治理决策能够迅速传达至基层，实现治理精细化与精准化。

在推动智慧政务、智能商业与智能化民用领域的深度融合与创新发展中，渝中区正以前瞻性的战略视野与坚定的实践步伐，充分利用数字技术这一强大驱动力，致力于政务服务流程的深度再造与业务协同机制的全面优化，以期实现政务服务的集约化、高效化与人性化转型。这一过程不仅标志着渝中区在数字政府建设方面的积极探索与显著成效，也预示着其在智慧城市建设领域迈出了坚实步伐。

在智慧政务方面，渝中区通过构建集数据集成、业务协同、服务创新于一体的智慧政务平台，实现了政务服务从线下到线上、从分散到集中、从被动到主动的深刻转变。该平台不仅提供了一站式、全天候的在线服务，极大地方便了市民与企业的办事需求，还通过数据的互联互通与智能分析，提升了政务决策的科学性与精准度，增强了政务服务的满意度与效率。这一创新举措不仅体现了渝中区在政务服务供给模式上的革新，更彰显了其在提升政府治理能力现代化水平方面的坚定决心。

在智能商业领域，渝中区充分利用大数据与人工智能技术的先进成果，推动商业布局的优化与消费体验的升级。通过数据分析与智能预测，渝中区能够精准把握市场需求与消费趋势，为商家提供科学的经营决策支持，促进商业的高效化与智能化发展。同时，渝中区还注重构建线上线下融合的商业生态体系，通过智慧商圈、智慧门店等创新模式，为消费者提供更加便捷、个性化、沉浸式的购物体验，进一步激发市场的活力与潜力。

在民用领域，渝中区积极推广智能家居、智慧医疗、智慧教育等智能化应用，致力于提升民众的生活品质与便利性。通过引入先进的物联网、云计算等技术，渝中区实现了家居设备的智能互联与远程控制，为市民提供了更加舒适、节能、安全的居住环境。在智慧医疗方面，渝中区通过构建医疗信息平台与远程医疗服务体系，有效缓解了医疗资源分布不均的问题，提升了医疗服务的可及性与质量。在智慧教育方面，渝中区利用数字技术优化教育资源配置，推动教育内容的个性化与教学方法的创新，为学生提供了更加丰富、多元、高效的学习体验。

（2）为了持续为数字经济注入新的增长动力，重庆市采取了一系列前瞻性与创新性举措，成功举办了2023年智博会，这一盛会不仅促进了国内外数字产业交流与合作，还进一步加速了重庆市数字产业的发展步伐。智博会成为一个展示最新数字技术、推动产业升级的重要平台，为数字经济的蓬勃发展注入了强劲动力。

在此基础上，重庆市深入实施了软件和信息服务行业的“满天星”行动计划[87]，旨在通过优化产业布局、提升创新能力、加强人才培养等措施，推动软件和信息服务业的高质量发展。该行动计划不仅促进了产业规模的扩大，还提升了产业链的整体竞争力，为数字经济的持续增长提供了有力支撑。为了培育一批具有核心竞争力的数字企业，重庆市启动了“启明星”和“北斗星”企业培养计划。通过政策扶持、资金引导、技术创新等多方面的支持，这些企业得以在数字经济领域迅速崛起，成为推动产业创新升级的重要力量。通过补链群集的方式，重庆市还促进了“芯屏端核网”数字经济核心产业集群的成长，形成了较为完整的产业链条和生态体系。

在智能制造领域，重庆市新建了17个智能工厂和224个数字化车间，这些智能工厂和数字化车间的建设，不仅提高了生产效率，还降低了运营成本，为传统产业的转型升级提供了有力支撑。此外，重庆市还新开发了1个国家级工业互联网“双跨”平台，累计达到3个，这些平台通过整合产业链上下游资源，促进了企业间的协同创新与资源共享。

为了进一步强化数字基础设施的支撑能力，重庆市在数字技术领域采取了一系列具有前瞻性和战略性的举措。其中，重庆人工智能创新中心等多个重大项目的成功建设与投入使用，引人注目。这些项目的落成，不仅标志着重庆市在高性能计算与人工智能领域取得了重大突破，而且显著提升了全市的计算能力规模，其峰值算力已超过1000P（Peta-FLOPS，千万亿次浮点运算），这一里程碑式的成就为数字经济的蓬勃发展提供了前所未有的技术动力与创新源泉。重庆人工智能创新中心等项目的建设，不仅聚焦于硬件设施的高性能与高效能，更注重软件平台与数据资源的整合与优化，形成了一个集算力、算法、数据于一体的综合创新生态系统。这一系统不仅能够支撑大规模的数据分析与模型训练，还能够加速人工智能技术在各行业领域的深度应用与融合创新，为推动重庆市乃至全国的数字经济转型升级提供了坚实的技术基础。

重庆市在产业链协同发展方面也迈出了坚实步伐，新启动了4个“一链一网一平台”试点项目，使此类项目的总数达到7个。这些试点项目旨在通过构建产业链协同网络与服务平台的创新机制，打破行业壁垒，促进产业链上下游企业之间的信息共享、技术交流与合作创新，形成更加紧密、高效、协同的产业链生态体系。在这一体系中，企业可以更加便捷地获取市场信息、技术资源与政策支持，从而加速新产品的研发与市场推广，提升整个产业链的竞争力与可持续发展能力。值得注意的是，这些“一链一网一平台”项目不仅聚焦于单一产业链的优化与升级，更注重跨产业链之间的协同与融合，通过构建开放、包容、共享的数字生态体系，推动数字经济与实体经济深度融合，为重庆市的经济社会发展注入新的活力与动力。

（3）为了有效稳定就业并推动居民收入增长，重庆市采取了一系列综合性和针对性的政策措施，旨在通过多渠道、多层次的方式促进就业，提高居民收入水平，缩小收入差距，实现社会经济的均衡发展。

在就业援助方面，重庆市精心组织了专项活动，针对就业困难群体提供精准帮扶，通过职业介绍、技能培训、创业指导等措施，帮助他们实现稳定就业。同时，针对高校毕业生和其他青年群体，实施了“十大行动”，涵盖了就业指导、实习实训、创业扶持等多个环节，旨在提升他们的就业竞争力和创业能力。此外，还开展了“春暖农民工”服务活动，为农民工提供就业信息、法律援助、健康检查等全方位服务，保障他们的合法权益，促进他们稳定就业和增收。

为了扩大中等收入群体，提高低收入群体收入，重庆市发布了《重庆市扩大中等收入群体提高低收入群体收入实施方案（2023—2027年）》，明确了促进就业、富裕民众、创新创业和强化基础等9项主要行动。这些行动涵盖了提升就业质量、优化收入分配、激发创业活力、加强社会保障等多个方面，旨在通过系统性改革和政策支持，推动居民收入持续增长，缩小收入差距，实现共同富裕。

在重点投资项目和农业农村基础设施建设领域，重庆市广泛推广了以工代赈策略，通过政府投资带动就业，增加劳务报酬发放。据统计，劳务报酬总额达到了 15.3 亿元，有效促进了务工群众的收入增长。同时，这一策略还推动了农业农村基础设施的改善，提升了农村地区的生产力和生活质量，为农村居民的收入增长提供了有力支撑。

在居民收入增长方面，重庆市取得了显著成效。所有居民的人均可支配收入增长了 5.4%，显示出整体经济状况的持续改善。特别是农村居民的人均可支配收入增长达到了 7.8%，远高于整体水平，这反映了重庆市在促进农村经济发展和增加农民收入方面的积极成效[88]。

第四节 数字金融影响成都绿色经济韧性发展的状况

一、基础信息概览

成都的经济表现总体展现出了显著的韧性与持续的强劲反弹能力，这一趋势自 2022 年第三季度以来尤为明显。在这一时期，成都的经济活动逐渐复苏，呈现出逐季稳步上扬的态势，为全年经济增长目标的实现奠定了坚实的基础。具体而言，5.3% 的季度增长率不仅标志着经济活动的积极回暖，也彰显了成都经济在应对外部挑战与不确定性时展现出的强大恢复力。

回溯至疫情前的经济表现，成都的 GDP 季度完成情况与波动模式为我们提供了有价值的参考框架。在疫情前的常态下，成都的经济增长呈现出一定的季节性规律，其中第二和第三季度往往较第一季度展现出更为强劲的增长势头。这一季节性增长模式在2022年的经济复苏过程中得到了延续，进一步验证了成都经济结构的稳健性与增长潜力的可持续性。

从详细情况来看，成都市经济反弹的现象并非孤立因素所驱动，而是多元积极因素交织互动、协同作用的综合体现。这一复杂而多维的经济复苏态势，深刻地揭示了政府政策、市场环境、社会需求以及产业升级等多方面因素在推动经济增长中的关键作用。成都市政府精准施策，推出了一系列具有针对性与前瞻性的政策措施，旨在激发市场主体的活力与潜力。具体而言，财政支持政策有效缓解了企业的资金压力，为其正常运转与扩张提供了必要的资金保障；减税降费措施则直接减轻了企业的税负，增加了其可支配收入，进而促进了企业的投资与消费活动；优化营商环境则通过简化行政程序、提高服务效率、加强法治保障等手段，为企业创造了更加公平、透明、高效的市场环境，降低了其运营成本与风险，增强了其市场竞争力。这些政策措施的协同作用，为成都市企业活力的恢复与增长提供了强有力的支撑。

随着后疫情时代各项措施的科学优化与适时调整，成都市的消费市场逐渐走出低谷，呈现出明显的回暖趋势。特别是服务业领域，如文化旅游、餐饮住宿等行业，受益于经济形势的好转与消费者信心的恢复，其业务量与收入均实现了快速增长，为成都市经济增长贡献了重要力量。这一复苏态势不仅体现了疫情对经济的短期冲击逐渐消退，更彰显了成都市服务业在市场需求变化中的韧性与潜力。

成都市还积极顺应时代潮流，加大对高新技术产业与数字经济的投入力度，推动产业升级与创新发展。通过优化产业结构、提升产业附加值、培育新兴产业集群等手段，成都市逐步构建起以高新技术产业与数字经济为主导的现代产业体系。这一产业体系的形成，不仅为成都市经济增长注入了新的动能，更为其未来可持续发展奠定了坚实基础。

（1）自2023年以来，成都市的五大先进制造业板块实现了令人瞩目的5.8%增长率，该数据不仅彰显了成都市经济结构优化升级的成果，也反映了其经济增长动力在供需两侧的同步增强。特别是在2022年服务业与消费领域增长显著放缓的背景下，先进制造业的稳健增长成为支撑成都市第一季度经济持续扩大的关键支柱，有效对冲了外部不确定性带来的冲击。

在服务业内部，接触性服务行业的复苏尤为亮眼，这标志着随着疫情防控措施的优化和社会经济活动的全面恢复，消费者的信心与需求正在快速回暖。具体而言，成都市的交通、住宿、餐饮以及文化娱乐等行业在第一季度均展现出了加速修复的态势，不仅体现在业务量的大幅增加，也反映在服务质量与消费者满意度的双重提升上。例如，天府国际机场与双流国际机场的旅客吞吐量创下了历史同期新高，这一数据不仅反映了成都市作为西南交通枢纽的重要地位，也体现了国内外人员流动与商务活动的频繁程度。同时，电影票房收入的持续增长，稳居全国城市第三位，增速达到5.5%，环比上涨2.6个百分点，进一步证明了成都市文化娱乐市场的活力与潜力。

在生产服务与高端技术服务领域，成都市同样展现出了稳健的增长态势。甲级办公楼的吸引力维持在中等水平，表明成都市作为西部地区重要经济中心的吸引力依旧强劲。特别是在科技互联网、金融和专业服务等领域，成都市的集聚效应日益显著。此外，除装备制造业外，电子智能化信息、医药保障健康、新型化工材料以及绿色食品等产业也实现了超过全市平均水平的快速增长，这些新兴产业的崛起不仅丰富了成都市的产业结构，也为其经济增长提供了更为多元和可持续的动力源泉。

（2）在全球经济格局的深刻演变中，经济发展的高质量趋势正日益成为各国关注的焦点与追求的目标，其重要性不仅体现在经济总量适度且稳健的增长上，更深刻地反映了经济发展在多个维度与层面上实现质量上的显著提升与优化。这一趋势不仅标志着对传统以速度为主导、资源消耗型发展模式的根本性超越，更是实现可持续发展目标、增强经济系统韧性与适应性的关键路径与核心战略。高质量经济发展强调在经济增长的基础上，注重提升经济结构的合理性、产业体系的现代化水平、创新驱动的能力以及资源环境的可持续性。这要求在经济活动中，不仅要追求数量的扩张，更要注重质量的提升，通过优化资源配置、提高生产效率、促进技术创新与产业升级等手段，实现经济效益与社会效益的双重提升。在经济结构方面，高质量经济发展倡导构建多元化、均衡化、高级化的产业结构，推动传统产业转型升级与新兴产业培育壮大并重，形成具有竞争力的现代产业体系。这有助于增强经济的内生动力与抗风险能力，为经济的长期稳定增长提供坚实支撑。在创新驱动方面，高质量经济发展强调将创新作为引领发展的第一动力，通过加大研发投入、培育创新人才、优化创新环境等措施，激发全社会的创新活力与创造力。这有助于推动经济由要素驱动向创新驱动转变，提升经济在全球价值链中的地位与竞争力。在资源环境可持续性方面，高质量经济发展倡导绿色发展理念，注重节约资源与保护环境，推动形成绿色低碳循环发展的经济体系。这有助于缓解资源环境约束，提升生态系统的服务功能，为经济的可持续发展提供生态保障。

根据最新的统计资料分析，成都市在2021年第一季度的经济表现中，经济转型与升级的速度持续加快，呈现出一种显著的高品质发展趋势。这种趋势不仅体现在经济总量的稳步增长上，更在于产业结构和需求结构的深刻调整与优化。

在产业结构方面，成都市正积极推动传统产业的转型升级，同时大力发展新兴产业和高技术产业，以提高经济的附加值和竞争力。这种产业结构的调整，不仅有助于提升资源的利用效率，还能促进经济的创新驱动发展，形成更加绿色、低碳和可持续的经济增长模式。

在需求结构方面，成都市也在不断优化和调整。随着居民收入水平的提高和消费结构的升级，消费需求对经济增长的贡献日益增大。同时，投资需求也在向更加高效、更加合理的方向转变，特别是在科技创新、基础设施建设等领域，投资的质量和效益得到了显著提升。成都市还在积极推进制度创新和政策优化，为经济发展提供有力的制度保障和政策支持。通过深化改革开放，优化营商环境，激发市场活力和社会创造力，成都市正在为经济的高质量发展创造更加有利的条件。

成都市在产业价值与绿色含量维度方面的持续正向增长，深刻体现了其经济结构优化升级战略的成效显著以及可持续发展路径的深入践行。截至 2022 年 3 月底的最新统计数据，成都市高新技术企业数量实现了令人瞩目的增长，与上一年度同期相比，增幅高达 36.6%，增长速度在全国范围内主要城市中名列前茅。这一数据不仅彰显了成都市在科技创新与高新技术产业发展领域所展现出的强劲动力与蓬勃活力，也进一步验证了其创新驱动发展战略的有效实施与深远影响。高新技术企业的快速增长，是成都市经济结构优化升级的直接体现。这些企业以其高附加值、高技术含量、高成长性的特征，不仅极大地提升了成都市的产业竞争力，更为其经济的高质量发展注入了新的动力源泉。通过引进与培育高新技术企业，成都市有效促进了产业结构的转型升级，推动了传统产业的改造提升与新兴产业的快速发展，形成了更加多元化、高端化、现代化的产业体系。此外，高新技术企业的快速增长还与成都市的绿色发展战略紧密相连。这些企业往往更加注重资源的节约利用与环境的保护，通过采用先进的技术手段与管理模式，实现了经济效益与生态效益的双重提升。因此，高新技术企业的快速增长不仅有助于成都市经济的高质量发展，也为其绿色转型与可持续发展提供了有力支撑。

在绿色含量方面，成都市同样表现出色。绿色存续企业的数量在 10 个主要城市中仅次于北京，位居第二，与 2021 年相比，其增长率分别为 33.9% 和 4%。这一数据表明，成都市在推动绿色发展与生态文明建设方面取得了显著成效，绿色企业的快速增长为城市的可持续发展提供了有力支撑。绿色企业的增多，不仅有助于降低环境污染和资源消耗，还能促进经济结构的优化升级，实现经济发展与环境保护的双赢。

在数字经济这一新兴且充满活力的领域中，成都市展现出了非凡的发展潜力与强劲的增长势头。最新数据显示，2022 年 3 月，成都市在数字经济领域新注册企业的数量在全国 10 个主要城市中独占鳌头，与之前相比实现了惊人的 64.6% 的增长率。这一数据不仅直观展现了成都市在数字经济领域的创新活力与创业热潮，更深刻反映了其作为西部地区重要经济中心与数字创新高地的地位正日益巩固与提升。数字经济的快速发展，为成都市的经济增长注入了新的活力源泉。数字经济以其高效、便捷、智能的特性，正逐步成为推动经济社会发展的新引擎。成都市凭借其在数字经济领域的先发优势与政策支持，吸引了大量创新型企业与高端人才的集聚，形成了良好的产业生态与创新氛围。这些新注册的数字经济企业，不仅为成都市的经济增长贡献了新的增量，更为其产业结构的优化升级与经济发展模式的转变提供了有力支撑。同时，数字经济的快速发展也为成都市的产业升级与转型提供了广阔的空间与机遇。通过数字技术与传统产业的深度融合，成都市正加速推动制造业、服务业等传统产业的数字化转型与智能化升级，形成了数字经济与实体经济协同发展的新格局。这一过程中，数字经济不仅提升了传统产业的效率与竞争力，更为其开拓了新的市场空间与增长潜力。

成都市在投资领域展现出了链量（产业链投资规模与质量）与智量（智力资本与创新能力的引进）双增长的显著趋势，这一态势在2022年第一季度的数据中得到了充分验证。具体而言，新引进的大型项目和高能级项目不仅在数量上实现了15.7%的增长，其总投资额也同步提升了5.6%，标志着成都市在吸引高质量投资项目方面取得了显著成效。值得一提的是，先进制造业项目在这一波增长中占据了主导地位，其数量和总投资额的占比分别高达72%和77%，进一步强化了成都市的产业链布局，也为其制造业的转型升级和高质量发展奠定了坚实基础。

在智力资本的引进方面，成都市同样表现出色。2022年第一季度内，成功吸引了39个领军人才（团队）的加盟，这些人才在各自领域内拥有深厚的专业背景和卓越的创新能力，将为成都市的产业升级和科技创新提供强大动力。同时，5个招才引智类项目和2个高能级功能型平台的落地，进一步丰富了成都市的创新生态体系，为其打造具有国际竞争力的创新高地提供了有力支撑。此外，34个“专精特新”项目的引进，也体现了成都市在培育细分行业领军企业方面的决心和成效。

在消费市场方面，成都市同样展现出了强劲的复苏势头。2022 年 3 月，全市的夜间消费订单量同比上涨了 26.6%，这一数据不仅反映了消费者信心的恢复，也体现了成都市夜间经济的蓬勃活力。同时，露营、探险和亲子游等休闲方式的搜索量同比增长超过 10%，这表明成都市在文化旅游领域的多元化发展策略正在取得积极成效。从消费群体结构来看，高消费群体和次高消费群体的占比总和达到了 73.0%，与 2021 年相比，同比和环比分别增长了 9.6 个百分点和 0.1 个百分点，且这一比例已连续 6 个月保持在 70% 以上，进一步证明了成都市消费市场的高端化和多元化趋势[89]明显。

二、设定的发展方向

在成都市委召开的第十三届委员会第九次全体会议上，与会代表深入审议并一致通过了《中共成都市委关于高质量建设践行新发展理念的公园城市示范区，高水平创造新时代幸福美好生活的决定》[90]。该决定不仅为成都市未来的发展指明了方向，也彰显了成都市委在推进城市现代化、提升居民幸福感方面的坚定决心和前瞻视野。成都市委明确提出要建设一个以安全为核心特质的公园城市。这一理念的提出，是基于对当前城市发展趋势的深刻考察和对居民生活需求的精准把握。安全，作为城市发展的基石，是确保公园城市稳定、持续、健康发展的关键因素。因此，成都市委将安全置于城市建设的核心位置，旨在打造一个既美丽宜居又安全可靠的现代化城市。

为实现这一目标，决定强调了全方位实施总体国家安全观的重要性。要求成都市在推进城市发展的同时，必须时刻关注国家安全、经济安全、社会安全、公共安全等各个层面，确保城市发展的全面性和可持续性。同时，成都市委还提出要努力推进城市管理体系和能力的现代化，通过科技赋能、制度创新等手段，提升城市管理的智能化、精细化水平，确保城市运行的高效与有序。

在推进城市管理体系和能力现代化的过程中，成都市委特别强调了发展与管理之间的积极互动、秩序与活力的和谐共存。这意味着，成都市在追求经济发展的同时，也注重城市管理的规范与有序，确保城市发展的活力与秩序相得益彰。通过优化城市布局、完善基础设施、提升公共服务水平等措施，成都市努力营造一个更加宜居、宜业、宜游的城市环境，让市民在享受城市发展成果的同时，也能感受到城市的和谐与美好。同时，还提出要构建一个更美好的生活环境，为市民提供现代管理模式，在城市建设和管理中更注重人文关怀和生态文明理念的融入，通过打造绿色生态空间、提升城市文化品质、加强社区治理等措施，让市民在享受现代城市生活的同时，也能感受到城市的温度和人文关怀[91]。

三、成都市发展的主要焦点和具体执行方案

图 4－4 列示了成都市经济韧性政策框架。

（1）增强财政和税收的支持，以降低市场参与者的经营压力[92]。为了有效缓解市场参与者的经营压力，政府采取了一系列财政与税收支持措施，旨在通过增强财政扶持力度和优化税收制度，为各类企业，尤其是小微企业、个体工商户以及制造业等关键行业提供更为坚实的财务支撑。这一系列政策举措体现了政府对市场主体的深切关怀和对经济稳定运行的积极干预。针对小微企业、个体工商户及制造业等行业普遍存在的留抵退税问题，政府采取了紧急处理措施，旨在加快退税进度，减轻企业现金流压力[92]。这一政策的实施，不仅有助于缓解企业的资金流动性难题，还能激发市场活力，促进经济的平稳健康发展。

在退税机制上，成都市政府创新性地引入了基于纳税人自愿申请的月度退还增量留抵税额制度。这一制度设计充分考虑了企业的实际需求，允许企业在符合条件的情况下，按月申请退还新增的留抵税额，从而更加灵活高效地利用税收优惠政策。此外，政府还明确了在 2022 年 6 月底前基本完成存量留抵税额集中退还的目标，这一时间节点的设定，体现了政府对政策执行效率和效果的严格要求。从学术角度来看，

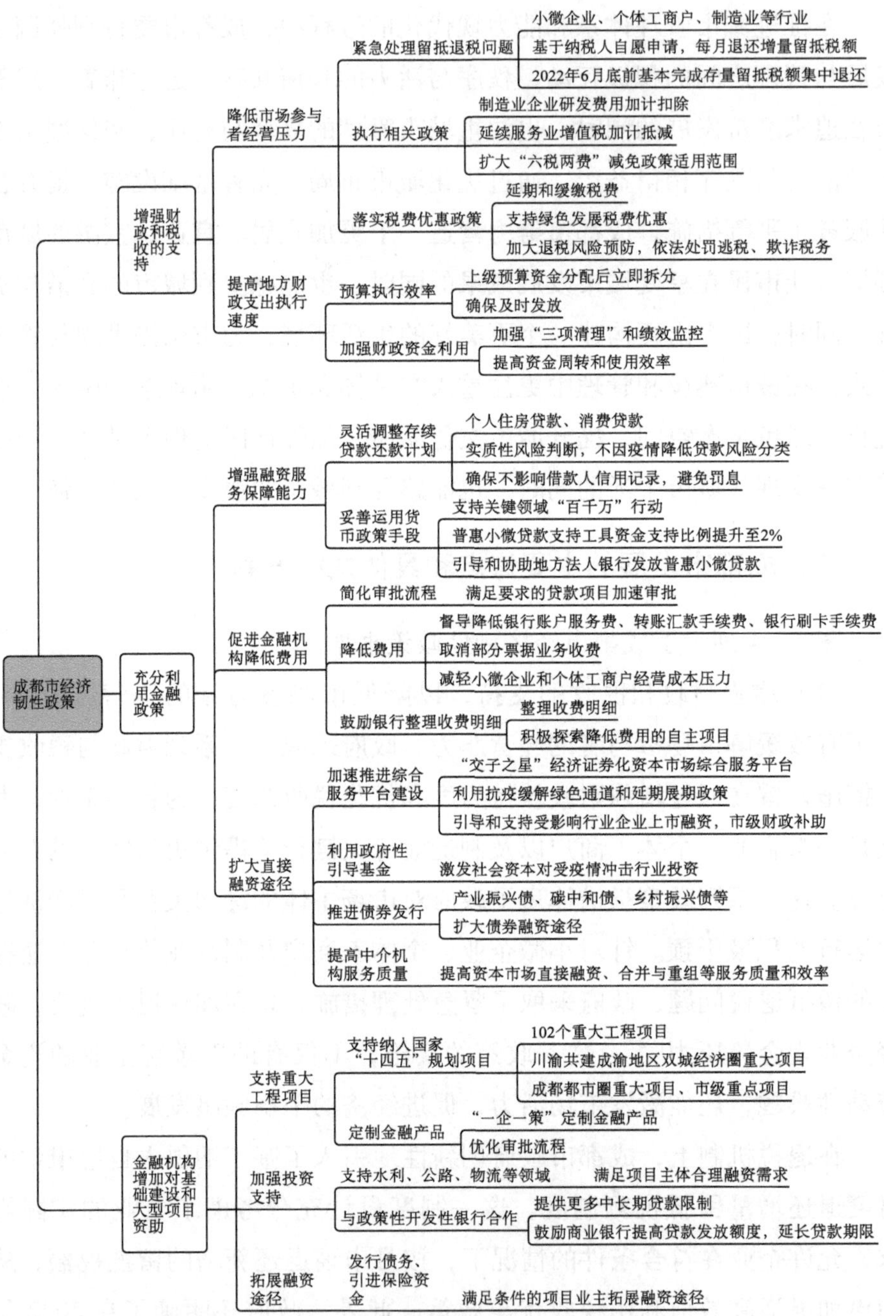

图4-4 成都市经济韧性政策框架

这一系列财政与税收支持措施的实施，不仅是对现有税收制度的一次重要优化，也是对市场经济条件下政府职能的一次深刻诠释。通过精准识别市场主体的实际需求，政府能够有针对性地制定和实施相关政策，从而更有效地发挥市场在资源配置中的决定性作用。同时，这一系列措施的实施也为学术研究提供了丰富的实践案例，有助于深化对市场经济条件下政府职能、税收政策与企业发展之间关系的理解[93]。

为了进一步激励国家制造业企业的创新活力，推动服务业的持续健康发展，并减轻广大市场主体的税收负担，政府积极执行并优化了一系列税收政策。具体而言，对于国家制造业企业，政府实施了研发费用加计扣除政策，这一政策旨在鼓励企业加大研发投入，通过税收激励的方式，将企业实际发生的研发费用在计算应纳税所得额时予以加计扣除，从而有效降低企业的税收成本，激发其创新动力。此举不仅有助于提升制造业企业的核心竞争力，还能促进整个产业链的升级转型，推动经济的高质量发展。

同时，成都市政府还延续了服务业增值税加计抵减政策，针对服务业企业，允许其在计算增值税应纳税额时，对特定服务项目的进项税额进行加计抵减，以此降低服务业企业的税收负担，增强其经营活力。这一政策的延续，体现了政府对服务业发展的持续支持，有助于促进服务业的繁荣与多元化，为经济结构的优化升级提供有力支撑。政府还执行并扩大了“六税两费”减免政策的适用范围。所谓“六税两费”，即资源税、城市维护建设税、房产税、城镇土地使用税、印花税（不含证券交易印花税）、耕地占用税和教育费附加、地方教育附加。政府通过扩大这些税费的减免范围，进一步减轻了市场主体的税收负担，特别是为小微企业和个体工商户等市场主体提供了更为宽松的税收环境，有助于激发市场活力，促进经济的平稳健康发展[94]，在推进国家税收政策全面落地的进程中，政府不仅积极执行了针对延期和缓缴税费的支持措施，以及旨在促进绿色发展的税费优惠政策，还注重构建了一个既鼓励合规又严惩违法的税收环境。具体而言，政府充分响应了企业的实际需求，实施了延期和缓缴税费的政策，为企业提供了更为灵活的财务安排，有助于缓解其短期内的资金流动性压力，特别是对于那些受经济波动影响较大的企业而言，这一政策无疑是一剂“强心针”。同时，政府还大力推广支持绿色发展的税费优惠政策，通过税收杠杆引导企业加大环保投入，推动产业结构向绿色低碳转型，为实现可持续发展目标贡献力量。

在风险管理方面，政府加大了对退税风险的预防力度，通过建立健全风险评估与监控机制，有效识别并防范潜在的退税欺诈行为。同时，政府还严格依据相关法律法规，对逃税、欺诈税务等违法行为进行严厉处罚，维护了税收秩序的公平正义，保障了国家税收收入的稳定增长。

在提高预算执行效率方面，政府强调了地方财政支出的快速执行。一旦上级预算资金被分配至地方，政府应立即进行资金拆分，并确保资金能够及时、准确地发放至各用款单位，以提高预算资金的使用效率。这一举措不仅有助于加快项目进度，还能有效避免资金闲置，提高财政资金的社会效益和经济效益。

为了更好地利用和活化现有资金，成都市政府强调了加强财政资金的“三项清理”工作，即对沉淀资金、闲置资产和低效投资进行全面清理，以释放被占用的财政资源。同时，成都还加强了对财政资金的绩效监控，通过建立科学的绩效评价体系，对资金的使用情况进行跟踪、评估与反馈，确保每一笔资金都能发挥出最大的社会效益和经济效益。这一系列措施的实施，不仅提高了资金的周转速度和使用效率，还为成都市的财政管理注入了新的活力，为推动经济高质量发展提供了坚实的资金保障。

（2）充分利用金融政策，增强融资服务的保障能力[94]。金融机构作为资金供需的桥梁，应积极响应政策导向，灵活调整其贷款服务，以适应不同市场主体的需求变化。具体而言，针对个人住房贷款、消费贷款等存续贷款，金融机构需设计更为灵活的还款计划，以缓解借款人在特定时期（如疫情期间）面临的财务压力。这种灵活性的处理方式，不仅有助于维护金融市场的稳定，还能增强借款人的还款意愿和能力，促进信贷市场的健康发展。在风险管理方面，金融机构在评估延期贷款风险时，应秉持实质性风险判断的原则。即，不应仅因疫情这一外部因素而盲目降低贷款风险的分类，而应综合考虑借款人的还款能力、信用状况以及行业前景等多维度因素。这一做法有助于金融机构更准确地识别潜在风险，制定更为合理的风险管理策略，从而保障金融机构和借款人的共同利益。同时，为确保风险调整不会对借款人的信用记录产生不良影响，并避免由此产生的罚息，金融机构需加强与征信系统的协调沟通，确保信息更新的准确性和及时性。此外，金融机构还应积极开发风险缓释工具，如贷款重组、展期等，以减轻借款人的还款压力，同时维护金融机构的资产质量。在运用货币政策手段方面，政府应妥善运用各类货币政策工具，以增强普惠金融的支持力度。特别是针对关键领域的“百千万”行动，政府应精准施策，通过再贷款、再贴现等货币政策工具，支持符合条件的小微企业、个体工商户等市场主体。具体而言，政府应设定明确的目标，如确保再贷款助企 1 万户、再贴现惠企 1 千户、川碳快贴和央行科票通扶企 300 户等，以实现货币政策的精准滴灌和高效传导。

这些政策措施的实施，不仅有助于缓解市场主体的融资难、融资贵问题，还能促进金融资源的优化配置，推动经济的高质量发展。从学术角度来看，这些措施体现了政策制定者对金融市场运行规律的深刻把握和对经济发展趋势的敏锐观察。通过综合运用金融政策、风险管理工具和货币政策手段，政府能够更有效地应对经济波动，维护金融市场的稳定，促进经济的持续健康发展。成都市政府计划将普惠小微贷款支持工具的资金支持比例从 1% 提升到 2%，以便更有效地引导和协助地方法人银行进行普惠小微贷款的发放[93]。

为了进一步优化金融环境，促进实体经济的发展，政府积极推动金融机构降低服务费用并提供优惠政策，以减轻企业特别是小微企业和个体工商户的经营成本压力。在这一过程中，成都市政府扮演了至关重要的角色，通过一系列具体而有效的措施，为市场主体创造了更为宽松和有利的金融条件。首先，针对满足特定要求的贷款项目，成都市政府致力于简化审批流程并加速审批过程，旨在提高金融服务的效率，确保资金能够及时、准确地流向有需求的企业，从而缓解其资金短缺问题。通过优化审批机制，成都市政府不仅提升了金融服务的便捷性，还增强了市场主体的获得感和满意度，为经济的稳健发展提供了有力支撑。其次，在降低金融服务费用方面，成都市政府督导金融机构降低银行账户服务费、转账汇款手续费、银行刷卡手续费等，并取消部分票据业务收费。这些措施直接减轻了企业的财务负担，提高了其经营效益和竞争力[95]。通过减少不必要的费用支出，企业能够将更多资金用于生产经营和扩大规模，从而推动经济的持续增长。成都市政府还鼓励所有银行和支付机构积极整理他们的收费明细，探索降低费用的自主项目。这一做法旨在激发金融机构的积极性和创新精神，促使其主动优化服务流程、降低成本，以更好地满足市场主体的需求。通过引入市场竞争机制，成都市政府不仅促进了金融服务的多样化和个性化，还提高了金融行业的整体效率和服务水平。

为了进一步优化融资结构，拓宽企业的融资渠道，成都市政府积极鼓励并扩大直接融资的途径，采取了一系列创新且富有成效的措施，以促进资本市场的健康发展，并为受疫情冲击的行业企业提供有力的金融支持。成都市政府加速推进了“交子之星”经济证券化资本市场的综合服务平台建设，旨在整合各类资源，为企业提供全方位的证券化服务，包括上市辅导、融资咨询、信息披露等。通过这一平台，企业能够更便捷地接入资本市场，降低融资成本，提高融资效率。同时，该平台的综合服务模式也有助于提升资本市场的透明度和规范化水平，为投资者提供更可靠的投资选择。成都市政府充分利用资本市场的抗疫缓解绿色通道和延期展期政策，积极引导和支持受疫情影响的行业企业进行上市融资。为了减轻企业的财务压力，市级财政还按照规定提供了相应的补助，以鼓励更多企业利用资本市场进行直接融资。这一举措不仅有助于缓解企业的资金短缺问题，还能通过资本市场的资源配置功能，推动产业结构的优化升级。

成都市政府还最大限度地利用政府性的引导基金，以激发社会资本对受疫情冲击行业的投资热情。通过政府性引导基金的杠杆作用，能够吸引更多社会资本进入特定行业，为企业提供更充足的资金支持。这一做法不仅有助于缓解企业的融资难题，还能促进资本市场的多元化发展，提高金融体系的稳定性。在债券融资方面，成都市政府努力推进产业振兴债、碳中和债、乡村振兴债等各类债券的发行，以扩大债券的融资途径。这些债券的发行不仅有助于筹集资金用于特定项目的建设和发展，还能通过资本市场的定价机制，引导社会资本流向具有发展前景和社会价值的领域。成都市政府还鼓励中介机构提高其在资本市场的直接融资、合并与重组等服务的质量和效率。通过提升中介机构的服务水平，为企业提供更专业、更高效的资本市场服务，降低企业的融资成本和时间成本，提高资本市场的整体运作效率。

鉴于基础设施建设和大型项目对于国家及地方经济发展的重要性，强烈建议金融机构进一步增加对这类项目的资助与支持，以充分发挥其在推动经济增长、优化资源配置和提升社会福祉方面的关键作用。成都市政府在此背景下，积极倡导并推动金融机构深入参与国家及地方重大工程项目的融资活动，旨在通过金融资源的有效配置，加速项目的落地实施，促进经济社会的全面发展。成都市政府鼓励金融机构积极支持纳入国家“十四五”规划的102个重大工程项目。这些项目不仅涵盖了基础设施建设、产业升级、生态环境保护等多个领域，还体现了国家对于未来经济社会发展的战略导向和重点布局。金融机构的参与，将为这些项目的顺利实施提供坚实的资金保障，有助于推动国家发展战略的落地生根。成都市政府还着重强调了对川渝共建成渝地区“双城经济圈”的重大项目的支持。这一区域发展战略旨在通过深化川渝两地合作，推动形成优势互补、高质量发展的区域经济布局。金融机构的积极参与，将为这一战略的实施提供强有力的金融支持，有助于加速区域一体化进程，提升区域经济的整体竞争力。

成都市政府还鼓励金融机构支持成都都市圈的重大项目、市级重点项目以及重大基础设施项目等各类融资活动。这些项目不仅对成都市的经济发展具有重要意义，还关乎到城市功能的完善、居民生活质量的提升以及城市形象的塑造。金融机构的融资支持，为这些项目的建设提供源源不断的资金动力，有助于推动成都市经济社会的持续健康发展[94]，为了更有效地支持基础建设和大型项目的发展，金融机构被强烈建议采取“一企一策”的策略，即为每个项目量身定制金融产品，以满足其独特的融资需求。这一做法不仅体现了金融机构对项目主体个性化需求的深刻理解和灵活应对，也彰显了金融服务实体经济的精准性和有效性。同时，为了加速项目的推进，金融机构还优化了审批流程，减少了不必要的环节，提高了审批效率，从而确保了资金能够及时、准确地投入到项目中。

在此基础上，成都市政府进一步鼓励金融机构遵循市场化的原则，加强对水利、公路、物流、轨道交通等重点领域的投资支持。这些领域不仅是国家及地方经济发展的关键支撑，也是提升社会基础设施水平、增强区域竞争力的关键环节。金融机构的积极参与，将为这些领域的项目提供充足的资金来源，有助于推动其快速发展和转型升级。

为了争取更多的中长期贷款支持，成都市政府努力与政策性开发性银行展开合作，通过争取更多的贷款额度、延长贷款期限等方式，为项目主体提供更为宽松和灵活的融资条件。这一举措不仅有助于缓解项目主体的资金压力，还能促进项目的长期稳定发展。

成都市政府还鼓励满足条件的项目业主通过发行债券、引进保险资金等途径来拓展融资途径。这些多元化的融资方式不仅有助于降低融资成本，提高资金的使用效率，还能为项目主体提供更广泛的资金来源，增强其抵御风险的能力。

在构建社会信用体系的背景下，协助企业恢复其信誉成为一项至关重要的任务。当企业的失信行为经过法定公示期满，且已承担相应的法律责任后，应为其提供便捷、高效的信用修复机制，以促进其重新融入市场并恢复正常的经营活动。为此，采取线上化的信用修复申请流程显得尤为重要。企业仅需在线提交信用修复申请，相关机构即可进行快速审核与处理，这一举措不仅大幅提高了办事效率，还有效降低了企业的时间成本和操作难度。针对那些希望修复严重失信行为的企业，政府及相关部门应提供更加深入、专业的支持。具体而言，可以提供免费的在线信用培训课程，内容涵盖信用管理、法律法规、诚信经营等多个方面，旨在帮助企业深入理解信用的重要性，掌握信用修复的方法和技巧。通过系统培训，企业能够增强自身的信用意识，提升信用管理水平，为未来的诚信经营奠定坚实基础。此外，为这些企业提供无偿的信用报告同样至关重要。信用报告作为全面反映企业信用状况的重要文件，对于企业的融资、合作、市场拓展等方面都具有重要影响。通过提供无偿的信用报告，企业能够清晰地了解自身的信用状况，及时发现并解决潜在的信用问题。同时，这也为企业提供了向合作伙伴、金融机构等展示自身诚信经营成果的重要渠道[89]。

第五节　数字金融影响广州绿色经济韧性发展的状况

一、基础信息概览

《广州市竖向总体规划（2023—2035 年）》在第四届广州市规划委员会城市交通与市政设施专业委员会的第三次会议上，经历了严谨的审议流程并最终获得了正式通过。这一规划的获批，标志着广州市在城市规划与管理领域迈出了重要一步，体现了广州市政府对于城市洪涝安全、韧性城市建设以及经济发展的高度重视和深远布局。该规划的实施将显著增强广州市应对极端天气和自然灾害的能力，特别是针对城市洪涝灾害的防范与治理。通过科学合理的竖向规划，广州市将构建起更为坚固的城市防洪排涝体系，有效降低洪涝灾害对城市运行和居民生活的影响。这一举措不仅关乎城市安全，更是提升城市韧性的关键所在。

同时，该规划还将有力推动广州市韧性城市的建设进程。韧性城市是指能够抵御、适应和快速恢复自然灾害、人为灾害等外部冲击的城市形态。通过竖向规划的实施，广州市将进一步完善城市基础设施，提升城市治理效能，确保城市在面对各种挑战时能够保持稳健运行和持续发展。这对于提升广州市的国际竞争力和宜居宜业水平具有重要意义。该规划的实施还将为广州市的经济发展提供有力支撑。通过优化城市空间布局、提升城市功能品质，广州市将吸引更多优质产业和高端人才聚集，推动城市经济实现高质量发展。同时，竖向规划的实施还将促进城市生态环境的改善，提升城市形象和品牌价值，为广州市的经济发展注入新的活力和动力。

（1）新兴行业的发展态势正呈现出一种显著的“加速”趋势，这一趋势不仅体现在行业的快速增长上，更在于其对于整个经济体系的深刻影响与变革。从学术角度来看，这种加速趋势反映了技术进步、市场需求、政策推动等多方面因素的共同作用，是推动产业升级、探索新发展路径的重要动力。

在此背景下，积极推进新的动能以促进产业的升级，被视为培养新型生产力的关键策略决策。新动能的培育，不仅有助于提升传统产业的竞争力，更能够催生出一系列新兴产业，为经济发展注入新的活力。通过技术创新、模式创新等方式，新动能能够推动产业向高端化、智能化、绿色化方向发展，实现经济结构的优化和质量的提升。

随着全球经济的逐步复苏，特别是消费电子市场的活力再现，广州的电子产品制造行业也迎来了加速复苏的契机。作为全球消费电子产业链中的重要一环，广州拥有完善的产业基础、丰富的技术积累以及敏锐的市场洞察力。在市场需求恢复的背景下，广州电子产品制造行业通过加大研发投入、优化产品结构、提升生产效率等方式，积极应对市场变化，实现了快速复苏和持续增长。这一复苏过程不仅体现了广州电子产品制造行业的强大韧性和适应能力，更展示了其在全球消费电子市场中的重要地位和影响力。未来，随着新兴技术的不断涌现和消费者需求的持续升级，广州电子产品制造行业有望继续保持强劲的增长势头，为广州乃至全球的经济发展作出更大贡献。

在2023年上半年的经济数据中，广州市的电子信息制造业展现出了强劲的增长动力，其增加值实现了8.1%的同比增长，这一数据不仅彰显了行业内部的蓬勃生机，也反映了广州市在推动产业升级和经济发展方面的显著成效。值得注意的是，超高清视频和新型显示产业作为电子信息制造业中的佼佼者，已经形成了显著的集聚效应，其增加值更是实现了高达15.0%的增长率。这一增长不仅体现了广州市在高端制造业领域的深厚积累，也预示着这些产业在未来将持续发挥引领作用，推动整个电子信息制造业向更高层次发展。在重点培育的领域中，集成电路制造行业的表现尤为突出。作为电子信息产业的核心组成部分，集成电路制造行业的增加值分别实现了1.7倍和34.4%的显著增长，这不仅反映了广州市在集成电路制造领域的快速崛起，也彰显了其在高端技术研发和产业化方面的卓越能力。集成电路制造行业的强劲增长，不仅有助于提升广州市在全球电子信息产业链中的地位，也为其他相关产业的协同发展提供了有力支撑。生物医药产业作为广州市的另一大支柱产业，其集群效应也日益明显。广州作为华南地区的医疗中心，不仅拥有丰富的医疗资源和科研实力，还在生物医药科研领域展现出了卓越的实力。随着生物医药产业的不断发展壮大，广州市已经形成了涵盖研发、生产、销售等多个环节的完整产业链。这一产业链的完善不仅提升了广州市生物医药产业的竞争力，也为其他相关产业的协同发展提供了广阔空间。

在2023年度国家科学技术奖的颁奖典礼上，广州市凭借其卓越的科技创新能力和深厚的科研底蕴，荣获了令人瞩目的26项奖项，彰显了广州市在国家科技创新体系中的核心地位，也进一步提高了其作为区域科技创新中心的声誉。在这些获奖项目中，广州的生物医药产业尤为亮眼，其近年来在科技资源的强大驱动下，迅速挖掘并释放了巨大的发展潜力。广州的生物医药产业得益于区域内丰富的科研资源、高水平的研发平台以及政策支持，近年来实现了快速的增长与转型。2024 年上半年，该产业的增加值达到了 7.5%，其中生物药品制造业的增长突出，其增加值高达 28.7%。这一显著的增长不仅反映了广州生物医药产业在技术创新、产品研发及市场拓展等方面的强劲实力，也预示着该产业在未来将持续保持高速增长态势，为广州市乃至全国的生物医药产业发展贡献重要力量。

随着低空经济的蓬勃兴起，广州市在低空经济领域也展现出了非凡的竞争力和广阔的发展前景。目前，广州市已聚集了 300 多家与低空经济密切相关的企业，其中 69 家为核心企业，这些企业在无人机制造、航空物流、航空旅游等多个领域发挥着引领作用。2024 年上半年，广州市航空航天器及设备制造业的增加值实现了 18.6% 的增长，民用无人机的产量更是激增了 1.1 倍。这一系列数据不仅凸显了广州市在低空经济领域的深厚积累和强劲增长动力，也充分展示了其在“天空之城”竞争中的独特优势和领先地位。

（2）在当前全球经济结构深度调整的背景下，广州市对于传统产业的“焕新”努力正不断深化，旨在通过技术创新与产业升级，推动经济高质量发展。2023—2024 年，广州市工业技术改造投资持续保持两位数增长态势，相较于 2024 年第一季度，增长率更是提升了 10.6 个百分点，这一数据不仅体现了广州市在推动工业转型升级方面的坚定决心，也彰显了其在提升产业竞争力方面的显著成效。

在汽车产业领域，广州市正加速以新能源车为核心推动产业转型，同时积极适应能源化和智能化的新格局，以期重塑汽车产业竞争力。在 2023 年高速增长的基础上，2024 年上半年汽车零配件投资继续大幅增长 61.5%，占汽车制造业总投资的近七成。这一数据不仅反映了广州市在强化和完善汽车核心产业链方面的决心，也预示着其汽车产业在未来将保持强劲的增长势头。广州市汽车产业正通过技术创新和产业升级，逐步构建起以新能源车为主导、智能化和网联化为特征的现代汽车产业体系，为广州市乃至全国的汽车产业转型升级提供有益借鉴。

广州市消费行业正积极向流行趋势转型，并向品牌更新迈进。全国超过三成的生产企业在美妆产业中形成了深厚积累，其中规模较大的化妆品制造行业实现了47.8%的增加值增长，体现了广州市在美妆产业方面的雄厚实力，也反映了其消费市场对于高品质、个性化美妆产品的强烈需求。在食品饮料和纺织服装产业中，健康化和品质化的特点尤为突出，蛋白饮料、运动服装和皮革服装的产量分别实现了40.1%、34.3%和20.7%的增长，彰显了广州市在提升消费品品质方面的显著成效，预示着其消费市场正逐步向高端化、健康化方向发展。

从需求角度看，广州市都市消费品销售火爆，其中线上化妆品、饮料、体育娱乐用品和金银珠宝的零售额分别上涨了21.1%、10.3%、9.2%和6.5%。反映了广州市消费市场对于高品质、个性化消费品的强烈需求，也体现了其消费市场与主导产业的紧密融合。广州市正利用其独特的产业模式，塑造新的消费市场优势，为都市消费行业创造了新的发展机会，同时也为广州消费市场的持续活力注入了新的动力。

（3）项目投资速度正呈现出“实打实”的加速态势，这一趋势在制造业领域尤为显著。在制造业以市场为导向的发展策略驱动下，各类工业项目得以不断启动和实施，促进了工业投资的快速增长，也为制造业的转型升级提供了有力支撑。广州市作为中国经济的重要引擎之一，其在项目投资方面的表现引人关注。

在广州的工业投资版图中，新兴产业领域如动力电池、新型储能技术、半导体等正成为重点关注的对象。这些领域不仅代表着未来产业的发展方向，也是广州市实现经济高质量发展的关键所在。因此，广州市在加大对这些领域的投资力度方面不遗余力，以期通过这些新兴产业的快速发展，为城市经济注入新的活力。

从数据上看，广州市高技术制造业的投资增长尤为迅猛。在连续3年实现两位数增长的基础上，2024年上半年高技术制造业的投资依然保持了34.5%的快速增长，增速远高于同期其他行业的平均水平。同时，高技术制造业在制造业投资中的占比也进一步上升到55.5%，成为制造业投资中的绝对主力，反映了广州市在推动高技术制造业发展方面的坚定决心，也彰显了其在产业升级和转型方面的显著成效。

在具体的高技术制造业行业中，在建投资项目的5个行业中有4个实现了两位数的增长。这些行业的快速增长得益于广州市政府的政策支持和资金投入，也离不开其自身在技术创新、产品研发和市场拓展等方面的持续努力。这些行业的快速发展将进一步推动广州市产业集群的集中发展，形成更为完善的产业链和生态圈，为广州市创造新的发展动力和优势。

工业的推动还将促进广州市产业集群的进一步集聚和发展。通过加强产业链上下游企业的协同合作，形成更为紧密的产业联盟和合作网络，并将有助于提高整个产业集群的竞争力和抗风险能力。同时，产业集群的集聚发展还将带动周边地区的经济发展，产生更为广泛的经济辐射效应[96]。

二、设定的发展方向

为确保“十四五”规划既定目标与任务的圆满实现，政府工作的顺利推进承载着深远的意义与重大的责任，这一进程不仅关乎国家发展蓝图的具体落实，也是地方政府响应国家号召、推动地方经济社会全面发展的重要实践。在全球与国内不同经济形势交织的复杂背景下，当前经济发展既蕴含着战略性的机遇，也不乏潜在的风险与挑战，这种双重特性要求我们必须具备高度的战略敏锐性和风险防控能力。

广州市，作为中国南方的重要经济中心，在国家宏观战略指引下，正积极投身于大规模的城市规划与布局之中。广州市充分利用国家大战略赋予的政策优势与市场机遇，通过吸引广泛的市场支持和大型投资项目的落地，为城市的快速发展注入了强劲动力。当前，广州市正处于其城市发展史上的黄金时期与战略机遇期，有利条件与积极因素的累积显著优于不利因素，为城市的持续繁荣与升级奠定了坚实基础。广州市政府深刻认识到，地方工作的推进不能脱离全国乃至全球的大背景与时代趋势。因此，广州市在制定与实施各项政策与规划时，始终坚持将自身发展置于国家发展大局与国际环境变化的大框架中，体现了广州市政府对国家战略的深刻理解和积极响应，也彰显了其在复杂多变的国内外环境中寻求发展机遇、应对潜在挑战的智慧与决心。

广州市在推进“十四五”规划的过程中，注重发挥自身优势，如地理区位、经济基础、科技创新等，同时积极应对外部环境的不确定性，通过优化产业结构、提升城市治理水平、加强生态环境保护等措施，不断提升城市的综合竞争力和可持续发展能力。这一系列举措有助于广州市实现“十四五”规划的各项指标，也为其他城市提供了可供借鉴的经验与启示。

三、广州市发展的主要焦点和具体执行方案

图4－5列示了广州市经济韧性发展策略框架。

（1）全力以赴地推动新型工业化进程。广州市正以前所未有的决心和力度，全力以赴地推进新型工业化进程，旨在通过一系列精心设计的政策和措施，全方位地促进制造业的高品质增长与快速发展，进而打造一个具有国际竞争力的先进制造业强市。这一战略部署体现了广州市对于产业升级与转型的前瞻性，也彰显了其在国家新型工业化战略中的积极贡献。

在推进新型工业化的过程中，广州市高度重视“四化”（即智能化、绿色化、服务化、高端化）赋能的重要性，并为此专门推出了“四化”赋能专项行动。该行动旨在通过技术革新与模式创新，助力100家企业完成“四化”改革与升级，进而推动纺织、服装、皮具、箱包以及化妆品等传统优势产业实现大规模转型与升级，提升其在全球产

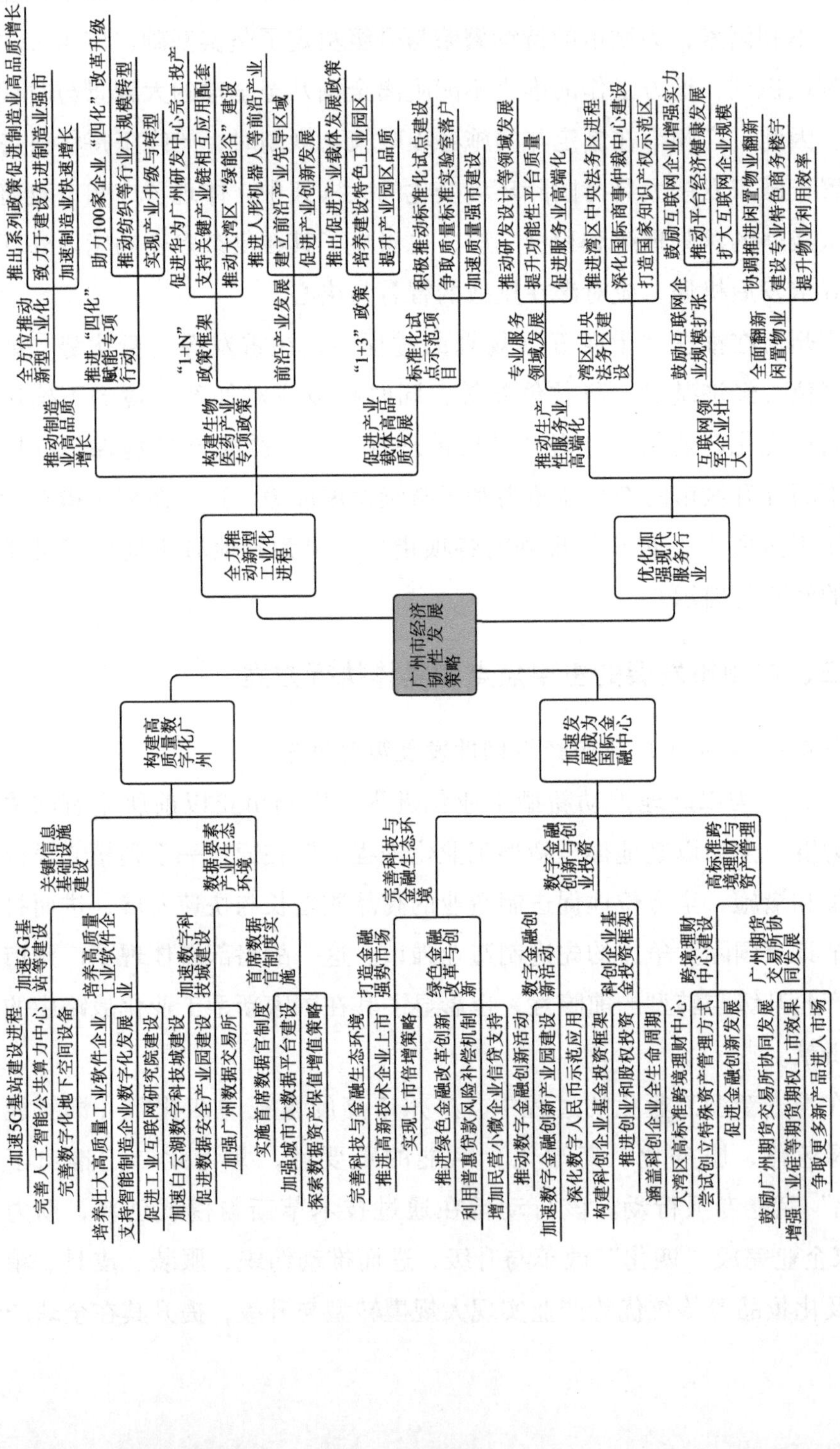

图4-5 广州市经济韧性发展策略框架

业链中的地位与竞争力。

同时，广州市正在构建一个生物医药产业的“1+N”专项政策框架，以政策引导和市场机制相结合的方式，促进生物医药产业的集聚发展与技术创新。其中，“1”代表核心政策文件，为生物医药产业发展提供总体指导和支持，“N”则代表一系列配套政策，旨在细化落实各项具体措施，如推动华为广州研发中心（一期）的完工与投产，为生物医药产业提供强大的技术支撑与智力支持。

广州市还积极支持新型显示技术、新能源汽车等关键产业链之间的相互应用与配套，通过产业链上下游的紧密合作，推动产业协同发展与创新升级。这一举措不仅有助于提升广州市在全球产业链中的话语权，也为大湾区“绿能谷”的建设提供了有力支撑。

在前沿产业领域，广州市同样展现出前瞻性的布局与规划。通过推进人形机器人、人工智能、无人驾驶等产业的快速发展，广州市正努力构建这些产业的先导区域，旨在抢占未来产业发展的制高点。为此，广州市推出了一系列扶持政策，包括资金支持、人才引进、技术创新等，为前沿产业的培育与发展提供了良好的生态环境。

在产业载体建设方面，广州市推出了旨在促进产业载体高品质发展的“1+3”政策体系，旨在通过优化产业布局、提升产业载体品质、强化产业服务等方式，打造多个各具特色的工业园区，为产业转型升级提供有力支撑。广州市还积极推动标准化试点示范项目的建设，努力争取质量标准实验室的落户，以标准化引领产业高质量发展。通过加强质量基础设施建设、提升质量监管水平、推动质量技术创新等措施，广州市正加速向质量强市的目标迈进。

（2）致力于优化和加强现代服务行业。广州市在致力于优化和加强现代服务行业方面，展现出了前瞻性的战略眼光与务实的行动策略，旨在通过一系列精心设计的政策措施，推动生产性服务业向高端化、专业化、国际化方向发展，进而提升整个城市的服务业竞争力和国际影响力。

在生产性服务业领域，广州市高度重视研发设计、检验检测、人力资源和跨境租赁等关键专业服务领域的发展。通过政策引导、资金扶持、平台建设等措施，广州市积极推动这些领域的企业提升服务品质、拓展服务范围、增强创新能力，进而推动生产性服务业向高端化方向迈进。同时，广州市还致力于提升广州设计之都和民间金融街等功能性平台的质量，通过优化平台布局、强化平台功能、提升平台影响力，为生产性服务业的发展提供有力支撑。

在法律服务业方面，广州市积极推动湾区中央法务区的建设进程，并致力于深化国际商事仲裁中心的建设。通过完善法律服务体系、提升法律服务水平、加强国际交流与合作，广州市正努力打造一个具有国际影响力的法务中心，为城市的国际化发展提供坚实的法律保障。

在知识产权保护方面，广州市致力于按照高标准打造国家知识产权示范区，并加大对海外知识产权纠纷的管理力度。通过加强知识产权制度建设、提升知识产权执法效能、推动知识产权转化运用等措施，广州市正努力构建一个公平、公正、高效的知识产权保护环境，为城市的创新发展提供有力的制度保障。

在互联网经济领域，广州市鼓励互联网领军企业扩大规模并增强实力，以推动平台经济向健康方向发展。通过优化互联网产业发展环境、加强互联网基础设施建设、推动互联网与传统产业深度融合等措施，广州市正努力打造一个具有国际竞争力的互联网产业集群，为城市的数字化转型提供强劲动力。

在城市更新方面，广州市全面协调和推进对闲置公共住房、低效率物业以及陈旧建筑的“全面翻新”，并着手建设一系列具有专业特色和商务标志的楼宇。通过城市更新改造，广州市不仅提升了城市形象和功能品质，还为现代服务业的发展提供了更加优质的空间载体。

（3）努力构建一个更高质量的数字化广州。广州市正以前所未有的力度，致力于构建一个更高质量的数字化城市，旨在通过一系列创新举措与战略部署，加速推进网络强市建设，全面提升城市的数字化、智能化水平。这一宏伟蓝图彰显广州市在国家数字化转型战略中的积极贡献与引领作用。

在关键信息基础设施建设方面，广州市正加速5G基站、人工智能公共算力中心等核心设施的布局与建设。这些设施作为数字城市的基石，将为广州市的数字化转型提供强大的算力支持与数据传输能力。同时，广州市还致力于完善数字化地下空间以及地下三维数字管网设备，通过数字化手段实现对城市地下空间的精准管理与高效利用，进一步提升城市的智能化管理水平。

在工业互联网与智能制造领域，广州市积极推动中国工业互联网研究院广东分院的建设，旨在通过引入国家级研究机构的力量，为广州市的工业互联网发展提供智力支持与技术创新。同时，广州市还致力于培养和壮大高质量的工业软件企业，支持智能制造企业向数字化工厂方向转型升级。这一举措不仅有助于提升广州市制造业的智能化水平，也为城市的数字化转型注入了新的活力。

在数字科技城与数据安全产业园建设方面，广州市加速白云湖数字科技城的规划与实施，旨在打造一个集数字技术研发、创新孵化、产业集聚于一体的数字科技高地。同时，广州市还积极推动国家网络和数据安全产业园以及省级数据要素集聚区的建设，致力于广州数据交易所的壮大。这些举措有助于提升广州市在数据安全与数据要素交易方面的竞争力，也为城市的数字化转型提供了坚实的产业支撑。

在数据要素的开发与应用方面，广州市全方位实施首席数据官制度，通过设立专门的数据管理机构，加强对城市大数据平台的统筹管理与应用开发。同时，广州市还进一步加强公众数据的开发与应用平台、数字广州创新实验室的建设，探索数据资产的入账交易以及保值增值的新策略。这些举措有助于提升广州市数据资源的利用效率与价值创造能力，也为城市的数据要素产业发展提供了有力的制度保障与创新动力。

（4）努力加速发展成为国际金融中心。广州市正加快其步伐，力求在国际金融中心的征途上取得显著进展。为实现这一宏伟目标，广州市正采取一系列战略举措，旨在打造金融强势市场，完善科技与金融的生态环境，并推动金融创新与产业升级。

在金融市场构建方面，广州市致力于打造一个充满活力且具备国际竞争力的金融市场。包括完善多层次的资本市场体系，为高新技术企业提供更为宽广的融资渠道。持续推进高新技术企业的上市倍增策略，通过政策引导与资源倾斜，鼓励和支持更多具备创新能力和成长潜力的企业进入资本市场，实现快速发展。

在科技与金融融合方面，广州市正积极构建科技与金融深度融合的生态环境。通过政策扶持、平台搭建、资本引入等方式，促进科技创新与金融资源的有效对接，为科技创新提供强有力的金融支持，这有助于提升广州市的科技创新水平，也为金融市场的多元化发展提供了新动力。

在绿色金融领域，广州市深入推进绿色金融的改革与创新。充分利用普惠贷款的风险补偿机制，降低金融机构对民营小微企业的信贷风险，增加对这类企业的信贷支持。这有助于缓解民营小微企业的融资难题，也促进了绿色金融的可持续发展。

在数字金融创新方面，广州市积极推动数字金融的创新活动，加速广东数字金融创新产业园的建设进程。通过引入先进的数字技术，推动金融服务的智能化、便捷化，提升金融市场的效率和用户体验。同时，进一步深化数字人民币的示范应用，探索数字货币在金融领域的新应用场景。

在创业与股权投资方面，广州市正构建一个涵盖科创企业整个生命周期的基金投资框架。通过设立不同阶段的投资基金，为科创企业提供从初创期到成熟期的全方位资金支持，助力其快速成长和发展。

在跨境金融合作方面，广州市在大湾区进行高标准的跨境理财和资产管理中心建设，探索跨境金融合作的新模式。尝试创立一种新的特殊资产管理方式，提升金融市场的风险管理水平和资产处置效率。同时，鼓励广州期货交易所与港交所进行协同发展，加强两地金融市场的互联互通，共同推动金融市场的国际化进程。

在期货期权市场方面，广州市正努力争取更多的新产品进入市场，增强工业硅和碳酸锂期货期权的上市效果。通过丰富期货期权市场的产品种类，为投资者提供更多的投资选择和风险管理工具，进一步提升广州市在国际期货期权市场的影响力[97]。

第六节　数字金融影响南京绿色经济韧性发展的状况

一、基础信息概览

在《中共中央关于制定国民经济和社会发展第十四个五年规划和二〇三五年远景目标的建议》这一纲领性文件中，国家明确提出了推动以人为核心的新型城市化发展战略，强调了城市化进程中人的主体地位，还着重指出了一系列关键性任务与目标，旨在全面提升城市化质量与水平。其中，加强对历史文化的保护与城市风貌的塑造，被视为维护城市文化根脉、彰显城市特色与魅力的重要举措。历史文化是城市的灵魂，通过科学合理地保护与利用，不仅能够传承与弘扬优秀传统文化，还能增强城市居民的文化认同感和归属感。同时，注重城市风貌的塑造，有助于打造宜居宜业、和谐美丽的城市环境，提升城市的整体形象和吸引力。该建议还着重强调了强化城镇老旧小区的改造与社区的建设。随着城市化进程的加速，老旧小区与社区面临着诸多挑战，如基础设施落后、居住环境差等问题。因此，加强老旧小区的改造与社区的建设，不仅是提升居民生活质量、促进社会和谐的必然要求，也是推动城市基础设施更新、实现城市可持续发展的重要途径。通过引入现代设计理念与技术手段，对老旧小区进行综合性改造，能够改善居民的居住条件，还能提升社区的服务功能与治理水平。

在构建安全韧性城市方面，“十四五”规划的建议也提出了明确要求。海绵城市与韧性城市的建设，旨在增强城市应对自然灾害、环境变化等外部冲击的能力，确保城市在遭遇突发事件时能够迅速恢复并维持基本功能。海绵城市通过构建生态化的雨水管理系统，实现雨水的自然积存、渗透、净化和利用，有效缓解城市内涝问题，提升城市防洪排涝能力。而韧性城市则强调在规划、设计、建设和管理等各个环节融入韧性理念，通过提升城市基础设施的冗余度、灵活性和适应性，增强城市对外部冲击的抵御能力和恢复能力。

在南京市的“十四五”规划中，该市积极响应国家号召，明确提出了构建“四高城市”（即高质量发展、高品质生活、高效能治理、高颜值生态）的目标，并将建设具有安全韧性的城市作为核心追求之一。这一目标的提出，不仅体现了南京市对新型城市化战略的深刻理解与积极践行，也彰显了该市在推动城市高质量发展、提升城市综合竞争力方面的坚定决心与明确方向。通过加强历史文化保护、城市风貌塑造、老旧小区改造、社区建设以及海绵城市与韧性城市建设等一系列举措的实施，南京市正朝着构建“四高城市”、打造安全韧性城市的宏伟目标稳步迈进。

南京市经济快速复苏进程中，展现出了传统产业与新兴产业协同并进、共促发展的显著态势，其中，产业结构的持续优化与调整成为驱动这一进程的关键性因素。自“十四五”规划实施以来，南京市三大产业结构经历了深刻而持续的调整与完善，逐步构建起一个更加现代化、高效能的产业结构体系。在此过程中，高科技产业、战略性新兴产业以及高端服务行业呈现出加速增长的态势，成为推动南京市经济转型升级的重要引擎。

在数字经济的强劲催化作用下，南京市涌现出了一系列新兴产业、新型业态和创新模式，这些新兴元素不仅丰富了产业生态，更为经济增长注入了前所未有的活力与动力。数字经济以其独特的创新性和渗透性，有效促进了产业间的融合与协同发展，为南京市经济结构的优化升级提供了强有力的支撑。南京市并未忽视传统产业的转型升级。面对全球经济环境的变化与市场竞争的加剧，钢铁、石化等传统行业积极利用数字技术进行改造升级，通过智能化、绿色化转型，不仅提升了生产效率和产品质量，还有效降低了能耗与排放，实现了经济效益与社会效益的双重提升。这一转型过程不仅为传统产业注入了新的生机与活力，也为南京市经济的可持续发展奠定了坚实基础[98]。

二、设定的发展方向

南京，作为江苏省的省会、一座超大型城市及区域中心城市，在“十四五”规划期间步入了城市发展的新阶段[99]，面临着前所未有的发展机遇与挑战。在这一关键时期，南京积极响应并深入贯彻习近平总书记关于城市安全及超大城市现代化治理的重要指导思想，致力于构建一个安全、韧性、智慧与和谐并存的现代都市典范。并且，南京在城市安全治理上，秉持底线思维，以高度的责任感和使命感，聚焦于大城市病及复杂风险的有效应对与解决。针对大型灾害、危机等潜在威胁，南京通过系统性地识别风险点、弥补治理短板、强化薄弱环节，不断提升城市安全韧性，确保在各类突发事件面前能够迅速响应、有效应对。

在高科技与信息技术快速发展的背景下，南京充分利用智能化手段，推动城市治理向更加智慧、精准、高效的方向迈进。通过构建智慧城市体系，南京在交通管理、环境监测、公共安全等领域实现了智能化升级，不仅提升了城市管理效率，也极大地增强了市民的安全感与幸福感。南京深刻认识到完善紧急情况下的预防和控制体系的重要性。在城市规划、建设与管理的全过程中，南京始终坚持安全发展理念，建立健全风险感知、监控、预警及处理机制，确保能够及时发现、准确评估并有效处置各类安全风险。南京还致力于完善“平战结合、快速反应”的管理机制，即在平时注重预防与准备，在战时则能够迅速转换为应急状态，实现高效有序的城市管理。针对重大突发事件风险，南京加强城市治理的预见性、系统性和协同性，通过跨部门、跨区域的合作与联动，构建起全方位、多层次的城市安全网[100]。

三、南京市发展的主要焦点和具体执行方案

图4－6列示了南京市经济发展策略框架。

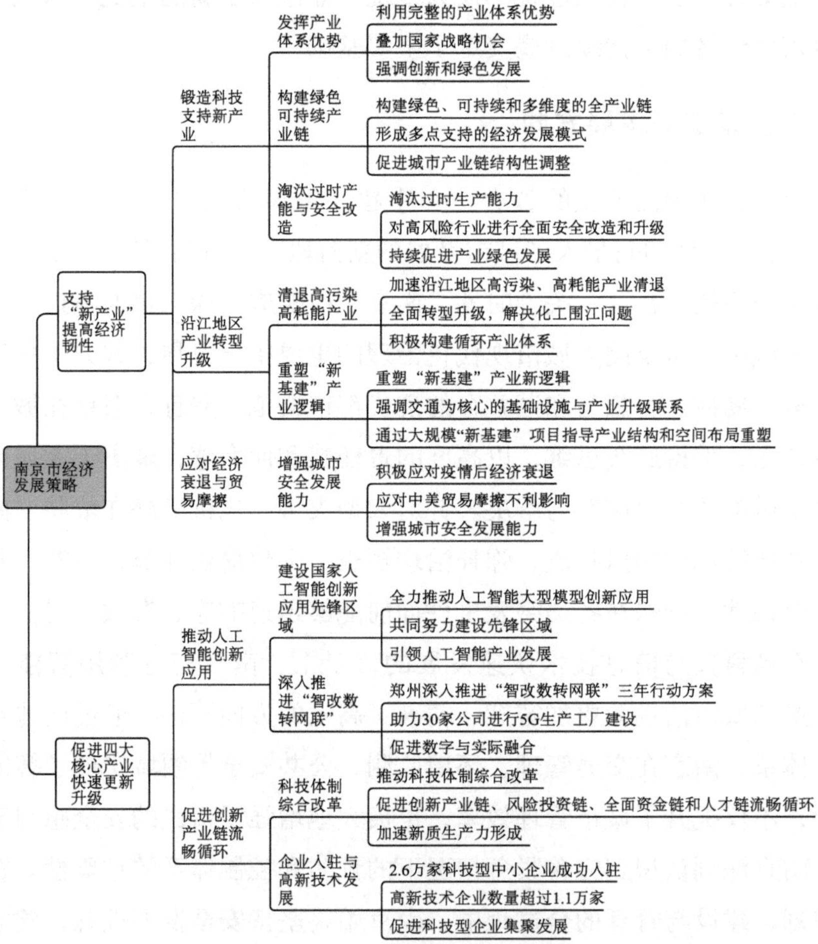

图4－6 南京市经济发展策略框架

（1）通过锻造科技来支持“新产业”，从而提高经济的韧性。南京，作为一座具有深厚历史底蕴与现代创新活力的超大型城市，正积极

利用科技锻造新产业，以增强经济的韧性与可持续性。在此进程中，南京充分依托其完备的产业体系与国家战略机遇的叠加效应，将创新与绿色发展置于核心地位，旨在构建一个绿色、可持续且多维度的全产业链生态，为经济发展提供多点支撑与强劲动力。

为实现这一目标，南京首先着眼于城市产业链的结构性优化与升级。通过淘汰落后产能，南京正逐步清除经济发展中的“梗阻”，同时，针对高风险行业实施全面的安全改造与升级，确保产业链的安全和稳定。这一举措不仅有助于提升产业链的整体竞争力，也为绿色、可持续发展奠定了坚实基础。

在绿色发展的道路上，南京持续推动沿江地区高污染、高耗能产业的清退与转型升级，有效应对“化工围江”等环境问题。通过构建循环产业体系，南京正努力实现资源的高效利用与废弃物的循环再生，促进经济与环境的和谐共生。

南京深刻认识到“新基建”在推动产业转型与升级中的关键作用。在新基建产业的新逻辑下，南京强调以“交通”为核心的基础设施与产业发展的紧密联系，通过大规模的新基建项目，如智能交通系统、绿色能源网络等，引导产业结构和空间布局的重塑。这些举措不仅提升了城市的综合承载能力，也为新兴产业的培育与发展提供了有力支撑。

面对疫情后的经济衰退与中美贸易摩擦等不利因素，南京积极应对，通过加强科技创新、优化产业结构、提升产业链韧性等措施，增强城市的安全发展能力。南京深知，只有不断提升自身的核心竞争力与抗风险能力，才能在复杂多变的国际环境中立于不败之地。

（2）促进四大核心产业的快速更新和升级。当前全球经济结构调整与产业升级的大背景下，四大核心产业（通常涵盖先进制造业、信息技术、生物医药与现代服务业等关键领域）的快速更新与升级，对于推动区域经济高质量发展、增强产业竞争力具有至关重要的作用。为实现这一目标，南京市正积极采取一系列创新举措，以科技引领为核心，全力推进产业转型升级进程。

在人工智能领域，南京深刻认识到大型模型作为新一代人工智能技术的重要突破点，其在提升产业智能化水平、优化决策支持系统、推动服务创新等方面具有巨大潜力。因此，南京正集中资源，全力推动人工智能大型模型的创新应用，旨在通过技术攻关与示范应用，加速人工智能技术与实体经济深度融合，打造国家人工智能创新应用的先锋区域。这不仅有助于提升南京在全球人工智能产业版图中的地位，更为区域经济的智能化转型提供了强有力的技术支撑。

为加强数字技术与实体经济深度融合，南京正深入实施“智改数转网联”三年行动方案。该方案聚焦于利用云计算、大数据、物联网、5G 通信等新一代信息技术，对传统产业进行智能化改造、数字化转型和网络化升级，以实现生产效率、产品质量与市场竞争力的全面提升。特别是，南京计划助力 30 家公司建设 5G 生产工厂，通过 5G 技术的高带宽、低时延特性，实现生产过程的实时监控、智能调度与远程协作，为智能制造的普及与推广树立典范。

在科技体制综合改革的推动下，南京正致力于构建创新产业链、风险投资链、全面资金链与人才链的协同机制，以促进科技资源的优化配置与创新要素的高效流动。创新产业链的建设，旨在通过产学研用深度融合，加速科技成果向现实生产力转化；风险投资链的完善，为科技创新项目提供充足的资本支持，降低创新风险；构建全面资金链，确保创新活动在研发、中试、产业化等各阶段都能获得稳定的资金支持；人才链的整合，则通过优化人才政策、搭建交流平台，吸引和培养具有国际视野与创新能力的科技人才，为产业转型升级提供智力保障。

截至目前，南京已成功吸引 2.6 万家科技型中小企业入驻，高新技术企业数量也突破了 1.1 万家。这些企业的集聚与发展，不仅丰富了区域产业结构，提升了产业创新能力，更为南京打造具有国际竞争力的先进制造业高地与科技创新中心奠定了坚实基础。未来，随着四大核心产业的持续升级与创新生态系统的不断完善，南京有望在全球产业竞争中展现更加亮丽的风采，为区域经济的高质量发展贡献更多力量[101]。

第七节　数字金融影响郑州绿色经济韧性发展的状况

一、基础信息概览

郑州市政府已正式对外公布了《郑州市韧性城市规划纲要》，该纲要的出台标志着郑州市在迈向国际韧性城市建设道路上迈出了坚实的一步，其长远目标是在2035年将郑州打造成为国际韧性城市的典范。韧性城市的概念，作为一种先进的城市发展理念，强调的是城市在面对自然灾害、公共卫生事件、经济波动等多种潜在冲击时，所展现出的强大抵抗能力、灵活应对机制以及快速恢复功能的能力，确保城市核心功能在逆境中持续稳定运行，维护社会稳定与居民福祉。《郑州市韧性城市规划纲要》深入剖析了韧性城市的构成要素与实现路径，旨在通过系统性的规划与建设，提升城市的综合韧性水平。韧性城市的构建不仅要求城市基础设施具备高度的冗余性与灵活性，以抵御外部冲击，还强调城市管理系统应具备快速响应、高效协调的能力，以及城市社会经济结构应拥有良好的适应性与恢复力，确保在遭遇突发事件时，城市能够快速调整资源配置，恢复关键服务，减少损失，并迅速回归正常轨道。

为实现这一目标，郑州市规划了一系列具体措施，包括但不限于：加强城市基础设施的智能化改造与韧性提升，如构建智能电网、韧性供水系统等，以提高城市生命线工程的抗灾能力与恢复效率；推动社区层面的韧性建设，通过增强社区自救互救能力、完善应急管理体系，提升基层社会治理的韧性与活力；深化科技创新在韧性城市建设中的应用，利用大数据、云计算、人工智能等先进技术，提升城市监测预警、应急响应与灾后恢复的科学化、智能化水平。同时，注重生态环境保护与绿色韧性城市建设，通过优化城市绿地系统、提升生态系统服务功能，增强城市面对气候变化等长期挑战的适应能力。

该纲要还强调了韧性文化建设的重要性，倡导全社会形成共识，增强公众对韧性城市建设的认识与支持，通过教育、宣传、演练等多种形式，提升市民的防灾减灾意识与自救互救技能，构建政府、市场、社会多元主体共同参与的韧性城市建设格局。

（1）郑州市正积极通过扩大对外贸易的路径，致力于培养内陆地区的开放型市场经济体系，此举不仅促进了区域经济的国际化进程，也加速了全球经济一体化在本地的深度融合。作为国家级区域中心城市，郑州凭借其独特的地理位置与政策优势，已成为中国内陆地区对外开放的重要窗口。目前，郑州已建立起一个由 20 家省级及以上级别的跨境电商产业园构成的庞大网络，这些园区作为跨境电商生态的核心载体，不仅集聚了众多跨境电商企业，还形成了集仓储、物流、信息处理、金融服务等功能于一体的综合性服务平台。此外，郑州还拥有 168 个海外仓储设施，这些设施遍布全球各大洲，为郑州商品走向世界提供了强有力的后端支持与快速响应能力，使得郑州的跨境电商业务能够高效地覆盖全球超过 200 个国家和地区。

郑州市副市长强调了郑州作为国家级区域中心城市在跨境电商领域的快速发展与壮大，认为这是推动郑州经济国际化、促进本土品牌走向世界的关键一环。他指出，郑州跨境电商行业的蓬勃发展，不仅为本土企业提供了更为广阔的国际市场舞台，也为全球消费者带来了更多优质的“中国制造”产品，特别是那些具有潮流元素与创新设计的国货潮牌，通过跨境电商平台得以跨越地理界限，进入全球市场，进一步提升了中国品牌的国际影响力。

进入 2024 年，郑州经济呈现出强劲的“开门红”态势，这一积极的经济表现得益于多方面因素的共同作用。据统计，郑州的地区生产总值实现了 6.2% 的增长，这一增速不仅高于全国平均水平，也彰显了郑州经济在新常态下的韧性与活力。值得一提的是，规模以上工业产值同比增长高达15%，不仅反映了郑州工业经济的强劲复苏，也体现了产业结构优化升级与技术创新驱动下的高质量增长。郑州经济的这一良好开局，不仅为全年经济发展奠定了坚实基础，也为内陆地区开放型市场经济的培育提供了宝贵经验与示范效应。

（2）至2019年，郑州市的城市化进程已取得了显著进展，其城市化率攀升至74.6%，标志着郑州已步入了诺瑟姆"S形曲线"理论中的后半段，即城市化发展的成熟阶段。在这一阶段，城市不仅人口高度集中，经济结构也趋于多元化，郑州逐渐显现出其作为多种经济活动核心平台的战略地位。这一转变不仅反映了郑州在经济、社会、文化等多个维度上的全面进步，也对其未来城市功能的深化与拓展提出了新的要求与挑战。

面对复杂多变的国内外环境，将郑州打造成为一个韧性城市，成为应对潜在风险、确保城市可持续发展的关键路径。韧性城市的构建，其核心在于增强城市经济的韧性，即城市在面对内外部冲击时，能够迅速调整、有效应对并快速恢复的能力。在这一过程中，自主创新被视为提升城市经济韧性的核心驱动力。

自主创新不仅能够促进技术进步与产业升级，更是城市获得核心竞争优势的关键所在。郑州若能在自主创新上取得实质性突破，将能够从根本上调整和优化产业布局，推动传统产业向高端化、智能化、绿色化转型，同时培育和发展新兴产业，形成具有自主知识产权和核心竞争力的产业集群。这样的产业体系，在面对外部冲击时，将展现出更强的适应性和恢复力，有效抵御和缓解由自然灾害、经济波动、贸易争端等风险引发的经济打击。

2022年，在郑州市发布的《政府工作报告》中，明确将创新置于发展全局的核心位置，强调"创新是引领发展的第一动力，是现代化建设的核心战略"。这一政策导向，不仅体现了郑州市政府对自主创新的深刻认识与高度重视，也为郑州未来的城市发展指明了方向。通过加大研发投入、优化创新生态、完善创新体系、激发创新活力等措施，郑州正致力于构建一个开放协同、高效转化的创新网络，以自主创新为引擎，推动城市经济韧性的全面提升，为郑州成为具有国际竞争力的韧性城市奠定坚实基础[102]。

二、设定的发展方向

郑州市在韧性城市建设方面设定了一系列清晰而雄心勃勃的目标，旨在通过一系列关键项目的实施与推进，逐步构建一个与国家核心城市和国际化大都市相匹配的安全韧性城市发展模式。这一战略规划体现了郑州市政府对城市可持续发展的前瞻布局，也为全球韧性城市建设提供了宝贵的实践案例与理论探索。

预计到 2025 年，郑州市将顺利完成多个韧性城市关键项目的建设。这些项目涵盖了城市基础设施的韧性提升、社区层面的灾害应对能力提升、智慧城市与大数据技术在韧性城市建设中的应用等多个方面。通过实施这些项目，郑州市将积累一系列可广泛推广、大规模复制的成功案例与宝贵经验。这些案例不仅将展示郑州市在韧性城市建设方面的创新实践，还将为其他城市提供可借鉴的模式与路径，推动韧性城市理念在中国的普及与深化。

至 2030 年，郑州市将全力推进韧性城市建设的全面深化。在这一阶段，郑州市将更加注重韧性城市发展的系统性、协同性与可持续性，通过优化城市空间布局、完善城市治理体系、强化科技创新支撑等措施，逐步构建一个与国家核心城市和国际化大都市相匹配的安全韧性城市发展模式。这一模式的形成，将提升郑州市在面对自然灾害、公共卫生事件等突发事件时的应对能力，还将为城市的长期繁荣与可持续发展奠定坚实基础。

到 2035 年，郑州市的城市安全韧性将实现显著提升。在这一时期，郑州市将建立起一套高效、协同、智能的城市灾害应对体系，确保城市在遭遇中等级别灾害时能够迅速恢复正常运行，在面临大规模灾害时能够有效控制灾情蔓延，并在极端巨灾发生时能够迅速启动救援机制，最大限度地保障人民生命财产安全与城市功能的持续稳定。这一系列成就，将使郑州市成为国际上韧性城市的典范，不仅为中国的韧性城市建设树立标杆，也为全球城市的安全韧性发展贡献中国智慧与中国方案[103]。

三、郑州市发展的主要焦点和具体执行方案

图 4-7 列示了郑州市韧性安全城市建设框架。

(1) 进行城市建设的安全韧性评估，以识别城市建设中的薄弱环节。进行城市建设的安全韧性评估，是识别并强化城市抵御外部冲击、快速恢复功能能力的重要前提，对于提升城市整体安全性和可持续发展水平具有至关重要的意义。郑州市作为快速发展的国家级区域中心城市，正积极规划并实施全方位的城市安全韧性评估工作，旨在通过科学、系统的方法，全面审视并识别城市建设中的薄弱环节，为制定精准有效的改进措施奠定坚实基础。

在这一评估过程中，郑州市充分利用大数据分析、专家咨询以及公众参与等多种手段，构建了一个多维度、多层次的评估体系。大数据分析技术的运用，使得评估工作能够基于海量的城市运行数据，对城市在自然灾害、公共安全、公共卫生事件等方面的应对能力进行量化分析，揭示潜在的风险点与脆弱环节。通过挖掘数据间的关联性与趋势性，为评估提供更为精确、实时的信息支持，增强了评估的科学性与前瞻性。

专家咨询作为评估工作的重要组成部分，邀请了城市规划、灾害管理、公共卫生等领域的权威学者与实践专家，依托其深厚的专业知识与丰富的实践经验，对评估过程中遇到的关键问题进行深度剖析与科学研判。专家的参与，不仅为评估提供了专业性的指导与建议，还促进了跨学科、跨领域的知识交流与融合，提升了评估的全面性与专业性。

公众参与则是评估工作不可或缺的一环，它体现了城市治理的民主化与透明化。郑州市通过问卷调查、社区访谈、公众论坛等多种形式，广泛收集市民对于城市安全韧性的感知与需求，将公众的声音纳入评估

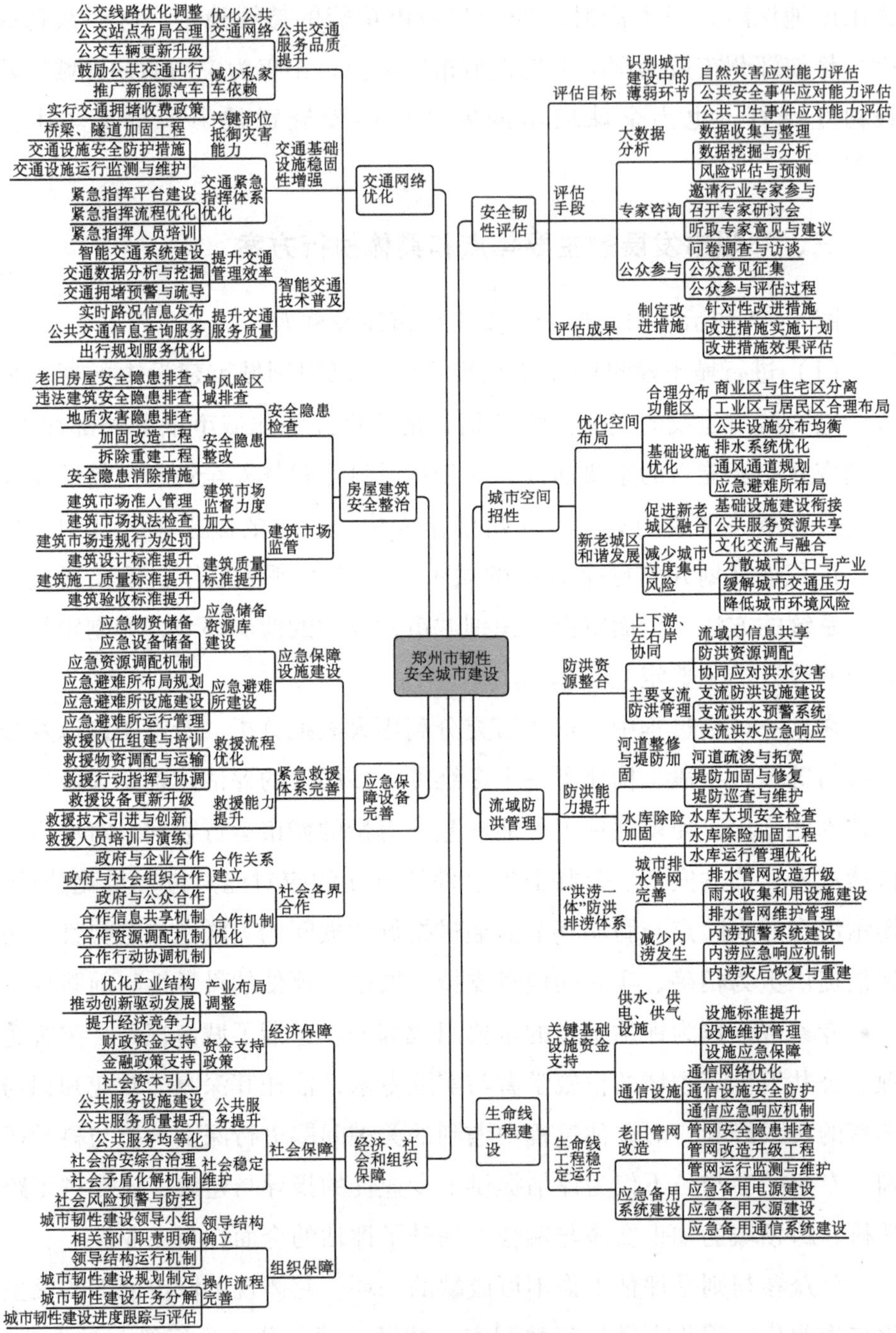

图 4-7 郑州市韧性安全城市建设框架

体系之中。这一做法不仅增强了评估的广泛性与代表性，还促进了政府与市民之间的沟通与互动，为制定更加贴近民生、符合民意的改进措施提供了重要依据。

通过上述多种手段的综合运用，郑州市的城市安全韧性评估工作将实现对城市应对能力与潜在风险的全面、系统、深入分析。评估结果将为郑州市政府提供科学的决策依据，指导其制定有针对性的改进措施，如加强城市基础设施的韧性建设、优化城市应急管理体系、提升公众防灾减灾意识与能力等，从而全面提升郑州市的城市安全韧性水平，为城市的可持续发展与居民福祉提供坚实保障。

（2）加强城市空间的韧性，打造一个安全而稳定的整体城市布局。加强城市空间的韧性，是构建安全稳定、可持续发展的现代城市体系的关键环节。这一目标的实现，要求城市规划者与管理者在空间布局、基础设施建设以及区域协调发展等多个维度上进行深入考量与科学规划。郑州市，作为中国中部地区的重要城市，正积极采取措施，以增强其城市空间的韧性，从而打造一个既安全又稳定的整体城市布局。

为了优化城市空间布局，郑州市着眼于功能区的合理分布与相互支持，包括但不限于商业区、居住区、工业区、绿地以及应急避难场所等功能区域的科学规划。通过精准定位各类功能区，确保它们既能满足城市日常运作的需求，又能在面对突发事件时相互协作，形成有效的应急响应网络。这种布局不仅提升了城市的整体运行效率，也增强了城市在面对自然灾害、公共卫生事件等外部冲击时的韧性。

在基础设施建设方面，郑州市特别关注对排水系统、通风通道等基本设施的优化布局。排水系统的优化，旨在提高城市对极端气候条件下洪水、暴雨等自然灾害的抵御能力，确保城市水循环的顺畅与居民生命财产的安全。通风通道的合理设置，则有助于改善城市微气候，减少热岛效应，提升城市空气质量，同时也有助于在火灾等紧急情况下提供有效的疏散通道，增强城市的整体安全性。

郑州市还致力于促进新老城区的和谐发展，以减少城市过度集中可能带来的各种风险，包括通过城市规划与更新政策，引导人口与产业在新老城区间的合理分布，避免单一区域过度开发导致的环境、社会与经济问题。同时，通过提升老城区的基础设施与服务水平，增强其对居民的吸引力，促进新老城区在功能上的互补与融合，从而构建一个更加均衡、多元的城市空间结构。

在实施上述策略的过程中，郑州市还注重采用先进的城市规划理念与技术手段，如地理信息系统（GIS）、大数据分析等，以提高规划的科学性与精准度。这些技术的应用，不仅有助于城市规划者更全面地理解城市空间结构、人口分布、环境状况等复杂因素，也为制定更加符合城市发展需求与居民生活期望的规划方案提供了有力支持。

（3）全面策划流域的防洪管理，打造一个集“洪涝”于一体的防洪排涝体系。全面策划并实施流域的防洪管理，是构建现代化城市防洪排涝体系的关键举措，对于提升城市抵御自然灾害的能力、保障人民生命财产安全及促进经济社会可持续发展具有重要意义。郑州市，作为中国中部地区的重要城市，正积极采取行动，以流域为单位，全面整合防洪资源，打造一个集“洪涝”管理于一体的综合防洪排涝体系。

在流域防洪管理项目的规划与实施中，郑州市强调了对上下游、左右岸以及主要支流防洪资源的系统性整合。这一策略旨在打破行政区划的壁垒，实现流域内防洪资源的优化配置与协同运作。通过统一规划、协同管理，郑州市致力于构建一个覆盖全流域、具有高度协同性的防洪机制，将涵盖洪水预警、应急响应、灾后恢复等多个环节，确保在洪水发生时，能够迅速、有效地调动各方资源，形成合力，共同应对洪涝灾害。

在流域防洪管理的具体措施上，郑州市特别重视河道的整修、堤防的加固以及水库的除险加固工作。河道的整修，旨在清除河道内的障碍物，恢复河道的自然形态与水流特性，提高河道的行洪能力。堤防的加固，则通过增强堤防结构的稳定性与抗冲刷能力，确保在洪水来临时，堤防能够有效阻挡洪水侵袭，保护沿岸居民与财产安全。同时，对水库进行除险加固，提升水库的蓄洪与调节能力，也是流域防洪管理的重要一环。

在构建“洪涝一体”的防洪排涝体系方面，郑州市注重加强城市排水管网与雨水收集利用设施的完善。这一体系将城市排水系统与流域防洪系统紧密结合，形成了一套完整的防洪排涝网络。通过优化排水管网布局、提升管道排水能力、增设雨水收集与利用设施等措施，郑州市旨在确保在暴雨等极端天气条件下，城市的排水系统能够高效、顺畅地运行，有效减少内涝的发生。同时，通过雨水收集与利用设施的建设，还可以实现雨水的资源化利用，促进城市水资源的可持续管理。

在实施上述防洪管理策略的过程中，郑州市还注重运用先进的科技手段与管理理念。例如，通过地理信息系统（GIS）、遥感技术、大数据分析等现代科技手段的应用，提高防洪管理的信息化、智能化水平；通过引入风险管理、灾害评估等先进管理理念，提升防洪管理的科学性、系统性。这些措施的实施，有助于提升郑州市的防洪排涝能力，也为其他城市提供了可供借鉴的经验与启示。

（4）致力于完善生命线工程的建设，全面解决城市的保障能力问题。致力于完善生命线工程的建设，是提升城市综合防灾减灾能力、确保城市基本运行功能在极端条件下不受影响的关键举措。郑州市，作为中国中部地区的重要城市，正积极采取行动，全面加强供水、供电、供气和通信等关键基础设施的建设与维护，旨在从根本上解决城市的保障能力问题，为城市的可持续发展奠定坚实基础。

在资金支持方面，郑州市政府计划通过增加财政投入、引入社会资本、利用政策性金融工具等多种渠道，为生命线工程的建设与升级提供充足的资金保障。这些资金将主要用于提升设施标准、增强抗灾能力、推进老旧管网改造以及建立应急备用系统等方面，确保生命线工程在面临自然灾害或其他突发情况时，能够迅速恢复并持续稳定地运作。

在提升设施标准方面，郑州市将严格按照国家相关规范与标准，对供水、供电、供气和通信等关键基础设施进行设计与建设。通过采用新材料、新工艺、新技术，提高设施的耐久性、可靠性和智能化水平，确保其在极端天气、地质灾害等极端条件下的正常运行。同时，加强对设施的日常维护与定期检测，及时发现并排除潜在的安全隐患，延长设施的使用寿命。

在增强抗灾能力方面，郑州市特别注重老旧管网的改造与升级。针对城市中老旧、破损的管网设施，郑州市将制订详细的改造计划，逐步替换为更加坚固、耐腐蚀、易于维护的新型管材。同时，加强对管网周边的地质环境监测，预防因地面沉降、水土流失等导致的管网损坏。此外，通过建立完善的应急响应机制，确保在管网发生故障时，能够迅速定位、修复并恢复供应。

在建立应急备用系统方面，郑州市将重点构建供水、供电、供气和通信等领域的应急备用设施。这些设施将在主系统发生故障时，迅速启动并接管主要功能，确保城市基本运行不受影响。同时，加强与周边城市的协作与联动，建立跨区域的应急物资储备与调配机制，提高城市应对大规模灾害的能力。

为了确保生命线工程在自然灾害或其他突发情况下的持续稳定运作，郑州市还将加强人才培养与技术创新。通过引进和培养专业人才、开展科技攻关与成果转化等方式，提升生命线工程的建设与维护水平。同时，加强与社会各界的沟通与协作，形成政府主导、企业主体、社会参与的共建共治共享格局，共同推动生命线工程的完善与发展。

（5）为了增强交通服务的稳定性，郑州计划构建一个既安全又有韧性的交通网络。为了增强交通服务的稳定性与韧性，构建一个既安全可靠又具备高度适应性的交通网络，对于保障城市运营的连续性与居民出行的便捷性至关重要。郑州市，作为中国中部地区的重要交通枢纽，正积极采取行动，旨在通过一系列综合措施，全面提升其交通网络的综合性能，为城市的可持续发展奠定坚实基础。

在交通网络优化方面，郑州市计划通过提升公共交通服务的品质，从根本上减少对私家车的依赖，从而缓解城市交通拥堵、降低碳排放并提升整体交通效率。具体措施包括增加公共交通工具的数量与种类、优化线路布局、提升车辆舒适度与准时率等。同时，郑州市还将积极推动公共交通与慢行交通系统的无缝衔接，如建设更多的自行车道与人行道、优化公交站点与地铁站点的换乘设施，为市民提供更加便捷、舒适的出行体验。

在增强交通基础设施稳固性与韧性方面，郑州市将重点关注桥梁、隧道等关键交通节点的防灾能力提升。通过对这些基础设施进行定期的维护与检查，及时发现并修复潜在的安全隐患。同时，采用先进的工程技术与设计理念，提升这些设施在极端天气、地质灾害等极端条件下的承载能力与稳定性。此外，郑州市还将加强对交通基础设施的智能化监测与管理，利用物联网、大数据等技术手段，实现对交通设施状态的实时监控与预警，确保在灾害发生时能够迅速启动应急响应机制，减少损失。

在优化交通紧急指挥体系方面，郑州市将致力于构建一个高效、协同的交通应急管理体系。通过整合交通、公安、消防、医疗等多部门资源，建立统一的应急指挥平台，实现信息的实时共享与资源的快速调配。同时，加强应急预案的制定与演练，提升各部门在应对交通事故、自然灾害等突发状况时的协同作战能力，确保交通网络在紧急情况下能够迅速恢复通行。

在推动智能交通技术普及方面，郑州市将充分利用现代信息技术，提升交通管理的效率与服务质量。通过建设智能交通信号控制系统、交通流量监测系统、交通违法行为自动抓拍系统等，实现对交通流量的精准调控与交通违法行为的有效遏制。同时，推广智能交通出行信息服务，如实时路况查询、公共交通信息查询、停车诱导等，为市民提供更加便捷、智能的出行服务。

（6）加大对房屋建筑潜在风险的整治力度，确保房屋建筑的安全防护。为了确保房屋建筑的安全防护，郑州市正加大对房屋建筑潜在风险的整治力度，旨在通过一系列综合措施，全面消除安全隐患，提升城市建筑的整体安全性能。这一行动不仅关乎居民的生命财产安全，也是推动城市可持续发展的重要组成部分。

在全方位的安全隐患检查方面，郑州市计划对全市范围内的房屋建筑进行全面排查，特别关注老旧房屋和违法建筑等高风险区域。老旧房屋由于建设年代久远，可能存在结构老化、材料退化等问题，而违法建筑则往往因缺乏正规设计与施工，存在严重的安全隐患。郑州市将组织专业团队，采用先进的检测技术与设备，对这些高风险房屋进行细致入微的检查，确保不遗漏任何潜在的安全风险。

在消除潜在安全风险方面，郑州市采取了加固改造和拆除重建等多种措施。对于结构尚稳定但存在局部安全隐患的老旧房屋，将采用加固技术，如增加支撑结构、更换受损构件等，提升其承载能力与稳定性。对于存在严重安全隐患、无法通过加固改造恢复安全的房屋，则采取拆除重建的方式，确保新建房屋符合最新的建筑规范与安全标准。同时，郑州市还将加强对拆除重建过程的监管，确保施工过程中的安全与质量控制。

在加大对建筑市场的监督力度方面，郑州市将致力于构建一个更加严格、透明的建筑市场监管体系。通过对建筑设计、施工和验收等关键环节实施全方位监管，确保每一项工程都达到更高的质量标准。在设计阶段，加强对设计方案的安全性审查，确保建筑结构的合理性、材料的适用性以及消防、抗震等安全措施的完善。在施工阶段，加强对施工现场的巡查与抽检，确保施工过程的规范性与安全性。在验收阶段，严格执行验收标准与程序，确保新建或改造后的房屋符合所有安全要求。

郑州市还将加强对建筑市场的信用体系建设，通过建立建筑企业与从业人员的信用档案，记录其在设计与施工过程中的行为表现与质量安全记录。对于存在违规行为或质量问题的企业与个人，将依法依规进行处罚，并将其纳入失信名单，限制其参与后续工程项目的资格。这一措施旨在提升建筑市场的整体诚信水平，促进公平竞争与良性发展。

（7）为了确保城市的安全运营，郑州需要加强应急保障设备并完善应急救援机制。这一综合性策略旨在通过提升城市的应急响应能力与救援效率，为居民的生命财产安全提供坚实保障，同时也为城市的可持续发展奠定坚实基础。在应急保障设施建设方面，郑州市计划加大投入，构建一套全面、高效的应急保障体系。其中，应急储备资源库的建设是关键一环。该资源库将储备包括食品、饮用水、医疗用品、救援设备等在内的各类应急物资，确保在紧急情况下能够迅速调拨使用，满足救援工作的基本需求。同时，郑州市还将规划并建设一批应急避难所，这些避难所将具备安全、舒适、易于到达等特性，能够在灾害发生时为居民提供临时庇护，减轻灾害对人员安全的影响。

在完善紧急救援体系方面，郑州市正致力于构建一个迅速响应、高效合作的救援流程。这一流程将涵盖灾害预警、应急响应、现场救援、灾后恢复等多个环节，确保在紧急情况下能够迅速启动并有序进行。为实现这一目标，郑州市将加强各部门间的沟通与协作，确保信息的实时共享与资源的快速调配。同时，通过优化救援队伍的配置与布局，提升救援力量的整体效能，确保在灾害发生时能够迅速到达现场并开展有效的救援行动。

为了提升应急救援团队的专业水平与实际操作能力，郑州市将加强紧急情况下的模拟演练与专业培训。模拟演练将模拟各类紧急情况，如地震、洪水、火灾等，通过实战化的演练过程，检验并提升救援团队的应急响应能力与协同作战能力。专业培训则涵盖救援技能、安全防护、心理调适等多个方面，旨在全面提升救援人员的综合素质与应对能力。

郑州市还将强化与社会各界的合作关系，共同营造一个全社会共同参与紧急救援活动的积极环境。通过与社区、企业、非政府组织等建立紧密的合作关系，动员更多的社会力量参与到紧急救援工作中来。同时，通过加强公众教育与宣传，提升居民的防灾减灾意识与自救互救能力，形成全社会共同应对灾害的良好氛围。

（8）专注于经济、社会和组织的保障，以增强城市的韧性“软实力”。专注于经济、社会和组织层面的保障，是增强城市韧性“软实力”的关键路径，对于促进城市的可持续发展、提升应对各类风险与挑战的能力具有重要意义。郑州市，作为中国中部地区的重要城市，正积极采取行动，在经济、社会和组织等多个领域提供必要的支持与保障，旨在全方位增强城市的韧性，为其未来的发展奠定坚实基础。

在经济层面，郑州市致力于通过调整产业布局和推动创新驱动的发展策略，提升城市的经济能力和市场竞争力。一方面，郑州市将优化产业结构，推动传统产业转型升级，同时积极培育新兴产业，如数字经济、绿色经济等，以形成多元化、现代化的产业体系。这不仅有助于提升城市的经济实力，还能增强城市在面临外部冲击时的适应性与恢复力。另一方面，郑州市将加大对科技创新的投入，推动产学研深度融合，促进科技成果的转化与应用。通过创新驱动，激发城市的发展活力，提升城市的核心竞争力。

在社会层面，郑州市注重提升社会的整体福祉与韧性。通过加强社会保障体系建设，如完善医疗保险、养老保险等社会保障制度，确保居民在面临风险时能够得到及时有效的保障。同时，郑州市将加大对教育、卫生、文化等公共服务的投入，提升公共服务的质量与覆盖面，满足居民多样化的需求。此外，郑州市还将加强社区建设，提升社区的自治能力与韧性。通过培育社区组织、开展社区活动等方式，增强社区的凝聚力与应对能力，形成社区层面的韧性网络。

在组织层面，郑州市致力于确立并完善城市韧性建设的领导结构与操作流程。一方面，郑州市将建立跨部门的协调机制，加强政府各部门间的沟通与协作，确保韧性建设工作的有序推进。通过设立专门的韧性建设领导小组或委员会，明确各部门的职责与分工，形成合力。另一方面，郑州市将完善韧性建设的操作流程与标准体系。通过制订详细的韧性建设规划、实施方案与评估标准，确保韧性建设工作的科学性、规范性与有效性。同时，加强对韧性建设工作的监督与评估，及时发现并解决问题，确保韧性建设目标的顺利实现。

郑州市还将注重韧性文化的培育与传播。通过媒体宣传、教育活动等方式，提升居民对韧性建设的认识与参与度，形成全社会共同关注、共同参与韧性建设的良好氛围。这有助于增强居民的韧性意识与自救互救能力，提升城市的整体韧性水平。

第八节　数字金融影响西安绿色经济韧性发展的状况

一、基础信息概览

自中国共产党第二十次全国代表大会胜利召开以来，西安市积极响应国家关于生态文明建设的号召，明确将“构建宜居、有韧性和智慧的城市”作为新时代城市发展的核心目标，彰显了其致力于实现高质量发展的坚定决心。

2022 年 12 月，西安市正式发布了《西安市“十四五”时期“无废城市”建设实施方案》，这一方案的出台标志着西安市在推动城市绿色转型、实现可持续发展方面迈出了重要一步。该方案深刻体现了生态优先、绿色发展的理念，明确提出了要大力推进固体废物的减量化、资源化和无害化处理，旨在通过一系列创新举措，构建一个低碳环保、资源高效利用、生态环境优美的“无废”新型城市模式[104]。

在西安市的经济和社会发展的各个关键阶段，绿色发展理念始终贯穿决策与实践之中。西安市坚持在经济发展与环境保护之间寻找最佳平衡点，力求实现经济增长与生态环境保护的协同共进。这一理念不仅体现在宏观政策的制定上，更深入到城市规划、产业发展、基础设施建设等各个层面。

西安市在推动“无废城市”建设过程中，注重从源头减少固体废物的产生，通过优化产业结构、提升资源利用效率、推广循环经济等措施，有效降低了废弃物的产生量。同时，西安市还加大了对固体废物的资源化利用力度，通过技术创新和产业升级，将废弃物转化为可利用的资源，实现了经济价值的提升和生态环境的改善。此外，西安市还加强了对固体废物的无害化处理，通过建设和完善垃圾处理设施、提高处理技术水平等措施，确保了固体废物在处理过程中不对环境造成二次污染。

值得注意的是，西安市在推动“无废城市”建设的过程中，还注重与智慧城市建设相结合，充分利用大数据、云计算、物联网等现代信息技术手段，提升城市管理的智能化水平，为固体废物的减量化、资源化和无害化处理提供了有力支撑。

（1）在产业结构的战略性调整与优化进程中，西安市已经初步展现出了积极且显著的成效。其调整的核心在于逐步削弱对高能耗、高环境污染的传统行业的过度依赖，同时，积极扶持并强化对新能源、新型化工材料、节能环保、生物医药保障以及高新技术等一系列绿色、低碳、环保产业的支持力度。西安市通过政策引导、资金扶持、技术创新等多种手段，有效促进了产业结构的转型升级。一方面，对于高能耗、高污染的传统行业，西安市实施了严格的环保标准和排放限制，推动这些行业进行技术改造和产业升级，以降低能耗和减少污染排放。同时，通过将市场机制和行政手段结合，逐步引导这些行业向更加环保、可持续的发展方向转型。另一方面，西安市高度重视并大力扶持绿色产业的发展。对于新能源产业，如太阳能、风能等可再生能源的开发利用，西安市给予了重点支持，推动了新能源技术的研发与应用，提升了新能源产业的规模和竞争力。在新型化工材料领域，西安市鼓励企业加大研发投入，推动化工产品的绿色化、高端化转型，提升了化工产业的附加值和环保性能。此外，西安市还积极培育节能环保产业，通过推广高效节能技术和产品，促进了能源的高效利用和环境的改善。在生物医药保障和高新技术产业方面，西安市依托其丰富的科研资源和人才优势，推动了生物医药技术的创新与应用，以及高新技术产业的发展壮大，为城市的经济发展注入了新的活力。

西安市在产业结构调整的过程中，还注重了产业链条的延伸和协同发展。通过构建绿色产业链，促进了上下游产业的紧密合作与协同发展，提升了整个产业链的环保性能和经济效益。同时，西安市还加强了与其他地区的产业合作与交流，推动了区域产业的协同发展，为城市的可持续发展奠定了坚实基础。

西安市在新能源汽车产业领域取得了令人瞩目的飞速发展，这一成就不仅彰显了其在推动绿色能源转型和汽车产业创新方面的卓越努力，也为中国乃至全球新能源汽车产业的发展树立了典范。截至 2022 年，西安市的新能源汽车生产量已经成功突破 100 万辆大关，这一里程碑式的成就标志着西安市正式跻身全国新能源汽车产量“第一城”[105]的行列，其在新能源汽车产业的领先地位得到了业界和社会的广泛认可。

值得一提的是，西安市新能源汽车产业的飞速发展，离不开其龙头企业的强大支撑。以比亚迪为例，该企业在西安高新区的制造基地展现出了惊人的生产效率，平均每隔 30 秒就能成功下线一辆新能源汽车[106]，体现了比亚迪在新能源汽车制造领域的深厚底蕴和先进技术水平，也充分展示了西安市在新能源汽车产业链整合、生产效率提升方面的显著成效。

此外，西安市在生物医药产业领域同样展现出了强劲的发展势头和广阔的发展前景。依托其丰富的自然资源优势，特别是某些关键原料的丰富储备，西安市生物医药产业在原材料供应方面拥有了得天独厚的优势，为生物医药企业的研发和生产提供了稳定可靠的原料保障，也为西安市生物医药产业的持续健康发展奠定了坚实基础[107]。

关键的是，西安市在生物医药产业的发展过程中，注重了产业链条的延伸和协同发展。通过构建完善的生物医药产业链，促进了上下游企业的紧密合作与协同发展，提升了整个产业链的竞争力。同时，西安市还积极引进和培育了一批具有国际竞争力的生物医药企业，推动了生物医药技术的创新与应用，提升了生物医药产业的附加值和市场竞争力。

西安高新区，在信息技术产业领域，正以其独特的科技创新生态体系引领行业发展，致力于构建一个充满活力的创业投资环境。旨在加速科技、产业与金融三者间的深度融合与良性互动，从而推动区域经济的高质量发展。作为这一战略的核心，西安高新区正积极打造一个集创新孵化、技术研发、成果转化、金融服务于一体的综合生态系统，以促进信息技术的持续创新与产业升级。

西安高新区还积极构建国家级企业技术中心体系，以提升企业自主创新能力。截至目前，该地区已设有 17 家国家级企业技术中心，这些中心在推动关键技术研发、加速科技成果转化方面发挥了重要作用。它们不仅促进了企业技术创新能力的提升，还加强了产学研合作，推动了区域内产业技术的整体进步。

在科技型中小企业和高新技术企业的发展方面，西安高新区同样取得了令人瞩目的成就。近年来，该地区新增了 5085 家科技型中小企业和 2362 家国家高新技术企业。这些企业的涌现不仅丰富了区域内的产业结构，还提升了整个产业链的竞争力。科技型中小企业作为创新的主力军，为西安高新区注入了源源不断的创新活力；而高新技术企业则以其强大的技术实力和市场竞争力，成为推动区域经济发展的重要力量[108]。

西安市在产业空间布局上，遵循“地理邻近、产业接近、属性融合、优势互补、资源共享、做大做强”的原则。其中，“一核”是指文旅商贸的核心，“三带”是指高新技术产业带、先进制造产业带和文化旅游产业带[107]。

（2）在生态文明建设的宏伟蓝图中，西安市已将“韧性城市”这一前沿理念深度融入其城市发展的总体规划之中，彰显了西安市在应对未来不确定性挑战、保障城市安全与稳定方面的前瞻布局。为实现“韧性城市”的建设目标，西安市采取了多层次、多维度的策略。首先，在高层次的规划设计层面，西安市注重将韧性理念贯穿城市空间布局、基础设施建设、生态环境保护等关键环节，确保城市在面临自然灾害、经济波动、社会变迁等多重挑战时，能够迅速恢复并持续稳定运行。在这一过程中，西安市充分利用现代城市规划理论与方法，结合城市自身特点，构建了具有西安特色的韧性城市框架体系。

在大型项目的建设上，西安市聚焦于提升城市基础设施的韧性与可持续性。通过投资并建设一系列关键性基础设施项目，如防洪排涝系统、绿色交通网络、可再生能源设施等，不仅增强了城市抵御外部冲击的能力，还促进了城市生态环境的改善与能源结构的优化。这些项目的实施，既提升了城市的物理韧性，也为城市经济的绿色转型与社会的和谐稳定提供了有力支撑。此外，西安市高度重视提高社会的参与度，将市民作为韧性城市建设的重要力量。通过加强公众教育、提升市民的环保意识与自救互救能力，以及鼓励社区、企业、非政府组织等多方力量参与韧性城市建设，西安市成功构建了政府主导、社会参与的韧性城市建设格局，增强了城市的社会韧性，也促进了城市治理体系的现代化与民主化。

为了提高环境质量，西安市积极推进蓝天、碧水、净土三大防线的建设，利用智慧环保大数据等先进技术，增强了环境的监督和管理能力，从而不断改善生态环境的状况。

在推进绿色基础设施的建设过程中，西安市积极实施绿色基础设施，借鉴了成都等城市的成功模式，以增强城市对环境变化的应对能力[109]。除此之外，西安市也在大力宣传绿色友好的建筑、环保的交通方式和绿色的经济消费观念，从而推动资源节约和环境友好的社会建设进程。

为了秦岭地区的生态保护，周边 6 个省份和 1 个城市签署了合作备忘录，共同努力加强秦岭地区的跨区域生态保护合作。西安市致力于加强秦岭地区的生态环境保护，全面实施无人机巡查，以增强生态系统的多样性、稳定性和持久性，从而推动秦岭生态环境的持续改进[110]。

为了有效应对大气污染问题，西安市采取了系统性的治理策略，成立了专门负责大气污染治理的行动领导小组，该组织结构的设立标志着西安市在大气污染治理工作上的决心与力度。该领导小组负责制定并执行了一项名为“1+3+22”的综合工作计划，该计划体系全面而深入，旨在从多个维度和层面出发，协同推进大气污染治理工作。“1+3+22”综合工作计划中的“1”代表了一项总体行动方案，它明确了大气污染治理的总体目标、基本原则、主要任务和保障措施，为整个治理工作提供了宏观指导和战略框架。“3”则指的是三项重点专项行动，分别聚焦于工业污染治理、机动车尾气排放控制和扬尘污染治理，这三项行动是改善空气质量的关键所在。而“22”则代表了一系列具体的政策措施和实施细则，这些措施涵盖了散煤治理、淘汰柴油车、加强工业排放监管、推广清洁能源等多个方面，旨在通过精细化管理和技术创新，推动大气污染治理工作的深入实施。在散煤治理方面，西安市采取了多项有力措施，通过推广清洁能源替代、加强燃煤设施改造升级、实施严格的煤炭质量管控等手段，有效减少了散煤燃烧产生的污染物排放。同时，针对柴油车这一重要污染源，西安市也展开了积极的淘汰行动。通过实施严格的排放标准、鼓励老旧车辆报废更新、推广新能源和清洁能源汽车等措施，有效降低了柴油车尾气排放对空气质量的影响[111]。

在水资源的管理上，西安市正在加大水务改革的力度，积极推动关键水源和供水工程的建设，努力提高污水和污泥的处理效率，以确保水环境的质量始终保持在标准之内。这些数据表明，西安市的地表水环境质量整体上是稳定的，并且有所提升[111]。

西安市在追求经济的高品质增长时，充分利用了人才的优势和“强省会”的策略，致力于推进经济的高品质增长，并提议通过行政整合等手段来实现 GDP 的万亿级增长[109]。

二、设定的发展方向

未来，西安市将追求绿色经济的韧性发展，核心目标是建立一个低碳、循环和可持续的现代经济结构。

（1）为实现碳平衡峰值目标，西安市正致力于推进经济和社会结构的全面绿色低碳转型，既关乎城市的可持续发展，又响应全球气候变化挑战的重要举措。在此过程中，优化能源配置成为关键一环，西安市积极采取措施，旨在大幅提升清洁能源的使用比例，减少对化石能源的依赖，从而在源头上降低碳排放。同时，针对关键行业，如工业、交通和建筑等，西安市实施了严格的节能和减排政策，通过技术革新和管理优化，有效降低了这些行业的能耗和排放水平。

在“创新、协调、绿色、开放、共享”的新发展理念引领下，西安市在固体废物管理领域取得了显著进展。具体而言，固体废物的生成强度实现了快速下降，这得益于一系列源头减量措施的实施，如推广循环经济、鼓励资源回收利用等。同时，西安市显著提升了固体废物的综合利用能力，通过建设先进的废物处理设施和引入高效的处理技术，实现了废物资源的高效转化。此外，无害化处理能力也得到了有效保障，确保了废物处理过程中的环境安全和公众健康。这一系列措施的实施，既减少了环境污染，又充分发挥了污染减少和碳排放之间的协同效应，为西安市实现绿色低碳发展奠定了坚实基础。

为了进一步明确节能减排的工作方向和目标，西安市发布了《“十四五”节能减排综合工作实施方案》，详细规划了一系列关键任务，旨在系统性地推动交通物流领域的节能减排工作。包括优化交通网络布局、推广绿色交通方式、加强交通设施能效管理等措施，以有效降低交通运输环节的能耗和排放。同时，方案还提出要优化和完善能耗双控制度，通过设定更加科学合理的能耗和排放标准，加强对重点行业和企业的监管，确保节能减排目标的实现。此外，方案坚决制止高能耗和高排放项目的盲目扩张，通过严格的审批制度和环境准入标准，从源头上控制新增污染源，为西安市实现绿色低碳转型提供了有力保障[113]。

（2）西安市正积极扩大绿色产业的发展规模，旨在加速推动新兴能源技术、新型化工材料以及节能环保等战略性新兴产业的培育与发展，从而推动传统产业向绿色化、低碳化方向转型升级。这一转型有助于提升城市经济的可持续性和竞争力，更是响应全球气候变化挑战，实现绿色发展目标的关键路径。

为实现能源供应的多样化和清洁化，西安市正加速推进能源基础设施建设。具体而言，西安市致力于构建互联互通的电网、天然气管网和热力管网[114]，这些基础设施的建设将显著提升能源系统的灵活性和可靠性，为城市提供稳定、清洁的能源供应。同时，通过优化能源结构，增加可再生能源的比例，西安市正逐步实现能源消费的绿色转型。

在新能源汽车领域，西安市采取了积极的政策措施，以促进新能源汽车的广泛应用。通过制定并实施一系列激励措施，如购车补贴、税收优惠、充电设施建设等，西安市有效推动了新能源汽车产业链的供应链安全、可控和合理层次构建[106]，这一举措有助于降低交通领域的碳排放，还促进了新能源汽车产业的快速发展，为城市经济的绿色转型注入了新的活力。

西安市还制定了明确的目标，即到 2025 年，创建至少 60 家国家和省级的绿色工厂。这些绿色工厂将采用先进的生产技术和环保理念，实现能源的高效利用和废弃物的最小化排放。据统计，参与绿色工厂建设的企业将占总数的 3.62%，这一比例显示了西安市在推动绿色产业发展方面的决心和力度。同时，西安市还计划建设 3 家“绿色园区”，通过推进园区的循环改造，提高能源资源的梯级利用率和资源效率，实现园区的可持续发展[112]。

（3）西安市正致力于进一步增强其生态环境的品质，体现了城市对可持续发展目标的深刻认识，也彰显了其构建人与自然和谐共生生态友好型宜居城市的坚定决心。为实现这一目标，西安市采取了一系列综合措施，加大对生态系统的保护与修复力度，从而不断优化空气和水质，提升城市绿化水平，为市民提供更加健康、舒适的生活环境。西安市在自然资源和生态环境保护方面正面临诸多挑战，包括森林覆盖率的提升、湿地保护效果的增强以及水土流失问题的有效治理等。针对这些挑战，西安市自然资源和规划局与西安市发展改革委联合发布了《西安市国土空间生态修复规划（2021—2035 年）》，为西安市未来的生态修复工作提供了科学的指导和明确的路线图。

该规划明确了多个生态修复目标，旨在通过系统性的生态修复措施，实现生态环境的显著改善。其中，提升森林覆盖面积是核心目标之一，通过植树造林、森林抚育等措施，增加城市绿量，提升生态系统的碳汇能力。同时，规划还强调了湿地的保护效果，通过划定湿地保护红线、加强湿地生态监测等措施，确保湿地面积不减少、功能不降低，为城市提供重要的生态服务。此外，规划还提出了水土流失治理范围的具体目标，通过实施水土保持工程、推广生态农业等措施，有效控制水土流失，保护土壤资源。

为实现这些目标，规划构建了“一屏一带一城，多廊多片多点”的生态修复模式。其中，“一屏”指秦岭生态安全屏障，通过加强秦岭生态保护，构建城市生态安全底线；“一带”指渭河生态带，通过恢复渭河沿岸生态系统，打造城市生态廊道；“一城”指西安都市圈生态城，通过优化城市绿地布局，提升城市生态品质。同时，规划还提出了建设多条生态廊道、多个生态片和多个生态点的具体措施，以形成完善的生态网络体系，提升城市生态系统的稳定性和多样性[115]。

（4）西安市积极倡导绿色的生活方式，这是对全球可持续发展趋势的积极响应，也是构建生态文明城市、实现绿色转型的重要途径。为达成这一目标，西安市从多个维度出发，全面推动绿色消费观念的普及，绿色建筑与绿色交通方式的推广，以及生态环保知识的教育。

在绿色消费方面，西安市通过政策引导、市场激励和社会倡导等多种手段，鼓励居民和企业形成绿色、低碳、环保的消费习惯。包括推广绿色产品和服务，如有机食品、环保家居用品等，还涉及减少一次性用品的使用，鼓励循环利用和二手交易等，从而有效降低资源消耗和环境污染。

在绿色建筑与绿色交通方面，西安市致力于构建低碳、环保、节能的城市基础设施体系。在绿色建筑方面，通过推广绿色建材、节能技术和智能化管理系统，提高建筑能效，减少碳排放。同时，鼓励新建建筑和既有建筑的绿色改造，提升城市建筑的绿色水平。在绿色交通方面，则通过发展公共交通、鼓励非机动车出行、优化交通网络布局等措施，减少交通拥堵和尾气排放，提升城市交通的环保性能。西安市还加强对气候变化、生态文明、碳排放和低碳经济等领域的知识教育，通过学校教育、社区宣传、媒体传播等多种渠道，提高公众对绿色发展的认识和理解。这有助于形成广泛的社会共识，推动绿色经济的深入发展。

为实现上述目标，西安市综合运用政策、法律、经济、行政和宣传等多种手段，形成全方位、多层次的绿色发展推动机制。政策层面，制定并实施一系列绿色发展的政策措施，为绿色发展提供制度保障。法律层面，加强环保法律法规的制定和执行，确保绿色发展的法治基础。经济层面，通过财政补贴、税收优惠等经济激励措施，引导企业和个人积极参与绿色发展。行政层面，加强政府部门的监管和协调，确保绿色发展的顺利实施。宣传层面，则通过广泛的社会宣传和教育活动，提高公众的环保意识和参与度[116]。

三、西安市发展的主要焦点和具体执行方案

图 4 - 8 列示了西安市经济韧性发展策略框架。

（1）促进新能源行业的增长。西安市正积极促进新能源行业的增长，这一战略举措旨在加速城市能源结构的优化与转型，推动经济社会的绿色可持续发展。为实现这一目标，西安市致力于构建一个全面而深入的企业节能与减碳体系，通过一系列综合措施，引导企业向低碳、高效、环保方向发展。具体而言，西安市鼓励企业进行设备的升级与改造，采用先进的节能技术和设备，提升能源利用效率，减少能源消耗和碳排放。同时，优化节能过程的控制措施，通过精细化管理、智能化监控等手段，实现对能源使用的精准调控，进一步提高节能效果。此外，西安市还积极推广生物固碳和碳捕集封存技术，这些技术的应用有助于降低大气中的二氧化碳浓度，减缓全球气候变化的影响。

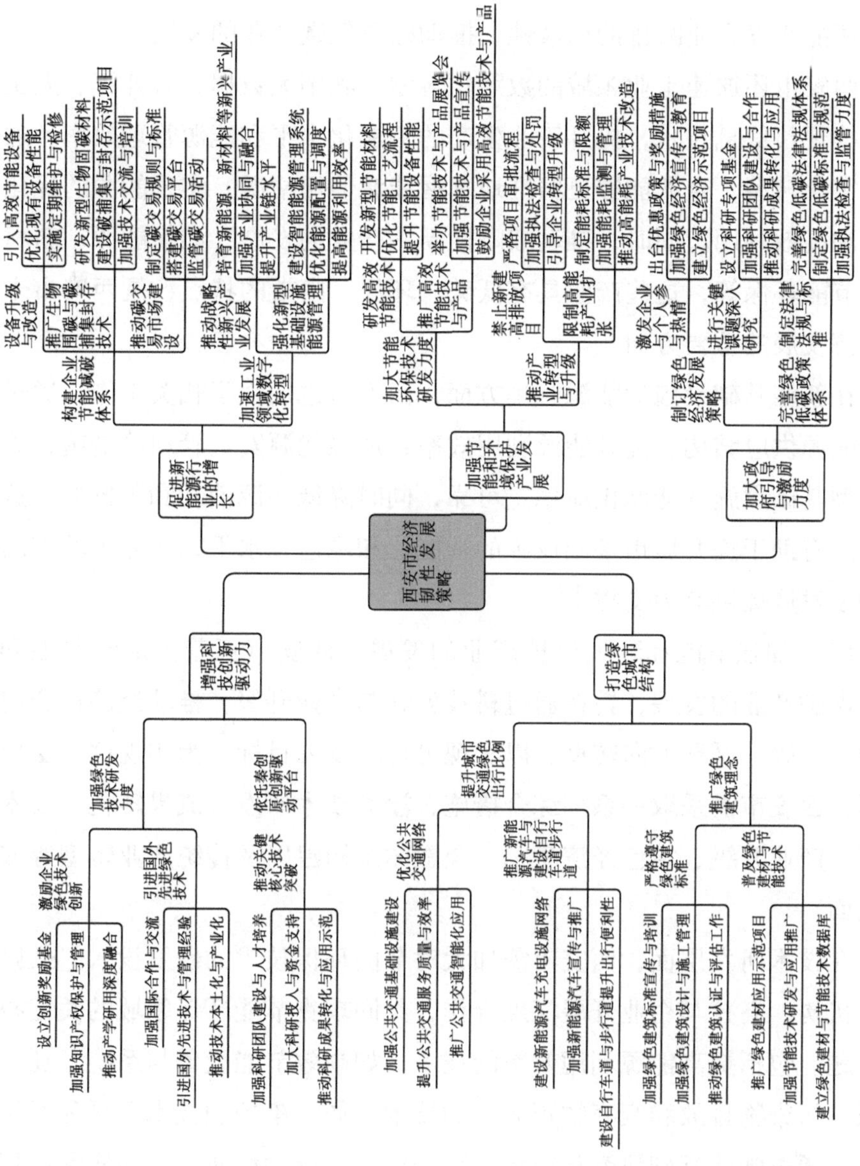

图4-8　西安市经济韧性发展策略框架

在推动碳交易市场建设方面，西安市积极响应国家碳排放权交易市场的号召，建立健全地方碳交易机制，鼓励企业参与碳交易，通过市场机制促进碳排放的减少。这一举措不仅有助于形成有效的碳排放约束机制，还能激发企业减排的积极性，推动绿色低碳产业的发展。

西安市还加速工业领域的数字化转型，利用大数据、云计算、人工智能等现代信息技术，提升工业生产的智能化水平和能源管理效率。通过数字化转型，企业能够更精准地掌握能源使用情况，实现能源的优化配置和高效利用。同时，推动战略性新兴产业的发展，如新能源、新材料、节能环保等，这些产业具有低碳、环保、高效的特点，是西安市未来经济发展的重要方向。

在新型基础设施的能源管理方面，西安市也加强了相关工作。通过优化能源供应结构、提升能源利用效率、加强能源安全管理等措施，确保新型基础设施的能源供应稳定可靠，同时降低能源消耗和碳排放。这些举措有助于提升城市基础设施的智能化和绿色化水平，还能为城市的可持续发展提供有力支撑[112]。

（2）加强节能和环境保护产业的发展。西安市正着力加强节能和环境保护产业的发展，旨在通过科技创新与产业升级，推动经济社会向绿色、低碳、循环方向转型，以实现可持续发展目标。为实现这一宏伟蓝图，西安市需采取一系列综合措施，涵盖技术研发、成果转化、技术推广、产业升级、绿色经济激励、金融体系构建以及传统产业转型等多个层面。

在技术研发层面，西安市需加大对节能环保技术的研发投入，鼓励科研机构、高校与企业开展深度合作，共同攻克节能环保领域的关键技术难题。包括提高能源利用效率的技术，如高效节能设备与系统，还包括减少污染物排放和废弃物资源化的技术，如污染控制技术和循环经济技术。通过强化基础研究与应用研究的结合，推动科研成果向实际应用转化，为节能和环保产业的发展提供坚实的技术支撑。

在技术推广层面，西安市应积极推广高效的节能技术和相关产品，通过政策引导和市场机制，鼓励企业采用先进的节能技术和产品，提高资源的循环使用效率，促进循环经济的发展。同时，加强公众对节能环保技术的认知与接受度，通过宣传教育、示范项目等方式，提升全社会的节能环保意识。

在产业升级层面，西安市需努力推动产业的转型与升级，通过优化产业结构，降低高能耗、高排放产业的比重，提高低碳产业的占比，以实现产业结构的低碳化目标。包括积极推动绿色高新技术产业的快速发展，如新能源、新材料、节能环保等战略性新兴产业，以及通过技术改造和创新，提升传统产业的节能环保水平。

在绿色经济激励层面，西安市应制定并实施一系列激励措施，如税收优惠、财政补贴、绿色信贷等，以激发企业和个人参与绿色经济的积极性。同时，积极推动绿色环保金融体系的壮大，通过创新金融产品和服务，为节能环保项目提供资金支持，加速构建绿色、低碳、循环的经济发展框架。

为加速传统产业的转型与升级，西安市采取严格的产业准入政策，禁止新建如电厂、化工、建材等高排放项目，并限制煤电、水泥、石化等高能耗产业的扩张。同时，通过政策引导和市场机制，鼓励传统产业进行技术改造和产业升级，提高能源利用效率，减少污染物排放，实现经济增长与碳排放的早期脱钩。

为了实现“6561”现代产业体系的构建目标，西安也正在加速战略性新兴产业、高科技产业以及现代服务业的发展进程，全面协调产业布局以满足大气环境质量提升的需求[116]。

（3）加大政府的引导和激励力度，制订并不断优化绿色经济的发展策略。西安市在推动绿色经济发展方面，亟须进一步强化政府的引导和激励作用，通过科学制定并不断优化绿色经济的发展策略，以有效激发企业和个人对绿色发展的积极热情与广泛参与。这一过程中，政府的角色至关重要，它不仅是政策的制定者，更是绿色转型的推动者和监督者。

为实现这一目标，西安市需深入研究绿色经济发展的关键课题，明确绿色转型的路径与策略。包括但不限于绿色技术的研发与应用、绿色产业的培育与壮大、绿色消费模式的推广与普及、绿色金融体系的建立与完善等。这些课题的研究不仅要求理论的深入探索，更需结合西安市的实际情况，提出具有可操作性和前瞻性的政策建议。

在“碳达峰碳中和”这一全球性的重大议题上，西安市更需要坚守目标导向和问题导向的原则，确保绿色发展的每一步都紧密围绕既定目标展开，同时针对转型过程中出现的具体问题，精准施策。为此，西安市已启动了多项重大课题的研究工作，旨在深入剖析“碳达峰碳中和”的关键领域和关键环节，如能源结构的优化、工业节能减排、交通运输的绿色转型、建筑领域的能效提升等。

这些研究工作不仅要求科学、严谨的方法论，更需跨学科、跨领域的合作与交流，以确保研究成果的全面性和实用性。通过深入研究，西安市将能够更准确地把握绿色转型的规律和趋势，为制定更加科学、合理的绿色经济发展战略提供有力支撑。西安市还需注重研究成果的转化与应用，通过政策引导、市场激励等多种手段，推动研究成果向实际生产力的转化，为绿色经济的发展注入源源不断的动力。这一过程中，政府的引导和激励作用将再次凸显，通过设立专项基金、提供税收优惠、加强知识产权保护等措施，激发企业和个人参与绿色发展的积极性并提高创造力。

围绕产业结构的优化、能源结构的调整、绿色低碳技术的研发与推广、绿色低碳政策体系以及法律法规和标准体系的完善等核心领域，西安也进行了深入研究，并提出了具有明确目标、实际操作性和实用性的政策措施[117]。

（4）增强科技创新的驱动力。西安市在推动绿色经济发展进程中，深刻认识到科技创新作为核心驱动力的关键作用，致力于通过增强科技创新能力，加速绿色技术的研发与应用，以提升绿色产业的核心竞争力，促进经济结构的绿色转型。

为实现这一目标，西安市加大了对绿色技术研发的投入力度，不仅支持基础理论研究，更注重应用技术的开发与推广。政府通过设立专项基金、提供研发补贴、建设绿色技术创新平台等措施，激励企业、高校及科研机构积极参与绿色高新技术的创新与成果转化。这一过程强调产学研用的深度融合，旨在形成从科研到产业化的快速通道，缩短技术创新到市场应用的周期。同时，西安市高度重视国际绿色经济的合作与交流，积极参与全球绿色技术转移与合作的网络构建。通过举办国际绿色经济论坛、绿色技术博览会等活动，搭建国内外绿色技术交流与合作的平台，引进国外先进的绿色技术和管理经验。这些国际合作不仅拓宽了西安市绿色技术的发展视野，还促进了技术引进与消化吸收再创新，为本土绿色产业的升级提供了有力支撑。

在引进国外先进技术的同时，西安市也注重本土化创新，结合本地产业特色和发展需求，进行技术的二次创新与优化，以提升技术的适用性和竞争力。这一过程强调技术的本土化改造与产业升级的紧密结合，旨在形成具有自主知识产权的绿色技术体系，增强绿色产业在国际市场上的竞争力。此外，西安市还注重构建绿色技术创新生态系统，通过优化创新环境、完善创新政策、培养创新人才等措施，营造有利于绿色技术创新的良好氛围。这一生态系统的构建有助于激发全社会的创新活力，促进绿色技术的持续涌现与快速应用，为绿色经济的长远发展奠定坚实基础。依托于秦创原的创新驱动平台，西安专注于氢能、储能、负排放、高效能源利用和下一代能源系统等低碳零碳技术领域，致力于推动科技创新、技术研发和工程建设，力求在关键、核心和重大的技术领域实现重大突破[116]。

（5）致力于打造绿色的城市结构。西安市在致力于构建绿色城市结构的过程中，展现出了对可持续发展理念的深刻理解和坚定实践。为了显著提升城市交通的绿色出行比例，西安市采取了一系列针对性强、覆盖面广的措施。首先，优化公共交通网络成为关键一环，通过增加公交线路、提升公交服务质量、引入智能化调度系统等方式，有效提高了公共交通的便捷性和吸引力，从而鼓励更多市民选择公交出行，减少私家车的使用，进而降低交通排放。

西安市积极响应新能源汽车发展的全球趋势，通过政策引导、财政补贴、建设充电基础设施等，大力推广新能源汽车的普及。这一举措不仅有助于减少交通领域的化石能源消耗，还能显著降低交通尾气排放，对改善城市空气质量具有积极作用。此外，西安市还注重建设完善的自行车道和步行道系统，通过优化道路设计、提供安全便捷的骑行和步行环境，进一步促进绿色出行方式的推广，构建低碳、健康、环保的城市交通体系。

在绿色建筑领域，西安市同样展现出了前瞻性和创新性。通过推广绿色建筑理念，严格遵守绿色建筑评价标准和规范，西安市积极推动新建建筑和既有建筑的绿色改造，普及绿色建材和节能技术。这些措施包括使用高效节能的建筑材料、实施科学的建筑设计和施工管理、安装智能能源管理系统等，旨在提升建筑的能效，减少能源消耗和碳排放，同时创造更加舒适、健康的居住环境。

在绿色家园创建的系列活动中，西安市将“无废城市”的建设理念融入其中，强调资源的循环利用和废弃物的减量化、资源化、无害化处理。通过推广垃圾分类、建设资源回收体系、鼓励企业和社区参与废弃物管理等方式，致力于构建一个低碳、循环、可持续的城市生态系统，实现经济发展与环境保护的双赢。通过政府的引导和广大群众的参与，西安致力于打造涵盖“绿色机关”“绿色餐厅”“绿色商贸”和“无废社区”等多个领域的“无废城市细胞”，旨在从消费和行为两个方面构建一个多元化的“无废模式”[112]。

第五章

数字金融影响城市绿色经济韧性发展的历史演化研究

第一节　数字金融是金融演化发展史的里程碑

在金融演化的漫长历史长河中，数字金融的崛起无疑是一个具有划时代意义的里程碑。它不仅改变了金融服务的提供方式，还深刻影响了金融市场的结构、金融产品的创新以及金融风险的防控。本章将从数字金融的定义、发展历程、影响机制、未来趋势以及挑战与应对策略等方面，全面探讨其在金融演化发展史中的里程碑地位。

一、数字金融的定义与内涵

数字金融，作为金融科技发展的高级形态，是借助大数据、云计算、区块链、人工智能等一系列现代信息技术手段，对金融服务进行全面革新的一种新型金融业态。其核心理念在于利用技术的力量，推动金融服务的智能化、便捷化、普惠化和安全化，进而重塑金融市场的格局与运作机制。

数字金融打破了传统金融服务的时空限制，使得金融服务不再受限于物理网点和营业时间，客户可以随时随地通过手机、电脑等智能设备享受便捷的金融服务。这种服务模式的变革，不仅极大地提高了金融服务的效率，还显著扩大了金融服务的覆盖面，让偏远地区和弱势群体也能享受到现代金融的便利。与此同时，数字金融还通过技术手段降低了金融交易的成本和风险。大数据和人工智能的应用，使得金融机构能够更精准地评估客户的信用状况和风险水平，从而提供更加个性化的金融产品和服务。云计算和区块链技术的引入，则进一步提升了金融交易的透明度和安全性，有效防范了金融欺诈和洗钱等违法行为。

数字金融的涵盖范围广泛，包括移动支付、网络借贷、数字货币、智能投顾、区块链金融等多个领域。这些领域的发展，不仅为金融市场带来了前所未有的变革，还推动了金融行业的创新和升级。例如，移动支付的发展使得现金交易逐渐退出历史舞台，数字货币的推出则为全球金融体系的改革提供了新的思路。

二、数字金融的影响机制

数字金融的崛起对金融市场、金融机构以及金融消费者都产生了深远的影响。其影响机制主要体现在以下几个方面：

1. 优化资金配置

数字金融，依托大数据、云计算等前沿技术，正在对金融资源的配置方式产生深远影响。它打破了传统金融服务的时空束缚，实现了金融资源的精准匹配和高效利用，为资金的流动和配置带来了革命性的变化。

一方面，数字金融打破了传统金融服务的时空限制。过去，金融资源的流动往往受到物理网点的限制，资金难以快速流向有需求的领域和地区。然而，数字金融的出现打破了这一瓶颈。通过大数据技术，金融机构能够实时获取和分析客户的金融需求，快速响应市场变化。同时，云计算技术使得金融机构能够高效处理大量数据，实现金融资源的快速调度和配置。这使得资金能够更快速地流向有需求的领域和地区，满足实体经济的融资需求。

另一方面，数字金融降低了金融交易的成本和风险。传统金融交易往往伴随着高昂的成本和潜在的风险，限制了金融资源的有效配置。而数字金融通过技术手段，降低了金融交易的门槛和成本。例如，大数据和人工智能的应用使得金融机构能够更准确地评估客户的信用状况和风险水平，从而降低信贷业务的风险。同时，区块链技术的引入使得金融交易更加透明和可追溯，有效防范了金融欺诈和洗钱等违法行为。这些技术手段的应用，提高了金融资源的配置效率，使得资金能够更精准地投向有潜力的项目和领域。

2. 降低融资成本

数字金融通过一系列创新金融产品和服务的推出，显著降低了企业的融资成本，为企业的发展注入了新的活力。

一方面，数字金融为企业提供了更多元化的融资渠道和方式。传统金融体系中，企业往往依赖于银行贷款等有限的融资渠道，这不仅限制了企业的融资选择，还可能导致融资成本高昂。而数字金融的兴起，打破了这一僵局。通过搭建线上融资平台、发行数字债券、开展供应链金融等多种方式，数字金融为企业提供了更为丰富的融资选择。这些新型融资渠道不仅拓宽了企业的资金来源，还使得融资过程更加便捷和高效。企业可以根据自身的经营状况和融资需求，灵活选择合适的融资方式，从而有效降低融资成本。

另一方面，数字金融利用大数据、人工智能等先进技术手段，对风险进行精准评估和控制，进一步降低了企业的融资风险。在传统金融体系中，由于信息不对称和风险评估手段有限，企业往往面临较高的融资风险。而数字金融通过大数据分析和机器学习等技术，能够深入挖掘企业的信用信息和经营状况，实现对企业风险的精准评估。这不仅有助于金融机构更准确地判断企业的还款能力和风险水平，从而制定更为合理的融资方案，还降低了企业的融资门槛和成本。同时，数字金融还通过区块链等技术手段，实现了融资过程的透明化和可追溯性，有效防范了融资过程中的欺诈和违约行为，进一步保障了企业的融资安全。

3. 激发技术创新与产业升级

数字金融的蓬勃发展，无疑为金融科技的进步与创新注入了强大的动力。这一进程不仅深刻改变了金融行业的面貌，更在广度和深度上推动了金融产品的创新与金融服务的智能化、便捷化。

一方面，数字金融的发展极大地促进了金融产品的创新与升级。随着大数据、人工智能等技术的广泛应用，一系列新型金融产品应运而生，如智能投顾、数字货币等。智能投顾利用算法和模型，根据投资者的风险偏好、投资目标等因素，为其提供个性化的投资建议和资产配置方案，极大地提高了投资效率和准确性。而数字货币的推出，则更是为金融体系的革新提供了新的思路，它利用区块链等先进技术，实现了货币的数字化和去中心化，为金融交易的便捷性和安全性提供了新的保障。这些新型金融产品的涌现，不仅丰富了金融市场的产品种类，也为投资者提供了更多的选择和便利。

另一方面，数字金融的发展也推动了金融服务的智能化和便捷化。移动支付、在线理财等服务的普及，使得人们可以随时随地通过手机等智能设备享受便捷的金融服务。这些服务不仅打破了传统金融服务的时空限制，更在用户体验上实现了质的飞跃。例如，移动支付使得现金交易逐渐退出历史舞台，人们只需轻轻一扫，即可完成支付，大大提高了交易的便捷性和效率。而在线理财服务则使得投资者可以随时随地查看自己的投资情况，进行买入、卖出等操作，极大地提高了投资的灵活性和透明度。

这些创新不仅提高了金融服务的效率和覆盖面，更为金融行业的未来发展开辟了广阔的发展空间。随着技术的不断进步和应用的不断深化，金融产品和服务将有望实现更加智能化、个性化、便捷化的升级。同时，这些创新也将激发更多技术创新和产业升级的机会，推动金融行业向更高层次、更广领域的发展。例如，随着大数据和人工智能技术的进一步应用，金融风控、信贷审批等领域将有望实现更加精准、高效的自动化处理；而区块链技术的普及，则有望为金融交易的透明性、安全性提供更为坚实的保障。

4. 提升市场透明度与监管效率

数字金融领域近年来依托区块链等前沿技术的深度应用，经历了一场深刻的变革，这场变革显著提升了金融市场的透明度，为行业的稳健前行奠定了坚实的基石。具体而言，区块链技术以其去中心化、不可篡改、可追溯等特性，在金融领域的应用中展现出了巨大的潜力与价值。从金融交易流程的重塑来看，区块链技术通过其分布式账本机制，实现了交易信息的实时同步与共享，极大地提高了交易处理的效率与准确性。这一变革打破了传统金融交易中的信息不对称壁垒，使得交易各方能够基于同一套可靠的数据进行决策，从而促进了市场的公平竞争与健康发展。

在规则层面，区块链技术的引入使得金融交易的规则更加明确、透明。智能合约等技术的应用，使得交易条款能够自动执行与验证，减少了人为干预与操作风险，增强了市场规则的执行力与公信力。这不仅提升了金融市场的规范化水平，也为投资者提供了更加安全、可靠的交易环境。

区块链技术在提升市场透明度方面发挥了关键作用。通过区块链，所有交易记录均可被公开查询与验证，极大地增强了市场的公开性与可追溯性。投资者与监管机构能够实时获取交易数据，对市场动态进行准确判断与监管，有效防范了市场操纵、内幕交易等违法行为的发生。区块链技术的应用还促进了金融市场的创新与多元化发展。基于区块链的去中心化金融（DeFi）等新兴业态的兴起，为金融市场注入了新的活力与机遇。这些创新模式不仅丰富了金融服务的种类与形式，也为投资者提供了更加灵活、便捷的投融资渠道。

一方面，数字金融通过区块链技术，使得每一笔金融交易都被准确记录并公开在链上，任何参与方都能随时查阅和验证交易的真实性与完整性。这种高度的透明性，有效遏制了虚假交易和欺诈行为，保障了市场的公平公正。同时，区块链技术的不可篡改性，确保了交易历史的可追溯性，为争议解决提供了可靠依据。这些特性共同促进了金融市场的规范化运作，增强了投资者信心。

另一方面，数字金融通过技术手段降低了信息不对称和道德风险等问题。在传统金融体系中，信息不对称往往导致资源错配和市场效率低下。而数字金融利用大数据、人工智能等技术，对交易数据进行深度挖掘和分析，提高了市场信息的透明度，使得投资者能够更全面地了解市场动态和风险状况，从而做出更为理性的投资决策。此外，区块链技术的去中心化和智能合约功能，降低了因信任缺失而产生的道德风险，促进了交易双方的诚信合作。

数字金融的迅猛发展不仅重塑了金融业态，更在金融监管领域引发了深刻的变革，推动了金融监管向智能化、高效化的方向迈进。面对日益复杂多变的金融市场环境，传统的监管手段在应对高效、精准监管需求时显得力不从心。而数字金融凭借其大数据、人工智能等先进技术手段，为金融监管提供了全新的解决方案。数字金融通过大数据技术的深度应用，实现了对金融市场数据的全面采集、高效处理与智能分析。这一过程中，大数据算法能够实时监测市场动态，识别异常交易行为，为监管部门提供及时、准确的风险预警信息。这种实时监测与预警机制极大地提升了金融监管的敏锐度和响应速度，有助于监管部门在风险萌芽阶段即采取有效措施进行干预，从而有效防范系统性风险的发生。

数字金融在推动金融监管政策创新与完善方面也发挥了重要作用。以区块链技术为例，其去中心化、不可篡改的特性为构建监管沙盒提供了理想的技术基础。监管沙盒作为一种创新的监管模式，允许金融机构在受控环境中进行新产品、新服务的测试与验证，同时监管部门能够实时监测测试过程中的风险情况。这种机制既为金融创新提供了安全、可控的实验场，又为监管部门积累了宝贵的监管经验，促进了监管政策的持续优化与创新。

更重要的是，数字金融的智能化监管模式打破了传统监管手段在数据获取、处理与分析方面的局限，实现了监管手段与金融业态的同步升级。这一变革不仅提升了金融监管的效率与精准度，更促进了监管与创新的良性互动，为金融市场的健康、稳定发展提供了有力保障。

三、数字金融的未来趋势

随着技术的不断进步和市场的不断发展，数字金融的未来趋势将呈现出如图 5－1 所示的几个特点。

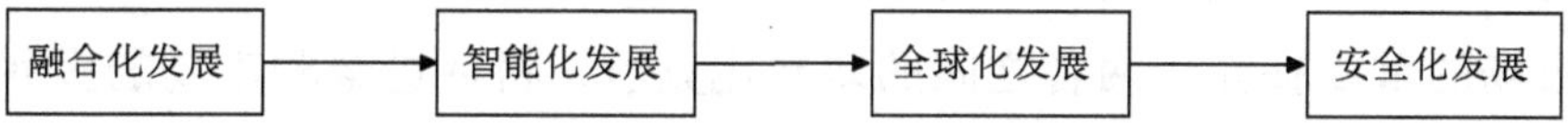

图 5－1　数字金融的未来趋势特点

1. 融合化发展

未来，数字金融与传统金融的融合将成为金融行业发展的一个重要趋势，两者之间的界限将日益模糊，共同推动金融市场的多元化和差异化发展。

一方面，传统金融机构将积极响应数字化时代的召唤，加快数字化转型的步伐。面对数字金融带来的冲击和机遇，传统金融机构纷纷布局金融科技，通过引入大数据、云计算、人工智能等先进技术，对业务流程进行全面革新，提升服务效率和客户体验。例如，银行机构将大力发展线上银行业务，利用数字平台为客户提供更为便捷、个性化的金融服务。同时，也将通过大数据分析，对客户进行精准画像，提供更加符合其需求的金融产品和服务。此外，传统金融机构还将加强与数字金融企业的合作，共同探索金融科技的应用场景，推动金融创新的深化。

另一方面，数字金融企业也将积极拓展线下业务，实现线上线下的融合发展。虽然数字金融企业以线上服务为主，但线下业务对于深化客户关系、提升品牌影响力等方面仍具有不可替代的作用。因此，数字金融企业将通过与传统金融机构的合作，或者自建线下服务网点，将线上服务与线下体验相结合，为客户提供更为全面、便捷的金融服务。例如，数字金融企业可以在购物中心、社区等人口密集区域设立体验店或自助服务终端，让客户能够亲身体验数字金融产品的便捷性和实用性；同时，也可以通过线下活动，加强与客户的互动和沟通，提升客户黏性。

这种融合将推动金融市场的多元化和差异化发展。随着数字金融与传统金融的深度融合，金融市场的竞争格局将发生深刻变化。传统金融机构将依托其强大的品牌影响力和客户资源，继续在金融市场中占据重要地位；而数字金融企业则将以其灵活的业务模式和创新能力，成为金融市场的重要补充。两者之间的差异化竞争，将促进金融市场的多元化发展，为消费者提供更多样化、个性化的金融产品和服务。

2. 智能化发展

数字金融的发展将步入一个全新的智能化时代，这一趋势不仅将深刻改变金融服务的提供方式，还将极大地丰富金融产品的种类，满足消费者日益多样化和个性化的需求。

一方面，数字金融将充分利用人工智能等前沿技术，实现金融服务的自动化和智能化。随着人工智能技术的不断成熟，数字金融将能够更精准地理解消费者的需求，提供更为个性化、智能化的金融服务。例如，通过自然语言处理技术，智能客服能够实时理解并回答客户的咨询，提供24小时不间断的客户服务；通过机器学习算法，智能投顾能够根据客户的财务状况、风险偏好和投资目标，为其量身定制投资组合，实现财富的保值增值。此外，数字金融还将利用人工智能技术优化业务流程，提高服务效率，减少人工干预，降低运营成本。

另一方面，数字金融将推动金融产品的创新和升级，以满足消费者更加多样化和个性化的需求。在智能化技术的支持下，数字金融将能够设计出更为复杂、更具创新性的金融产品，如基于区块链技术的数字货币、基于大数据分析的信用贷款等。这些新型金融产品不仅将丰富金融市场的产品种类，还将为消费者提供更多的选择和便利。同时，数字金融还将利用智能化技术，对金融产品进行个性化定制，满足消费者不同的投资需求和风险偏好。例如，通过智能投顾系统，消费者可以根据自己的投资目标和风险承受能力，选择适合自己的投资组合，实现财富的个性化管理。

智能化发展还将为数字金融带来更加广阔的发展前景。随着技术的不断进步和应用的深化，数字金融将能够实现更为精准的风险评估和信用评级，提高金融服务的安全性和可靠性。同时，智能化技术还将推动数字金融与实体经济的深度融合，为产业升级和经济发展提供更为有力的支持。

3. 全球化发展

数字金融将不可避免地展现出全球化发展的趋势，这一趋势不仅受到全球经济一体化日益加深和金融科技飞速进步的双重驱动，还离不开各国政府在金融监管合作与政策协调方面的积极努力。

一方面，随着全球经济一体化的不断深入，资本、商品、信息以及人员的跨国流动日益频繁，这为数字金融的全球化发展提供了广阔的空间。数字金融凭借其高效、便捷、低成本等优势，能够迅速跨越国界和地域的限制，实现全球范围内的金融服务覆盖。无论是移动支付、网络借贷还是数字货币，这些数字金融产品都能够轻松跨越地理障碍，为全球消费者提供无缝衔接的金融服务体验。同时，随着金融科技的不断进步，如区块链、人工智能等技术的广泛应用，数字金融的全球化发展将更加迅速和深入。这些技术不仅提高了金融服务的效率和安全性，还促进了金融信息的透明化和可追溯性，为数字金融的全球化发展提供了坚实的技术支撑。

另一方面，各国政府也将加强金融监管合作和政策协调，以推动数字金融的健康发展。数字金融的全球化发展虽然带来了诸多便利，但也带来了诸多挑战，如跨境金融风险、数据隐私保护、反洗钱和反恐怖融资等问题。为了应对这些挑战，各国政府需要加强金融监管合作，共同制定和执行全球性的金融监管标准和政策。例如，各国可以加强在数字货币监管、跨境支付清算、金融信息安全等方面的合作，共同构建全球性的金融监管体系。同时，各国政府还需要加强政策协调，推动数字金融与传统金融的融合发展，促进金融市场的多元化和差异化发展。通过加强金融监管合作和政策协调，各国政府将能够为数字金融的全球化发展提供有力的制度保障。

数字金融的全球化发展不仅将促进全球经济的繁荣和发展，还将为全球消费者提供更加便捷、高效、安全的金融服务。然而，这一趋势也面临着诸多挑战和风险，需要各国政府、金融机构以及科技企业等各方共同努力，加强合作与协调，共同推动数字金融的全球化发展朝着更加健康、可持续的方向前进。

4. 安全化发展

数字金融将把安全化发展置于更加重要的位置，这一趋势不仅反映了金融行业对安全性的高度重视，也体现了技术进步对金融安全保障的迫切需求。数字金融在安全化发展方面的努力，将主要体现在加强网络安全和数据安全投入与保障，以及推动金融风控体系的完善和创新两个方面。

一方面，数字金融将加大对网络安全和数据安全的投入与保障力度。随着数字金融的快速发展，网络安全和数据安全已成为金融行业的核心挑战之一。数字金融将采用更加先进的安全技术和手段，如加密技术、防火墙、入侵检测系统等，来确保网络和数据的安全。同时，数字金融还将加强安全管理制度和流程的建设，提高员工的安全意识和技能，确保金融服务的稳健运行。此外，数字金融还将加强与客户在数据安全方面的沟通和合作，明确数据使用和保护的责任和义务，增强客户对数字金融的信任和依赖。

另一方面，数字金融将推动金融风控体系的完善和创新，以降低金融风险和保障金融安全。金融风控体系是金融行业的重要组成部分，对于维护金融稳定和保护消费者权益具有重要意义。数字金融将利用大数据、人工智能等先进技术，对金融风险进行实时监测和预警，提高风险识别的准确性和及时性。同时，数字金融还将创新风控手段和方法，如利用区块链技术实现交易的透明化和可追溯性，降低欺诈和洗钱等风险。此外，数字金融还将加强与监管部门和金融机构的合作，共同构建和完善金融风控体系，形成风险共担、利益共享的金融安全生态。

数字金融在安全化发展方面的努力，不仅将提升金融行业的整体安全性，还将为消费者提供更加安全、可靠的金融服务。然而，安全化发展也面临着诸多挑战和困难，如技术更新换代快、安全威胁日益复杂等。因此，数字金融需要不断创新和完善安全技术和手段，加强与其他行业的合作与交流，共同应对安全挑战，推动数字金融的安全、稳健发展。

四、数字金融面临的挑战与应对策略

尽管数字金融在金融演化发展史中具有里程碑地位，但它也面临着诸多挑战。这些挑战主要包括技术风险、市场风险、监管风险等方面。为了应对这些挑战，本章结合实际提出以下策略。

1. 加强技术研发和创新

加强技术研发和创新，是应对技术风险、推动数字金融稳健发展的关键举措。面对日新月异的技术变革，各大城市必须保持敏锐的洞察力和前瞻性的战略眼光，不断加强技术研发和创新，以确保数字金融的领先地位和竞争优势。

首先，需要加大对大数据、云计算、区块链等前沿技术的投入和研发力度。这些技术不仅是数字金融的核心驱动力，也是提升金融服务效率、降低运营成本、增强风险防控能力的重要手段。通过深入研究这些技术的原理和应用场景，各大城市可以开发出更加高效、智能、安全的金融产品和服务，满足消费者日益多样化和个性化的需求。同时，还需要关注新技术的发展趋势和潜在风险，及时跟进和调整研发策略，确保技术创新的持续性和稳定性。

其次，各大城市需要结合本城市特点推动金融科技与传统金融的深度融合和创新发展。传统金融具有深厚的行业积累和客户基础，而金融科技则具有创新性强、灵活性高的优势。通过将两者有机结合，可以实现优势互补、协同创新，推动金融行业的转型升级和高质量发展。例如，各大城市还可以利用大数据和人工智能技术对传统金融业务流程进行优化和改造，提高服务效率和客户体验。同时，也可以借助区块链技术提升金融交易的透明度和安全性，降低交易成本和风险。这种深度融合和创新发展，不仅有助于提升金融行业的整体竞争力，还能为消费者提供更加便捷、高效、安全的金融服务。

最后，在加强技术研发和创新的过程中，城市建设还需要注重人才培养和团队建设。只有拥有一支高素质、专业化的研发团队和人才队伍，才能不断推动技术创新和产业升级。

2. 完善市场监管和风险防控体系

为了有效应对市场风险和监管风险，构建一个稳健、有序的数字金融生态环境，必须致力于完善市场监管和风险防控体系。这一体系的建立健全，不仅关乎数字金融行业的健康可持续发展，更是保护消费者权益、维护金融稳定的重要基石。

一方面，城市需要显著增强对数字金融市场的监管力度和执法力度。随着数字金融的迅猛发展，市场参与者众多，交易方式复杂多变，潜在的市场风险也随之增加。因此，监管部门必须与时俱进，不断提升监管能力和水平，确保监管措施能够精准打击违法违规行为，有效防范市场风险。具体而言，各大城市应加强对数字金融产品的审查与备案管理，确保所有产品符合法律法规要求，避免不合规产品流入市场；同时，加大对数字金融机构的监督检查力度，确保其业务运营合规、风险控制到位。此外，还应建立健全数字金融市场的举报和投诉机制，鼓励市场参与者积极监督，共同维护市场秩序。

另一方面，各大城市需要积极推动金融监管政策的创新和完善，以适应数字金融的发展需求。数字金融以其独特的运营模式和技术特点，对传统金融监管体系提出了挑战。因此，监管部门必须积极拥抱变化，勇于探索新的监管模式和手段，确保监管政策既能有效防范风险，又能促进数字金融的创新发展。这包括但不限于：利用大数据、人工智能等技术手段，提升监管的智能化水平，实现对数字金融活动的实时监测和预警；推动建立跨行业、跨地区的监管协调机制，加强信息共享和协同监管，形成监管合力；探索实施包容性监管，对新兴业态给予一定的试错空间，同时设立明确的监管底线，确保在鼓励创新的同时有效防控风险。

在完善市场监管和风险防控体系的过程中，各大城市还应注重国际合作与交流。数字金融的全球化趋势日益明显，跨境金融风险防控成为新的挑战。通过加强与国际金融监管机构的合作，分享监管经验和最佳实践，还可以共同应对跨境金融风险，维护全球金融稳定。

3. 加强国际合作和政策协调

为了有效应对全球化发展所带来的复杂且多维的挑战，各大城市必须在国际合作的广阔舞台上扮演更加积极和主动的角色，特别是在加强金融监管合作与政策协调，以及参与国际金融科技标准和规则的制定与修订方面。这一战略举措不仅关乎我国数字金融行业的国际竞争力与影响力，更是维护全球金融稳定、促进经济全球化的重要一环。

一方面，各大城市需要深化与其他国家和地区的金融监管合作与政策协调。在全球化的背景下，数字金融的跨国界特性日益显著，金融风险也随之呈现出跨国传播的新特征。因此，加强国际金融监管合作，建立高效的信息共享机制，对于及时发现并有效应对跨境金融风险至关重要。各城市应结合自身实际积极推动双边或多边金融监管合作框架的构建，通过定期对话、联合检查、信息共享等方式，增进对彼此监管体系的理解与信任，共同提升监管效能。同时，城市建设还需关注国际金融监管政策的新动向，及时调整国内监管政策，确保与国际标准保持一致，避免因监管差异引发的市场扭曲和金融风险。

另一方面，积极参与国际金融科技标准和规则的制定与修订工作，对于提升我国数字金融行业的国际话语权具有深远意义。随着金融科技的飞速发展，新的业务模式和技术应用不断涌现，对传统的金融监管框架的挑战态势严峻。因此，国际社会亟需建立一套适应金融科技发展的国际标准和规则体系，以指导各国金融科技的健康有序发展。全国各大城市应充分利用国际组织、多边合作平台等渠道，积极参与金融科技标准和规则的讨论与制定，贡献中国智慧和中国方案。同时，通过与国际同行深入交流，了解全球金融科技发展的最新趋势和最佳实践，为我国数字金融行业的创新发展提供有益借鉴。

在加强国际合作和政策协调的过程中，城市建设还应注重培养具有国际视野和专业技能的金融人才。通过与国际金融机构、高校和研究机构的合作，加强金融人才培养和交流，提升我国金融从业者的国际竞争力，为深化国际合作提供坚实的人才支撑。

4. 提高消费者金融素养和风险防范意识

为了应对消费者金融素养和风险防范意识不足的问题，城市需要加强金融教育和宣传。一方面，不仅需要通过媒体、网络等渠道普及金融知识和风险防范意识；另一方面，还需要加强对消费者的金融教育和培训力度，提高他们的金融素养和风险防范能力。

数字金融的崛起是金融演化发展史中的一个重要里程碑。它不仅改变了金融服务的提供方式，还深刻影响了金融市场的结构、金融产品的创新以及金融风险的防控。然而，数字金融的发展也面临着诸多挑战和机遇。为了推动数字金融的健康发展，城市建设需要加强技术研发和创新、完善市场监管和风险防控体系、加强国际合作和政策协调以及提高消费者金融素养和风险防范意识等方面的努力。只有这样，才能充分发挥数字金融在金融演化发展史中的里程碑作用，为金融市场的繁荣和稳定贡献更多的力量。

在未来的发展中，数字金融将继续引领金融行业的变革和创新。它将推动金融服务的智能化、便捷化和普惠化进程，促进金融市场的多元化和差异化发展。同时，数字金融也将为全球经济一体化和金融科技的进步提供更多的机遇和挑战。我们相信，在全社会的共同努力下，数字金融一定能够在金融演化发展史中写下更加辉煌的篇章。

第二节　城市绿色经济韧性发展历史的梳理

图 5－2 列示了城市绿色经济韧性发展的主要三个阶段。

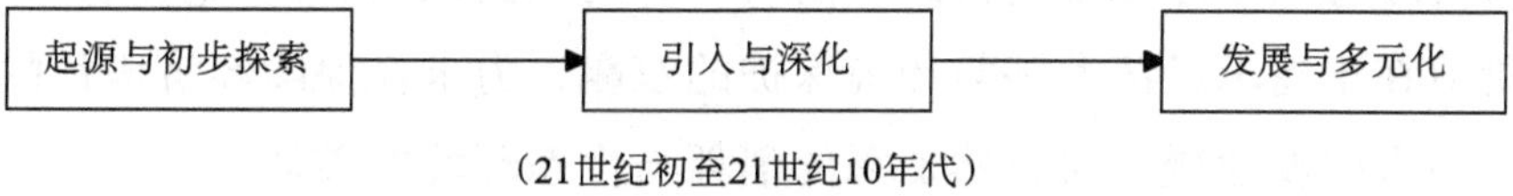

图 5－2　城市绿色经济韧性发展历程

一、起源与初步探索（20 世纪末至 21 世纪初）

在 20 世纪末至 21 世纪初这一历史时期，全球范围内对可持续发展理念的认知不断深化与普及，为城市绿色经济韧性发展概念的萌芽提供了肥沃的土壤。这一新兴理念的核心在于探索如何在确保经济增长的同时，兼顾资源的高效利用、环境的最低污染以及生态系统的最小破坏，从而实现经济的绿色转型与长期可持续发展。

尽管在这一阶段，“韧性”这一概念尚未被明确且广泛地融入城市经济发展的讨论与实践之中，但部分前瞻性的城市已经开始探索和实践一系列旨在提升经济可持续性与适应性的策略。这些策略聚焦于产业结构的优化调整，旨在减少对传统高污染、高能耗产业的依赖，同时积极扶持和发展绿色低碳产业，如清洁能源、节能环保等领域，以此推动经济结构的绿色化转型。此外，这些城市还致力于推广清洁能源的使用，通过加大对太阳能、风能等可再生能源的投资与开发，减少对化石燃料的依赖，从而降低温室气体排放和空气污染。在环境治理方面，这些城市采取了严格的环保法规与标准，加强了对工业排放、城市污水及固体废弃物的监管与处理，有效改善了城市环境质量。

二、韧性概念的引入与深化（21 世纪初至 10 年代）

进入 21 世纪这一全新的历史阶段，“韧性”这一概念逐步渗透并深刻影响了城市经济发展的理论与实践框架，特别是在面对自然灾害频发、经济危机等复杂多变的外部冲击时，城市经济所展现出的恢复力与适应能力成为了学界、政界乃至社会各界关注的焦点。与此同时，绿色经济的理念在全球范围内得到了前所未有的广泛认同与深入实践，其核心价值在于追求经济发展与环境保护的双赢，力求在保障经济增长的同时，最大限度地减少对自然资源的消耗与生态环境的破坏。

在这一宏观背景下，城市绿色经济韧性发展的概念应运而生，并逐步成为城市可持续发展研究与实践的核心议题。这一概念强调，城市经济在追求绿色增长的同时，必须具备对外部冲击的强大抵御能力和快速恢复能力，以确保在遭遇自然灾害、经济危机等不利因素时，城市经济体系能够迅速调整、有效应对，从而维持经济的稳定运行和社会的和谐安定。

城市绿色经济韧性发展不仅要求经济活动的绿色化转型，即推动产业结构向低碳、环保、高效的方向调整，推广清洁能源与绿色技术，提高资源利用效率，减少环境污染与生态破坏；更强调城市经济体系的灵活性与适应性，即构建多元化、抗风险的产业结构，增强经济主体的自主创新能力与应变能力，以及建立高效、协同的城市治理体系，以有效应对和抵御外部冲击。

此外，城市绿色经济韧性发展还注重经济、社会与环境的协调发展，强调在追求经济效益的同时，必须兼顾社会公平与民生福祉，保护生态环境，实现人与自然和谐共生。这一理念要求城市规划与管理者在制定发展策略时，必须充分考虑经济、社会、环境三大系统的相互依存与制约关系，确保城市发展的全面、协调与可持续。

在这一阶段，一些城市开始尝试将绿色经济与韧性发展相结合，通过推动产业结构优化升级、加强生态环境保护、提高资源利用效率等措施，提升城市经济的绿色度和韧性。同时，政府也开始出台相关政策法规，鼓励和支持绿色经济的发展，为城市绿色经济韧性发展提供了有力保障。

三、快速发展与多元化实践（21 世纪 10 年代至今）

自 21 世纪 10 年代以来，城市绿色经济韧性发展进入了快速发展阶段。随着全球气候变化和资源环境压力的加剧，城市绿色经济韧性发展已成为全球城市发展的重要趋势。在这一阶段，城市绿色经济韧性发展的实践呈现出多元化的特点。

一方面，一些城市通过推动绿色技术创新和产业升级，提高城市经济的绿色度和竞争力。例如，发展绿色交通、绿色建筑、绿色能源等产业，推动传统产业向绿色化、智能化方向转型。另一方面，城市也加强了对生态环境保护和修复的投入，通过建设城市绿地、湿地等生态系统，提高城市生态韧性和环境质量。

此外，城市还开始注重提升经济系统的多样性和灵活性，以应对外部冲击的不确定性。例如，通过推动产业多元化发展、加强区域合作和协同发展等措施，提高城市经济对外部冲击的抵御能力和恢复能力。同时，政府也加强了监管和预警机制的建设，提高城市经济系统的稳定性和安全性。

城市绿色经济韧性发展经历了一个从起源、初步探索到快速发展和多元化实践的历史过程。在这一过程中，城市不断通过推动产业结构优化升级、加强生态环境保护、提高资源利用效率等措施，提升城市经济的绿色度和韧性。未来，随着全球气候变化和资源环境压力的进一步加剧，城市绿色经济韧性发展将继续成为全球城市发展的重要趋势和方向。

第三节　数字金融影响城市绿色经济韧性提升的演化逻辑

一、初始阶段：数字金融的兴起

在技术迭代加速的当代社会，数字金融的崛起并非孤立事件，而是技术革新与经济需求交汇融合的必然产物。其背后的技术基础构建，为数字金融的迅猛扩张铺设了坚实的基石。互联网技术的广泛普及，作为这一变革的先导力量，极大地拓宽了信息传输的边界与速度，使得跨越地理界限的即时通信与信息交换成为可能。这一技术革新不仅打破了传统金融服务的物理限制，更为数字金融的在线服务模式提供了必要的技术支撑，使金融交易与服务能够跨越时空界限，实现全天候、无接触的便捷操作。

大数据技术的深度应用，则是数字金融实现精准服务与风险管理的重要推手。通过对海量数据的收集、处理与分析，金融机构能够洞察客户的消费习惯、投资偏好及信用状况，进而提供更加个性化的金融产品和服务，满足市场的多元化需求。同时，大数据技术还能够对潜在的风险因素进行量化评估，帮助金融机构精准识别项目风险，制定有效的风险防控策略，提升金融系统的整体稳定性。

区块链技术的引入，则为数字金融领域带来了革命性的安全升级与透明度提升。作为一种去中心化的分布式账本技术，区块链通过加密算法确保交易数据的不可篡改性与可追溯性，为支付、融资、投资等金融活动提供了前所未有的安全保障。此外，区块链技术还能够实现交易的自动化处理与智能合约的执行，极大地提高金融交易的效率与可靠性，降低交易成本与摩擦，促进金融市场的进一步开放与竞争。

数字金融的兴起，不仅打破了传统金融服务的时空限制，还极大地降低了金融服务的门槛。通过在线平台，中小企业和个人可以更加便捷地获取金融支持，无论是贷款、投资还是保险服务，都变得更加触手可及。这种便捷性和高效性，促进了金融市场的繁荣，也为更多的人群提供了实现财富增值的机会。

二、发展阶段：数字金融与绿色经济的初步融合

随着全球范围内环境保护意识的觉醒与可持续发展战略的深入实施，绿色金融理念逐渐渗透至经济社会发展的各个领域，成为推动全球绿色转型的关键力量。在此背景下，数字金融以其独特的灵活性和创新性，积极涉足绿色经济领域，成为促进绿色经济发展的重要推手。

在绿色金融产品创新层面，数字金融机构充分利用其技术优势，积极研发并推出了一系列符合环保标准与可持续发展要求的金融产品，如绿色信贷、绿色债券等。这些金融产品不仅严格遵循了环境保护的原则，通过支持绿色项目的实施，助力实现经济、社会与环境的和谐共生；而且借助数字化手段，实现了资金使用的透明化与高效化，有效提升了绿色项目的融资效率与资金使用效益。

更为重要的是，数字金融通过引入智能合约等先进的区块链技术，确保了绿色项目资金流转与收益分配的公平性、透明性与安全性。智能合约的自动执行特性，能够精准匹配绿色项目的资金需求与收益分配规则，有效避免了人为干预与操作风险，为绿色项目的顺利实施提供了强有力的技术保障。数字金融还依托其强大的数据分析与风险预警能力，为绿色项目提供了全方位、多层次的风险管理服务。通过对绿色项目数据的深度挖掘与分析，数字金融机构能够精准识别潜在风险点，及时发出风险预警，为项目管理者提供科学决策依据，有效降低绿色项目的投资风险，提高项目的成功率与可持续性。这一过程中，数字金融不仅发挥了其作为金融中介的信息传递与资源配置功能，更通过技术创新与模式创新，为绿色经济的发展注入了新的活力与动力。

数字金融在绿色经济领域的应用与创新，不仅丰富了绿色金融产品的种类与形态，提升了绿色项目的融资效率与资金使用效益；而且通过引入智能合约、数据分析等先进技术，为绿色项目的风险管理提供了有力支持，为绿色经济的可持续发展奠定了坚实基础。未来，随着数字金融技术的持续进步与应用场景的不断拓展，其在绿色经济领域的作用与影响力有望进一步增强，为构建更加绿色、低碳、可持续的全球发展格局贡献更多力量。

三、深化阶段：数字金融推动绿色经济韧性提升

在深化发展阶段，数字金融进一步彰显并强化了其在推动绿色经济韧性提升方面的独特优势。借助大数据与人工智能技术的深度融合与创新应用，数字金融能够以前所未有的精准度对绿色项目的风险与收益进行动态评估与预测。这一能力不仅显著提升了金融资源分配的科学性与合理性，更为绿色经济的高质量发展提供了强有力的金融支撑。

大数据技术的运用使得数字金融机构能够收集并分析海量的市场数据、项目数据以及环境数据，进而构建出全面、细致的风险评估模型。这一模型能够综合考虑绿色项目的市场前景、技术成熟度、环境影响以及政策导向等多重因素，对项目的潜在风险进行多维度、深层次的量化分析。与此同时，人工智能技术，特别是机器学习算法的应用，使得风险评估模型能够随着新数据的不断输入而自我优化，不断提升评估的准确性与时效性。

基于上述风险评估结果，数字金融能够实现对绿色项目资金配置的优化。一方面，通过精准识别并优先支持那些风险可控、收益前景良好的绿色项目，数字金融能够将有限的金融资源引导到最具潜力的领域，促进绿色经济的快速、健康成长。另一方面，对于风险较高的项目，数字金融也能够通过创新金融产品设计、引入风险分担机制等方式，提供差异化的金融支持，确保绿色项目的多元化资金需求得到满足。

这一过程中，数字金融不仅提升了绿色项目的融资效率与成功率，

更通过优化资金配置，促进了绿色经济内部的优胜劣汰与产业升级，提升了绿色经济的整体韧性与竞争力。此外，数字金融的精准评估与优化配置能力，还有助于引导社会资本向绿色经济领域流动，形成政府引导、市场主导的绿色投融资体系，为绿色经济的可持续发展奠定坚实基础。

同时，数字金融还通过降低信息不对称程度，减少了绿色项目的融资成本。通过在线平台提供的便捷服务，企业可以更加高效地获取融资支持，降低运营成本和时间成本。这种低成本、高效率的融资模式，为绿色经济的发展提供了源源不断的动力。

在激发技术创新与产业升级方面，数字金融也发挥了重要作用。通过为绿色技术研发和创新提供资金支持，数字金融推动了绿色技术的快速进步和产业化。这不仅提升了绿色经济的核心竞争力和抗风险能力，也为城市的可持续发展提供了有力支撑。

此外，数字金融还促进了知识技术与金融资源的空间溢出效应。通过打破地域限制，数字金融使绿色技术和知识能够在更广泛的区域内传播和共享。这不仅提升了整个区域的绿色经济韧性，也为城市的绿色发展提供了更加广阔的视野和机遇。

四、成熟阶段：数字金融与城市绿色经济韧性的深度融合

在成熟发展阶段，数字金融与城市绿色经济的深度融合已成为不可逆转的时代潮流，这一趋势不仅反映了全球经济结构转型的深刻需求，也彰显了可持续发展理念的深入人心。政府和金融机构作为推动这一融合进程的关键力量，开始积极构建一系列长效机制，旨在确保绿色经济的稳健与持续发展。

这些长效机制的核心在于通过制定和实施相关政策、法规及标准，为数字金融在城市绿色经济中的应用提供一套清晰、规范且富有前瞻性的制度框架。这些政策、法规和标准不仅涵盖了数字金融服务的准入条件、运营规范、风险管理等方面，还涉及绿色项目的评估标准、绿色信

贷的发放机制、绿色债券的发行与交易规则等关键环节，从而确保数字金融活动能够紧密围绕绿色经济的核心目标展开。

加强监管和评估机制也是构建长效机制不可或缺的一部分。政府和相关监管机构通过建立健全的监管体系，对数字金融在城市绿色经济中的应用进行全程监督，确保各项政策、法规及标准得到有效执行。此外，通过引入第三方评估机构或建立独立的评估体系，对绿色项目的实施效果、数字金融服务的绩效以及整个绿色经济体系的可持续发展能力进行定期评估，为政策调整和优化提供科学依据。

这些措施的实施，不仅为数字金融在城市绿色经济中的应用创造了更加规范、透明和高效的环境，也为城市的可持续发展提供了强有力的制度保障。它们有助于引导资本流向绿色、低碳、环保领域，促进绿色产业的快速发展，同时降低环境污染和资源消耗，实现经济效益、社会效益和环境效益的协调统一。从长远来看，这将为城市的绿色转型和可持续发展奠定坚实基础，推动构建人与自然和谐共生的现代化城市格局。

为了支撑数字金融的发展，城市还需要加强数字基础设施建设。这包括提高网络覆盖率、提升数据处理能力等。通过加强数字基础设施建设，城市将能够为数字金融提供更加坚实的基础，推动其在城市绿色经济中发挥更大的作用。

在数字金融的推动下，城市绿色经济将实现更加可持续的发展。通过优化资源配置、降低环境污染、提高能源效率等措施，城市将朝着更加绿色、低碳、环保的方向发展。这不仅有助于提升城市的生态环境质量，也为城市的可持续发展注入了新的活力。

第六章

城市绿色经济韧性的综合指标测度体系研究及数字金融对其异质效应和机制的分析研究

第一节　城市绿色经济韧性的综合指标测度体系研究

一、基准回归模型

（一）模型构建

依据上述的理论分析进一步采用双向固定效应模型来探讨数字金融对西安、北京和南京三个城市经济韧性的影响机理：

$$RES_{i,t} = cons + \alpha_1 DF_{i,t} + \alpha_k X_{i,t} + \delta_i + \mu_t + \varepsilon_{i,t} \quad (6-1)$$

其中，$RES_{i,t}$ 代表城市经济韧性；$DF_{i,t}$ 表示数字金融；$X_{i,t}$ 包括了多个可能影响城市经济韧性的控制变量；μ_t 为时间固定效应；δ_i 为地区固定效应；$\varepsilon_{i,t}$ 为随机误差项。

若回归系数 α_1 显著为正，则说明数字金融对城市经济韧性具有正向促进效应。为了消除异方差问题及量纲差异可能带来的偏误，同时明确变量间的弹性变化系数，本书采用双对数模型，即所有变量都以对数形式呈现。

（二）被解释变量

在被解释变量城市经济韧性（*RES*）的测度研究上，存在三种主要方法。首先，Martin[122]提出了敏感度测算法，该方法通过计算城市生产总值与就业人口比例相对于整体的比例来反映城市经济韧性特征。其次，是基于凡尔登定律的空间计量 GMM - SL - SAR - RE 估计法[123]，它考虑了时空滞后效应，并努力消除相关影响，但该方法覆盖的层面有限，难以全面揭示城市经济韧性的特征。最后，指标体系法，该方法依据经济韧性的定义选取了多项指标，并通过加权计算出城市经济韧性指数。相较于前两种方法，指标体系法涉及的指标更为全面，因此在当前的经济韧性研究中得到了广泛应用。

在指标体系法中，城市经济韧性被划分为抵抗力、适应力和转型力三个维度[124-126]。抵抗力，作为衡量城市经济在面对多样化外部冲击时展现出的抵御能力和快速响应机制的重要指标，是评估城市经济韧性的关键维度之一。本研究致力于深入探讨城市经济抵抗力的内在机制，为此，我们精心选取了北京、南京及西安这三个具有代表性的城市作为研究对象，并采用了人均地区生产总值（*GDP*）以及外资投资占地区生产总值比重作为核心指标。人均 *GDP* 作为衡量城市经济体量的直观标尺，能够反映一个城市的经济规模和综合实力；而外资投资占比则揭示了城市经济对外资的依赖程度，进而间接体现了城市经济的开放性和国际化水平。这两个指标的结合，为我们全面理解城市经济的抵抗能力提供了有力的数据支撑。适应力，则是指城市经济在遭遇外部冲击后，通过内部调整和优化，迅速恢复并维持稳定运行状态的能力。为了准确评估这一能力，本研究选取了人均社会生活消费品零售总额、家庭财政收支比以及金融机构存贷款之比作为衡量指标。人均社会生活消费品零售总额直接反映了城市市场的消费能力和活力，是衡量城市经济内需潜力的重要指标；家庭财政收支比则揭示了家庭经济的稳健程度，间接体现了城市经济的微观基础；金融机构存贷款之比则从一个侧面反映了金融机构的运营效率和资金配置能力，是评估城市金融体系健康程度的关键指标。此外，为了更全面地衡量城市经济的适应力，我们还引入了城市绿化率这一指标，以表征城市基础设施的完善程度和环境承载能力，进一步丰富了适应力的评估维度。转型力，或称创新力，是城市经济在经历冲击后，通过创新驱动实现经济结构优化升级和持续发展的重要能力。本研究将转型力视为城市经济韧性的核心组成部分，并选取了每万人高校学生数量、科研教育投入占财政支出之比以及专利授权量作为衡量指标。每万人高校学生数量直接反映了城市的人力资源储备和潜在创新能力；科研教育投入占财政支出之比则揭示了城市政府对科研教育活动的重视程度和支持力度，是评估城市创新环境的重要指标；专利授权量则直接体现了城市的创新产出和科技成果转化能力，是衡量城市创新实力和创新效率的关键指标。这三个指标的综合运用，为我们全面、深入地理解城市经济的转型力和创新力提供了有力的数据支持。

本研究选用每万人高校学生数量、科研教育投入占财政支出之比以及专利授权量来反映城市的创新产出情况。具体指标及其属性如表 6－1 所示。

为消除指标的量纲与性质的影响，使用熵值法对城市经济韧性进行评价与测度。

经济密度作为评估区域经济效率的核心指标，指单位土地面积的经济产出（*GDP* 与区域面积的比值），用于衡量资源利用效率及经济活动集聚水平。高经济密度区域通常与成熟的产业集群、完善的基础设施及优质人力资源相关联，其通过规模效应加速技术创新与产业链整合，典

表 6－1　　城市经济韧性指标体系构建

一级指标	二级指标	三级指标	属性
城市经济韧性	抵抗力	人均地区生产总值	正
		人均固定投资	正
		城镇化率	正
		外资投资占地区生产总值比重	负
		在岗职工工资	正
	适应力	人均社会生活消费品	正
		家庭财政自给率	正
	创新力	每万人高校学生	正
		科技投入占财政支出比	正
		教育投入占财政支出比	正
		专利授权总量	正

型表现为工业主导型地区因产业附加值高而呈现更强经济集聚特征。人口密度（总人口/区域面积）则量化人口空间分布强度，不仅决定劳动力供给与消费市场规模，更直接影响公共服务设施的配置效率。尽管高人口密度区域能通过集聚效应推动服务业扩张，但资源超载可能引发生态环境风险，例如水资源短缺或污染物处理能力不足等问题。两者的互动表现为动态耦合关系：人口集聚通过人力资本积累为经济密度提升提供支撑，而经济增长创造的就业机会又进一步吸引人口流入，形成持续增强的互动循环。产品流动作为区域经济关联的物质载体，涵盖商品、服务及要素的跨区流通，其效率受交通网络、制度性交易成本及行政壁垒制约。典型案例如经济发达地区通过产业链延伸与产品输出形成辐射效应，带动邻近区域协同发展。政府调控机制通过财政投入结构（如科技教育支出占比）、产业引导政策及空间规划干预市场运行。例如，提高科研投入可优化劳动力技能结构，生态保护政策则通过排放限制倒逼产业布局调整。需特别注意的是政策干预的阈值效应：过度管制会抑制市场活力，而精准调控可修正因空间外部性引发的资源配置扭曲，例如通过环境保护税机制平衡产业发展与生态保护。城市便利度作为区域

竞争力的核心维度，整合了基础设施覆盖度、公共服务质量及生态宜居性三大要素。具体而言，医疗资源配置（如每万人病床数）与教育服务水平（如师生比优化）的改善能显著提升城市吸引力。从系统动力学视角分析，便利度与经济密度、人口密度构成正反馈机制：优质城市环境吸引高技能人才聚集，促进产业升级与经济密度提升；而经济增长带来的财政收入又为基础设施升级提供资金保障，形成螺旋上升的发展路径。

综上所述，这五大变量构成区域经济发展的动态网络：人口与经济密度的空间分布奠定要素基础，产品流动强化区域交互，政府干预调节系统均衡，而城市便利度则通过提升人居环境质量实现可持续发展目标。其相互作用机制揭示，区域竞争力提升需在集聚效率与生态安全之间寻求平衡，并通过制度创新优化要素配置路径。

（三）核心解释变量

在衡量数字金融（*DF*）这一核心解释变量时，学界尚未达成共识，但广泛认可的一项综合性指标是由北京大学数字金融研究中心与蚂蚁科技集团研究院共同编制的中国数字普惠金融指数[127]。此指数不仅涵盖了传统的数字金融衡量标准，还创新性地将支付、投资、保险等多个维度纳入考量，形成了一个既全面又科学的评估体系。尽管在数字支付的细分领域中，该指数主要基于支付宝的数据，对微信支付、各大银行手机应用等其他常用数字金融工具涉及较少，这在一定程度上受限于数据的可获得性。然而，就当前数字金融领域的微观支付数据覆盖而言，该指数依然是最为全面且广受学术界认可的指标之一。因此，本研究采用此指数来量化数字金融的发展水平。

（四）基准回归结果

表 6 – 2 为控制了城市效应和时间效应的回归结果。本书将样本数据与式（6 – 1）所代表的基准回归模型相结合，并将回归结果汇报在表 6 – 1 当中。表 6 – 2 列（1）仅控制了个体效应与时间固定效应，并

未添加任何控制变量，回归结果显示，Ln 数字金融对应的估计系数在 1% 的水平上显著为正，可初步认为，数字金融发展促进城市绿色经济韧性的提升。考虑到列（1）可能会因遗漏变量问题造成估计结果存在偏误，列（2）、列（3）、列（4）、列（5）、列（6）将所有前文提及的控制变量：经济密度、人口密度、产品流动、政府干预、城市便利度添加进回归，信息显示，其他控制变量的估计系数与已有文献的结论基本一致。此外，列（2）、列（3）、列（4）、列（5）、列（6）中 Ln 数字金融对应估计系数在 5% 的水平上显著为正。

表 6-2　　基准回归结果

变量	(1) Ln*RES* 经济韧性	(2) Ln*RES* 经济韧性	(3) Ln*RES* 经济韧性	(4) Ln*RES* 经济韧性	(5) Ln*RES* 经济韧性	(6) Ln*RES* 经济韧性
Ln*DF* 数字金融	2.578*** (5.139)	1.387** (2.420)	1.059** (2.170)	1.328** (2.733)	1.272** (2.255)	1.273** (2.211)
Ln*ED* 经济密度		0.258*** (3.192)	0.438*** (5.184)	0.086 (0.429)	0.066 (0.288)	0.053 (0.221)
Ln*GOV* 政府干预			-1.265*** (-3.552)	-1.396*** (-4.033)	-1.397*** (-3.957)	-1.414*** (-3.800)
Ln*UC* 城市便利度				0.333 (1.909)	0.353 (1.758)	0.293 (0.782)
Ln*PD* 人口密度					0.368 (0.208)	0.777 (0.275)
Ln*PF* 产品流动						0.070 (0.189)
常数项	-14.744*** (-5.501)	-10.852*** (-4.132)	-13.044*** (-5.719)	-12.383*** (-5.628)	-11.618** (-2.697)	-11.323** (-2.426)
个体效应	YES	YES	YES	YES	YES	YES
时间效应	YES	YES	YES	YES	YES	YES
观测值	30	30	30	30	30	30
拟合优度	0.467	0.599	0.719	0.745	0.735	0.724

注：***、**、*分别表示在 1%、5%、10% 的水平上显著。( ) 内数字为标准误。

在各控制变量中，城市便利度作为衡量城市内部交通网络发达程度和基础设施完善性的关键指标，其正系数显著揭示了交通基础设施在城市经济韧性中的重要作用。具体而言，良好的交通网络不仅能够促进资源的有效分配，提高经济活动的运行效率，还能够降低物流成本，加速产品和服务的流通，从而增强城市在面对经济冲击时的抵御能力和恢复速度。这种正向关联表明，提升城市便利度是增强城市经济适应能力和恢复力的重要途径之一。然而，产品流动系数所展现的负系数则暗示了频繁的产品流动可能并非总是对城市绿色经济韧性产生积极影响。这一发现可能源于城市的物流和运输系统在某些情况下已接近或超出其承载能力，导致交通拥堵、环境污染和资源浪费等问题的加剧。这些负面效应不仅降低了城市的运行效率，还可能引发公众对环境质量的担忧，进而削弱城市的经济韧性。因此，如何在促进产品流动的同时，避免过度依赖物流运输，实现经济与环境的协调发展，成为城市管理者和政策制定者需要深入思考的问题。

人口密度的负系数则进一步反映了人口过度集中所带来的多重挑战。高人口密度不仅增加了交通拥堵和生态压力，还可能导致资源分配紧张和社会矛盾加剧，这些问题共同构成了“大城市病”的主要特征。这些负面效应不仅降低了城市居民的生活质量，还可能削弱城市的经济韧性，因为它们增加了城市运行的复杂性和管理成本。因此，合理规划城市人口布局，促进城乡协调发展，成为提升城市经济韧性的重要策略之一。

政府干预系数的负值揭示了市场机制与政府干预之间的微妙平衡。当市场机制尚未成熟或存在缺陷时，政府的适度干预可能有助于维护市场秩序，促进公平竞争。然而，过度的政府干预却可能抑制市场的自然发展，减少创新和灵活性，从而削弱经济的自我调节能力和韧性。特别是在面对经济冲击时，过度的政府干预可能限制企业的自主决策空间，减缓经济恢复的速度。因此，如何在尊重市场机制的基础上，实现政府干预与市场调节的有机结合，成为提升城市经济韧性的关键所在。

二、调节效应模型

（一）模型构建

为分析数字金融对城市经济韧性影响机制，在式（6－1）的基础上分别引入城市创业活跃度、城乡收入差距及其与数字金融的交互项，即：

$$RES_{i,t} = cons + \beta_1 DF_{i,t} + \beta_2 ENTRE_{i,t} + \beta_3 DF_{i,t} \times ENTRE_{i,t} + \beta_k X_{i,t} + \delta_i + \mu_t + \varepsilon_{i,t} \tag{6-2}$$

$$RES_{i,t} = cons + \gamma_1 DF_{i,t} + \gamma_2 GAP_{i,t} + \gamma_3 DF_{i,t} \times GAP_{i,t} + \gamma_k X_{i,t} + \delta_i + \mu_t + \varepsilon_{i,t} \tag{6-3}$$

其中，$RES_{i,t}$ 表示创业活跃度；$GAP_{i,t}$ 表示城乡收入差距；其余变量含义与基准回归模型相同。

若数字金融系数和交乘项系数都显著且符号相同，则调节变量发挥正向调节效应，若都显著但符号相反则调节变量发挥负向调节效应。具体而言，当 β_1 与 β_3 都显著为正时，可以认为数字金融能促进城市活跃度提升从而增强城市经济韧性；当 γ_1 显著为正且 γ_3 显著为负时，则可以说明数字金融能缩小城乡收入差距从而增强城市经济韧性。

（二）调节变量选取

创业活跃度（*ENTRE*）与城乡收入差距（*GAP*）作为调节变量，在研究中扮演着重要角色。具体而言，一个地区的创业活跃度可通过其每年新增企业的数量来直观体现：新注册企业的数量越多，表明该地区的创业氛围越浓厚。为确保研究结果的稳健性，本研究除直接采用新注册企业数量作为创业活跃度的衡量指标外，还引入了北京大学中国区域创新创业指数（*IRIEC*）中的新建企业数量得分作为备选调节变量，以增强分析的可靠性。作为反映地区经济发展不均衡的重要指标的城乡收入差距，本研究选用了城市居民与农村居民人均可支配收入的比值来量化。此外，鉴于夜间灯光数据已被证实能够稳定地映射经济发展水平，本研究还创新性地采用了乡镇灯光数据来计算基尼系数[128]，以此作为城乡收入差距的另一种表征方式，这一方法参考了已有研究的成果，旨在提供更全面的分析视角。

（三）控制变量选取

为了深入且全面地探讨数字金融对城市经济韧性的具体影响，本研究需纳入并控制一系列其他可能对城市经济韧性产生作用的变量。这些控制变量主要包括：经济密度（*ED*），具体计算方式为地区生产总值除以城市面积；人口密度（*PD*），通过地区常住人口与城市面积的比例来衡量；产品流动情况（*PF*），本研究采用人均公路货运量作为代理指标；政府干预程度（*GOV*），以政府一般公共预算财政支出占地区生产总值的比例来表示；以及城市便利程度（*UC*），这里本研究选用每万人拥有的公共汽电车数量作为评估标准。通过这些控制变量的引入，本研究能够更准确地分析数字金融对城市经济韧性的独立效应。

第二节　数字金融对城市绿色经济韧性的异质效应研究

一、数字金融对城市绿色经济韧性的异质效应模型的设定

随着信息技术的飞速发展和金融科技的持续创新，数字金融作为一种新兴的金融业态，在全球范围内得到了迅猛发展，并对城市经济，尤其是绿色经济韧性产生了深远的影响。然而，这种影响并非均匀分布于所有城市和地区，而是展现出了显著的异质性特征。鉴于数字金融对城市绿色经济韧性的这一复杂而多样的影响，本节旨在通过系统梳理和分析相关文献，深入探讨数字金融对城市绿色经济韧性的异质效应。

在数字金融的浪潮中，不同城市因其经济发展水平、产业结构、技

术创新能力和政策环境等因素的差异，对数字金融的接纳程度和应用效果也各不相同。一些城市凭借完善的基础设施、开放的政策环境和活跃的市场氛围，成功地将数字金融融入绿色经济发展之中，实现了经济效益与生态效益的双赢。这些城市通过数字金融平台，有效促进了绿色项目的融资，降低了绿色企业的融资成本，加速了绿色技术的研发和推广，从而显著增强了其绿色经济韧性。然而，对于另一些城市而言，由于经济基础薄弱、技术创新滞后或政策环境保守等原因，它们在数字金融的应用上显得力不从心。这些城市在利用数字金融推动绿色经济发展时，可能面临诸多挑战和障碍，如信息不对称、融资难融资贵、技术门槛高等问题，从而限制了数字金融对绿色经济韧性的正面影响。

鉴于数字金融对城市绿色经济韧性的异质效应，本书认为政策制定者在制定相关政策和措施时，应充分考虑不同城市的实际情况和差异化需求。具体而言，政策制定者应根据各城市的经济发展水平、产业结构、技术创新能力和政策环境等因素，制定更具针对性和差异化的数字金融发展策略。同时，加强跨地区、跨部门的政策协调与合作，形成政策合力，共同推动数字金融与城市绿色经济的深度融合与协同发展。

二、异质效应的变量选取和数据来源

（一）城市等级的异质性

大城市作为区域经济的核心和枢纽，其经济规模大、产业结构复杂，这使得数字金融对其绿色经济韧性的影响相较于中小城市而言更为显著且深远。大城市不仅拥有庞大的经济体量和多元化的产业结构，还汇聚了众多的金融机构和科技企业，这些优势条件为数字金融的快速发展和广泛应用提供了肥沃的土壤。具体而言，大城市凭借其丰富的金融资源和强大的科技创新能力，能够更快地接纳和应用数字金融技术。这些技术包括但不限于大数据、云计算、区块链、人工智能等，它们为绿色项目的融资提供了更加便捷、高效和智能的解决方案。通过数字金融平台，大城市的金融机构能够更快速地识别绿色项目的潜在价值，降低信息不对称风险，提高融资效率。同时，数字金融技术的应用还有助于金融机构更好地管理绿色项目的风险，通过智能化的风险评估和预警系统，确保资金的安全性和收益性。

大城市的科技企业也是推动数字金融与绿色经济深度融合的重要力量。这些企业不仅为金融机构提供技术支持和解决方案，还积极参与绿色项目的研发和推广，通过技术创新促进绿色经济的发展。例如，一些科技企业利用大数据和人工智能技术，为绿色项目提供精准的能效分析和优化建议，帮助项目方提高资源利用效率，降低环境污染和碳排放。

相比之下，中小城市由于资源有限、经济基础相对薄弱，数字金融的普及和应用相对滞后。这些城市在金融机构数量、科技创新能力、人才储备等方面与大城市存在显著差距，限制了它们利用数字金融推动绿色经济发展的能力。尽管中小城市也在积极寻求数字金融的引入和应用，但由于缺乏足够的支持和资源，其在提高绿色项目融资效率和风险管理能力方面仍面临诸多挑战。

超一线城市如北京、上海等，由于其经济实力雄厚、科技创新能力强，数字金融的发展更为成熟。这些城市能够吸引更多的绿色投资和技术创新，从而显著提升其绿色经济韧性。而新一线城市虽然也在积极发展数字金融，但其在资金、技术、人才等方面与超一线城市相比仍存在一定差距，因此其异质效应相对较弱。

（二）分维度的异质性

对于高耗能产业占比较高的城市而言，数字金融的引入无疑为其绿色转型提供了强有力的支持。这些城市往往面临着产业结构单一、环境污染严重等挑战，亟须通过绿色转型来实现可持续发展。数字金融作为一种新兴的金融业态，可以通过提供低成本的融资渠道和先进的风险管理工具，为这些城市的绿色转型提供了重要的动力。数字金融平台能够利用大数据、云计算等现代信息技术，对高耗能企业的财务状况、经营成果和环保表现进行全面、准确的分析和评估。基于这些分析结果，数字金融平台可以为高耗能企业提供更为精准的融资服务，降低其融资成本，缓解其财务压力。同时，数字金融还能通过提供风险管理工具，帮助企业更好地应对市场波动、政策调整等外部冲击，增强其抵御风险的能力。这些支持措施有助于高耗能企业加快绿色转型步伐，推动城市产业结构的优化升级，从而提升城市的绿色经济韧性。

对于绿色产业占比较高的城市，数字金融则能进一步发挥其技术创新和市场拓展的促进作用。这些城市已经具备了一定的绿色产业基础，数字金融的引入能够为其绿色产业的发展注入新的活力。一方面，数字金融通过提供更为便捷的融资途径，支持绿色企业的技术创新和产品研发。绿色产业往往具有较高的技术含量和研发成本，数字金融的支持能够降低企业的研发风险，加速科技成果的转化和应用。同时，数字金融还能通过提供灵活多样的融资产品，满足绿色企业不同阶段的资金需求，为其持续创新提供有力的资金保障。另一方面，数字金融还能帮助绿色企业拓展市场，提升品牌影响力。通过数字金融平台，绿色企业可以更加便捷地接触潜在客户，推广其产品和服务。此外，数字金融平台还能通过提供数据分析、市场预测等服务，帮助绿色企业更好地把握市场趋势，制定更加精准的营销策略，从而提升其市场竞争力。

对于传统产业而言，数字金融的引入同样具有重要意义。传统产业往往面临融资难、融资贵等问题，限制了其转型升级和增强韧性的能力。数字金融通过提供更为便捷的融资途径和风险管理服务，为传统产业提供了新的发展机遇。

数字金融平台能够利用大数据等技术手段，对传统产业企业的经营状况、市场前景等进行深入分析和评估，从而为其提供更加精准的融资服务。同时，数字金融还能通过提供风险管理工具，帮助传统产业企业更好地应对市场波动和政策调整等外部冲击，降低其经营风险。这些支持措施有助于传统产业加快转型升级步伐，提升其市场竞争力和绿色经济韧性。

相比之下，新兴产业由于具有较高的技术含量和成长性，更容易获得数字金融的支持。数字金融平台往往更倾向于支持具有创新潜力和市场前景的新兴产业企业，通过提供更为灵活的融资产品和风险管理服务，帮助其快速发展并提升城市的绿色经济韧性。

三、数字金融对城市绿色经济韧性的异质效应

（一）城市等级异质性

为了探究城市等级在数字金融推动城市经济韧性增强过程中的作用，本研究将西安市与同为新一线城市且同为省会的南京市，以及超一线城市北京进行了分组回归分析，并采用了 CHOW 检验来验证各组之间系数差异的显著性。回归结果详细列于表 6－3 中。CHOW 检验的结果清晰地揭示出，在不同城市等级之间存在着显著的差异性。

表 6－3　　城市等级异质性检验

变量	(1) 整体	(2) 北京	(3) 南京	(4) 西安
Ln*DF* 数字金融	1.273 ** (2.211)	1.725 *** (5.371)	1.483 *** (4.645)	1.255 *** (3.949)
Ln*ED* 经济密度	0.053 (0.221)	0.076 (0.568)	0.036 (0.274)	0.041 (0.309)
Ln*GOV* 政府干预	－1.414 *** (－3.800)	－1.397 *** (－6.677)	－1.423 *** (－6.894)	－1.394 *** (－6.748)
Ln*UC* 城市便利度	0.293 (0.782)	－0.030 (－0.119)	0.206 (0.939)	0.299 (1.385)
Ln*PD* 人口密度	0.777 (0.275)	1.459 (0.911)	1.062 (0.674)	0.814 (0.520)
Ln*PF* 产品流动	0.070 (0.189)	0.303 (1.310)	0.151 (0.705)	0.072 (0.338)
常数项	－11.323 ** (－2.426)	－13.400 *** (－5.123)	－12.153 *** (－4.678)	－11.062 *** (－4.271)
个体效应	YES	YES	YES	YES
时间效应	YES	YES	YES	YES
观测值	30	10	10	10
拟合优度	0.724	0.723	0.759	0.751

注：***、**、*分别表示在 1%、5%、10% 的水平上显著。() 内数字为标准误。

具体而言，数字金融对于城市经济韧性的提升效果在超一线城市和新一线城市中表现得更为突出。深入分析数字金融在不同城市，尤其是超一线城市与中小城市之间对城市经济韧性，特别是绿色经济韧性影响差异的背后原因，可以发现，这一差异可能源于超一线城市在多个方面的显著优势。首先，超一线城市凭借其更高的行政级别，往往能够拥有更为丰富的政治资源。这些政治资源不仅体现在政策制定和执行上，还体现在对上级政府支持和资源的获取上。在数字金融的发展过程中，超一线城市能够更容易地获得政策倾斜和资金支持，从而推动数字金融与实体经济的深度融合，为城市经济韧性的提升提供有力保障。同时，超一线城市在政治上的影响力也为其在数字金融领域的创新探索提供了更为宽松的环境和更大的试错空间。其次，超一线城市拥有更高的经济集聚度。意味着这些城市吸引了大量的企业、人才和资本，形成了规模庞大的经济体量和多元化的产业结构。这种经济集聚效应不仅促进了资源的高效配置和产业的协同发展，还为数字金融的发展提供了广阔的市场空间和丰富的应用场景。超一线城市的经济集聚度使得数字金融能够更快速地渗透到各个行业和领域，推动金融服务的创新和升级，从而在城市经济韧性的提升中发挥更加显著的作用。再次，超一线城市汇聚了更为优质的人力资本。这些人力资本不仅包括了高素质的专业人才，还包括了具备创新精神和创业能力的企业家。他们为数字金融的发展提供了源源不断的智力支持和动力源泉。在超一线城市，人力资本的高效流动和集聚效应促进了知识的传播和技术的创新，推动了数字金融与城市经济的深度融合。这种深度融合不仅提高了金融服务的效率和质量，还为城市经济韧性的提升注入了新的活力。

超一线城市在数字经济的发展上也处于遥遥领先的位置。数字经济的发展迅猛，势头强劲，为城市绿色经济韧性的培育与发展提供了肥沃的土壤和有力的支撑。数字经济的发展不仅推动了传统产业的转型升级，还催生了大量的新兴产业和商业模式。这些新兴产业和商业模式为数字金融提供了更多的应用场景和创新空间，促进了数字金融与实体经济的深度融合。同时，数字经济的发展还提高了城市经济的信息化、智能化和绿色化水平，为城市经济韧性的提升提供了更加坚实的基础。

（二）数字金融分维度异质性

数字普惠金融指数作为一个综合评价体系，通过三个核心维度——覆盖广度、使用深度以及数字化程度，全面且深入地刻画了数字普惠金融的发展现状。具体而言，覆盖广度这一维度，聚焦于金融服务及产品在空间与受众层面的“横向”拓展情况。它不仅涵盖了服务对象的广泛性，即数字普惠金融能够触及并服务于多大范围的群体，同时也考虑了地域覆盖的全面性，即这些服务在不同地理区域，尤其是偏远或经济欠发达地区的普及程度。这一维度旨在评估数字普惠金融的渗透力与普及广度，是衡量其社会影响力与包容性的重要指标。

使用深度维度，则从“纵向”角度深入剖析了我国民众对数字普惠金融的实际应用状况。它不仅衡量了用户对数字普惠金融产品与服务的利用程度，即用户是否充分采纳并有效利用了这些服务，还进一步关注了用户的活跃度与使用频率，即这些服务在用户的日常生活中扮演的角色及其持续影响力。这一维度通过具体的数据指标，反映了数字普惠金融在提升金融服务可及性、促进金融消费习惯变革以及增强民众金融福祉方面的实际效果。

数字化程度维度，则专注于评估数字普惠金融服务的便捷性与实惠性水平。它考察了服务流程的数字化程度，包括服务获取的便捷性、操作界面的友好性、交易处理的自动化程度等，以及服务成本的经济性，即用户在使用这些服务时所承担的费用是否合理且具有竞争力。这一维度不仅体现了数字技术在提升金融服务效率与降低交易成本方面的潜力，也反映了数字普惠金融在推动金融服务创新、增强用户满意度与忠诚度方面的作用。

在进行深入的相关分析时，本研究采用了统计回归分析方法。具体地，将数字普惠金融指数的覆盖广度、使用深度及数字化程度这三个关键子指数，分别与城市经济韧性这一因变量进行了回归分析，详细的分析结果已呈现于表6-4中。以西安这一具有代表性的城市为例，分析结果显示，数字金融的覆盖广度与使用深度对于提升城市经济韧性具有显著且积极的正向效应。这一发现表明，随着数字金融服务的广泛普及以及民众对其深入应用，城市经济在面对外部冲击时展现出了更强的恢复力与适应性。

表6-4 分维度异质性检验

	(1) Ln*RES* 经济韧性	(2) Ln*RES* 经济韧性	(3) Ln*RES* 经济韧性
覆盖广度	1.802 ** (2.323)		
使用深度		2.283 ** (2.578)	
数字化程度			1.640 (1.831)
控制变量	YES	YES	YES
常数项	-10.885 ** (-2.631)	-13.985 ** (-2.837)	-10.540 (-2.083)
个体效应	YES	YES	YES
时间效应	YES	YES	YES
观测值	10	10	10
拟合优度	0.328	0.386	0.207

注：***、**、*分别表示在1%、5%、10%的水平上显著。()内数字为标准误。

数字金融覆盖广度的提升，意味着更多的人群和地区能够便捷地获取到数字金融服务，从而增强金融资源的流动性与配置的合理性，为城市经济的多元化发展提供有力支撑。同时，使用深度的增加，则反映了数字金融产品和服务在民众日常生活中的深入渗透，这不仅提升了金融服务的效率与质量，还促进了金融知识与技能的普及，进而增强了城市经济体系的内在稳定性与抗风险能力。然而，值得注意的是，尽管数字金融的覆盖广度与使用深度对经济韧性的提升作用显著，但数字化程度的提升效应在西安并未表现出明显的正向影响。这一发现可能暗示，当前数字金融的发展已经在其便利性与普及性方面取得了显著成就，实现了在多领域、全行业的深度覆盖。然而，在数字化程度的进一步提升方面，可能仍存在一定的挑战与限制，如技术创新的深化、服务模式的优化以及用户体验的提升等，这些因素可能共同制约了数字化程度对经济韧性正面影响的充分发挥。

随着数字普惠金融的持续演进与技术的不断创新，预计数字化程度对经济韧性的正面影响将逐渐显现并趋于显著。一方面，技术的不断进步将推动数字金融服务的智能化与个性化发展，进一步提升服务的便捷性与效率；另一方面，随着用户需求的日益多样化与复杂化，数字金融服务的创新与优化也将更加深入地融入城市经济体系的各个层面，从而为实现更加稳健、可持续的经济韧性提供有力支撑。

第三节 数字金融对城市绿色经济韧性的机制分析

一、数字金融对城市绿色经济韧性的机制效应的设定

数字金融作为现代金融体系的重要组成部分，通过一系列复杂而精细的机制，对城市绿色经济的韧性产生了深远的影响。具体而言，数字金融通过优化资金配置、缩减融资成本、激发技术创新与产业升级、提升市场透明度与公众信任度以及促进区域协调发展等多重路径，为城市绿色经济的稳健发展注入了新的活力。

首先，数字金融利用大数据、云计算等先进技术，实现了对资金流动的精准监控与高效配置。这不仅降低了资金错配的风险，还提高了资金使用的效率，为绿色项目的融资提供了强有力的支持。同时，数字金

融通过降低信息不对称，有效缩减了企业的融资成本，使得更多绿色、环保的项目能够获得必要的资金支持，进而推动了城市绿色经济的持续发展。

其次，数字金融激发了技术创新与产业升级的活力。在数字金融的助力下，企业能够更便捷地获取创新资源，加速新技术的研发与应用。这不仅提升了企业的核心竞争力，还推动了产业结构的优化升级，为城市绿色经济的转型提供了强大的动力。

最后，数字金融通过提升市场透明度与公众信任度，增强了城市绿色经济的韧性。数字金融平台能够实时记录并公开交易信息，降低市场中的欺诈与违规行为，提高市场的公平性与透明度。同时，数字金融的普及也增强了公众对金融体系的信任，为绿色经济的发展奠定了坚实的社会基础。

此外，数字金融还促进了区域协调发展，缩小了地区间的经济差距。通过数字金融平台，资源能够更均衡地分配到不同地区，推动了区域经济的一体化发展。这不仅增强了城市绿色经济的整体韧性，还促进了地区间的绿色交流与合作，为构建绿色、和谐的城市发展格局提供了有力保障。

根据已有研究，创业活跃度是衡量城市绿色转型与绿色创新水平的重要指标。本书进一步从新建企业数与新建企业得分两个维度，深入分析了城市创业活跃度的现状及其与绿色经济韧性的关系。新建企业数的增加反映了城市创业氛围的活跃程度，而新建企业得分的高低则体现了创业企业的质量与创新能力。通过这两个指标的综合考量，本书旨在探讨如何通过强化城市创业活跃度，进一步促进绿色经济韧性的提升。具体而言，本书分析了创业活跃度如何影响绿色项目的孵化、绿色技术的创新以及绿色产业的培育，进而揭示了创业活跃度在推动城市绿色经济转型与升级中的关键作用。

二、机制效应的变量选取和数据来源

在本研究中，创业活跃度（*ENTRE*）与城乡收入差距（*GAP*）作为两个关键的调节变量，对于深入理解相关经济现象及其背后的机制具有不可忽视的作用。创业活跃度，作为衡量一个地区创新创业环境活跃程度的核心指标，其重要性不言而喻。具体而言，一个地区的创业活跃度可以通过每年新增企业的数量这一直观且易于量化的指标来体现。新注册企业的数量，作为创业活跃度的直接反映，其数量的多少直接关联到该地区的创业氛围是否浓厚，以及创新创业活动的频繁程度。为了确保研究结果的稳健性和可靠性，本研究在衡量创业活跃度时，除直接采用新注册企业的数量这一直观指标外，还引入了北京大学中国区域创新创业指数（*IRIEC*）中的新建企业数量得分作为备选调节变量。这一做法旨在通过引入一个更为综合、更为精细的衡量标准，进一步增强对创业活跃度分析的深度和广度，从而提高研究结论的准确性和可信度。

同时，城乡收入差距作为反映地区经济发展不均衡程度的重要指标，其对于经济现象的影响同样不容忽视。在本研究中，城乡收入差距的量化采用了城市居民与农村居民人均可支配收入的比值这一直观且易于理解的指标。这一指标不仅能够直观地反映城市居民与农村居民在经济收入上的差距，还能够间接地揭示出地区经济发展中的不均衡现象。为了更全面地揭示城乡收入差距的影响，本研究还创新性地采用了乡镇灯光数据来计算基尼系数[128]，以此作为城乡收入差距的另一种表征方式。这一方法的引入，不仅参考了已有研究的成果，还充分利用了夜间灯光数据与经济发展水平之间的稳定映射关系，从而为城乡收入差距的量化提供了更为丰富、更为直观的数据支持。通过采用这一创新性的方法，本研究旨在提供一个更为全面、更为深入的分析视角，以更准确地揭示城乡收入差距对于相关经济现象的影响及其背后的机制。

三、数字金融对城市绿色经济韧性的机制效应

本书在基准回归检验模型中分别加入数字普惠金融指数与创业活跃度的交互项以检验其调节作用，采用新建企业数与新建企业得分衡量城市的创业活跃度。为削弱交互项产生的多重共线性问题，在构造交互项时进行去中心化处理，回归结果如表 6 – 5 所示。

表 6 – 5　　数字金融对城市经济韧性的机制检验

变量	(1) Ln*RES* 经济韧性	(2) Ln*RES* 经济韧性
	创业活跃度	
Ln*DF* 数字金融	1.787 *** (3.690)	1.510 *** (4.298)
Ln*ENTRE*1 新建企业数	0.592 *** (4.214)	
Ln*DFx*Ln*ENTRE*1 数字金融·新建企业数	2.889 ** (2.134)	
Ln*ENTRE*2 新建企业得分		0.830 *** (6.712)
Ln*DFx*Ln*ENTRE*2 数字金融·新建企业得分		3.379 *** (3.102)
控制变量	YES	YES
常数项	2.009 (0.679)	3.304 (1.457)
个体效应	YES	YES
时间效应	YES	YES
观测值	10	10
拟合优度	0.842	0.909

注：***、**、* 分别表示在 1%、5%、10% 的水平上显著。() 内数字为标准误。

表6－5中，列（1）和列（2）分别代表使用每年新注册企业数量和新建企业数量，得分代表创业活跃度与数字金融交互项的回归，可见数字金融主效应和交互项系数都在5%以上显著为正，说明在创业活跃度越高的地方数字金融可以越好地发挥对城市经济韧性的促进效应，创业活跃度有助于放大数字金融的经济韧性提升效应。这一现象可能的解释是，城市创业活跃度的提升能够增加城市的创新能力和经济多样性，这有助于城市在面对外部冲击时保持经济的稳定和增长，从而提高城市经济韧性。

第七章

城市绿色经济韧性的提升路径

第一节　数字化和智能化的改革

习近平总书记强调，“将城市从数字化发展到智能化，再到智慧化，使城市变得更加聪明和智慧，是推动城市治理体系和治理能力现代化的必经之路”。借助“数智化”这一创新技术，全国各大城市可以进一步向市场和社会释放更多的权力，从而增强公益组织、社会自组织和社会媒体等多种实体的自治和合作能力。吉富星持有的观点是，通过提升城市的数字化、智能化和智慧化水平，可以使城市的“大脑”变得更加“智慧”，这有助于促进城市的包容性、安全性、韧性以及可持续性发展[129]。马闯指出，“数智化”这一理念成功地结合了数字化和智能化的双重特点，这将在城市管理中起到关键的引导作用，助力城市管理走向更高级别的“智慧化”。基于此，他提倡建立一个绿色、低碳、数字化的体系。这一体系应当立足于生态文明建设和可持续发展的核心思想，以低碳的基础法规为主导，以各相关部门的法律条文为核心框架，并同时包括技术和管理的标准规范，共同形成一个完整且系统的法规框架。通过运用大数据、云计算和人工智能等先进技术，各城市成功地构建了一个低碳科技创新管理的信息平台。

为了加速产业结构的绿色转型与升级进程，部分城市亟须对传统能源供应体系、能源转换机制及能源使用模式进行根本性的革新，并积极提升非化石能源在整体能源结构中的占比。这一转型旨在减少对化石燃料的依赖，从而减轻对环境的压力并促进可持续发展。为实现这一目标，城市应着手实施一系列针对性的策略，包括但不限于在高碳排放的工业领域推行工艺改进与流程再造项目。这些项目旨在通过优化生产工艺、提升能效以及减少废弃物排放等手段，显著降低工业活动的碳足迹。

与此同时，加快低碳技术的研发创新与迭代升级步伐同样至关重要。这要求城市加大对新能源技术、碳捕集与封存技术，以及能效提升技术等领域的研发投入，以期在技术上取得突破性进展，为绿色转型提供坚实的技术支撑。此外，城市还需加大力度淘汰过时与落后的生产能力，通过政策引导与市场机制相结合的方式，推动产业结构的优化升级，确保经济发展的质量与效益并重。

在推动传统产业绿色转型的同时，全国各大城市亦在积极探索传统制造业的数字化与智能化转型路径。这一转型旨在通过引入先进的信息技术与人工智能技术，提升制造业的自动化、智能化水平，进而提高其生产效率与灵活性，降低资源消耗与环境污染。为实现这一目标，城市应鼓励企业采用智能制造系统、物联网技术以及大数据分析等手段，实现对生产过程的精准控制与优化管理。

此外，推行覆盖产品全生命周期的绿色供应链管理策略也是推动产业绿色转型的重要一环。这一策略要求企业从产品设计、原材料采购、生产制造、包装运输直至废弃处理的全过程，均遵循绿色、环保的原则，确保产品在整个生命周期内对环境的影响最小化。为此，城市应建立完善的绿色供应链管理体系，包括制定严格的环保标准、推广绿色采购政策、加强供应链合作伙伴的环保培训等，以形成全社会共同参与的绿色转型氛围。

为了推进绿色建筑和智慧城市的发展，大部分城市需要鼓励装配式建筑和绿色建筑的普及，并努力提升建筑工程的标准与品质。通过提升项目工地的信息管理能力，进而可以有效地促进绿色建筑、智能建筑以及新型建筑的工业化进程。应致力于在城市能源、交通和环境保护等多个领域进行智能化的改造，以提升城市的运营效能和资源的使用效率。

首先，应加强数字化赋能和人才培育，推动生产性服务业与先进制造业以及现代农业的联合发展，以促进商业和贸易服务业的绿色升级。各城市需要加速信息服务行业向绿色转型的步伐，促进绿色增长，并通过数字化手段使服务业得到升级和发展。深化与各大高等教育机构和职业学院的合作关系，为学生提供与绿色低碳相关的专业和课程。组织绿色和低碳领域的技术培训及交流活动，以提高从业人员的专业技能和整体素质。

其次，为了更有效地优化能源配置结构并显著提升能源利用效率，全国各大城市正积极采取一系列综合性措施，旨在从根本上改变能源消费模式，推动能源体系向更加绿色、可持续的方向发展。具体而言，这些措施包括显著增加可再生能源在整体能源供应结构中的比重，以及加速实现化石能源的高效、清洁替代。这一转型不仅有助于减少对有限化石资源的依赖，还能显著降低温室气体排放，为应对全球气候变化贡献力量。

最后，为了促进零碳排放电力产业的快速发展，部分城市正以前所未有的速度构建一个以新能源技术为核心的创新型电力系统。这一系统不仅依赖于太阳能、风能等可再生能源的大规模开发与利用，还注重智能电网、储能技术以及分布式能源系统的集成与优化，以实现电力供应的清洁化、智能化与高效化。通过这些创新技术的应用，电力系统能够更好地适应可再生能源的间歇性特征，确保电力供应的稳定性和可靠性。

在工业、建筑和交通等关键能耗领域，部分城市如西安正积极推进一系列节能、减排与提效项目，旨在全方位提升能源使用效率。在工业领域，通过实施能效提升工程、推广先进节能技术与装备，以及加强工业余热余压回收利用等措施，有效降低生产过程中的能源消耗与碳排放。在建筑领域，则通过推广绿色建筑标准、加强建筑能效监管与改造，以及发展智能建筑管理系统等手段，实现建筑能耗的大幅下降。在交通领域，则通过推广新能源汽车、优化公共交通系统、加强交通规划与管理等措施，减少交通运输对环境的影响。

为了进一步降低每单位产出的能源消耗和碳排放强度，西安等城市还需广泛推广节能技术和相关产品，如高效照明设备、节能型空调与供暖系统，以及智能能源管理系统等。这些技术和产品的应用，不仅能够直接提升能源利用效率，还能引导消费者形成节能低碳的生活方式，为绿色、低碳的发展模式奠定坚实的社会基础。通过这些综合措施的实施，全国各大城市正朝着构建清洁、高效、安全、可持续的现代能源体系的目标稳步迈进。

第二节　资源供应的优化

城市作为一个集合了人口、资本、土地、公共物品和公共设施等基础空间要素的集合体，要素的庞大不仅会影响城市资源的使用效率，还会直接决定城市的发展方向和经济韧性[131]。肖作鹏建议从城市居民的时空生活特性出发，进行资源分配的优化和调整，以提升城市空间的使用效率，并进一步增强城市经济的韧性[132]。

为了从根本上优化能源结构并促进能源消费的可持续转型，部分城市亟须加大对可再生能源领域的研发投入与应用推广力度，旨在逐步且显著地提升非化石能源在总体能源消费结构中的占比。这一战略转型旨在减少对传统化石能源的过度依赖，降低温室气体排放，从而有效应对全球气候变化挑战。

在此背景下，部分城市，如武汉，正积极引领清洁能源技术的革新与应用潮流。武汉等城市高度重视太阳能光伏、风能以及生物质能等可再生能源技术的研发与商业化进程，通过政策扶持、资金投入以及技术创新等多维度措施，加速这些清洁能源技术的成熟化与规模化应用。这不仅有助于拓宽能源供应渠道，提升能源供应的安全性与稳定性，还能显著降低能源消费过程中的环境污染与生态破坏。同时，针对煤炭等传统化石燃料，武汉等城市也采取了清洁处理与高效利用的双重策略。一方面，通过实施煤炭洗选、脱硫脱硝等清洁处理技术，有效降低了煤炭燃烧过程中的污染物排放；另一方面，积极推广先进的燃煤技术与节能减排设备，如超临界与超超临界燃煤发电技术、循环流化床燃烧技术等，显著提升了煤炭的燃烧效率与能源转换效率，减少了能源浪费与环境污染。

为了促进资源的可持续利用与环境保护，加强资源的循环使用策略成为构建循环经济产业结构的关键环节。这一策略的核心在于推动资源的高效循环利用，旨在通过减少资源消耗、降低废弃物产生，以及提升资源再生利用率，实现经济与环境的双赢。为实现这一目标，各城市需积极鼓励企业参与到资源的回收与再利用过程中，形成产业间的闭环链接。企业作为资源消耗与废弃物产生的主要源头，其参与程度直接影响到循环经济的实施效果。因此，政府应通过政策引导、税收优惠、技术支持等手段，激励企业采用先进的生产工艺与技术，提高资源的利用效率，并积极参与废弃物的回收与资源化利用。

同时，建立和完善废旧物资的回收网络是提升资源利用效率的重要保障。这要求城市政府应加强基础设施建设，如设立回收站点、优化回收流程、提升回收效率等，确保废旧物资能够及时、有效地被回收并纳入资源化利用体系。此外，还应加强公众教育与宣传，提升居民对资源回收重要性的认识，形成全社会共同参与的良好氛围。

在垃圾分类方面，各城市需进一步细化分类标准，加强分类处理与资源转化的技术与设施建设。通过推广先进的垃圾分类技术与方法，促进生活垃圾、建筑废弃物等的高效分类处理，减少填埋与焚烧所产生的环境污染。同时，积极探索垃圾的资源化利用途径，如将有机垃圾转化为肥料或生物能源，将无机垃圾转化为建筑材料等，实现废物的价值最大化。

此外，全国各大城市正在大力推行垃圾焚烧发电和填埋气回收转化等前沿技术，以实现废物向能源或其他资源的高效转换。这些技术不仅有助于减少废弃物的环境影响，还能为城市提供清洁的能源供应，推动能源结构的优化与升级。通过技术创新与示范应用，这些前沿技术将不断拓展废物资源化利用的领域与深度，为循环经济的发展提供强有力的技术支撑。

为了构建一个更加全面且有效的政策保障机制，以促进绿色经济的稳健增长，城市政府必须深入剖析本地实际情况，精准施策，制定并实施一系列旨在推动绿色经济增长的政策、措施及法律法规。这一过程中，政府需清晰界定其在资源合理配置、环境保护以及科技创新等多个关键领域所扮演的核心角色与肩负的明确职责。具体而言，政府应加大对资源开发、高效利用及环境保护等领域的监督与执行力度，确保各项政策措施得以有效落实。这要求政府不仅要建立健全监督体系，还要提升监管能力，采用先进的监测技术和方法，对资源开发利用活动及环境质量进行实时监测与评估，及时发现并纠正违法违规行为，确保资源得到可持续利用，环境得到有效保护。

同时，政府还需致力于构建和完善环境保护的信用评估体系及生态补偿机制。环境保护信用评估体系通过对企业和个人的环保行为进行评估，形成环保信用记录，以此作为政府监管、市场准入、政策扶持等的重要依据，激励企业和个人积极履行环保职责，提升全社会的环保意识与责任感。生态补偿机制则通过经济手段，对在生态保护中作出贡献的地区、企业和个人给予合理的经济补偿，以平衡生态保护与经济发展的关系，促进区域间的协调发展。

此外，政府还应积极推动科技创新，为绿色经济发展提供强大的技术支撑。通过加大科技研发投入，支持绿色技术的研发与应用，推动传统产业转型升级，培育绿色新兴产业，形成绿色经济的新增长点。政府还应加强与国际社会的合作与交流，借鉴国际先进经验，共同应对全球环境问题，推动全球绿色经济的发展。

第三节　产业结构的优化调整

随着全球经济一体化的不断深化，城市系统作为连接区域经济与全球生产网络的关键节点，其经济增长越来越受到多重因素变动的影响[133]。Brown 及其团队对产业多样化与经济韧性之间的联系进行了深入研究，结果揭示，产业多样化的区域相较于产业集中度较高的地方，具有更出色的经济韧性[134]。Pudelko 及其团队在探讨德国西部地区的经济韧性时观察到，那些拥有非相关多样化或知识密集型相关多样化产业结构的地区显示出更强的抵抗能力，而那些具有知识密集型专业化产业结构的地区则显示出更好的恢复能力[135]。

为了加速推动传统产业的转型升级与结构优化，特别是针对煤炭、钢铁和化工等高能耗、高排放的密集型行业，实施技术升级与改造成为一项迫在眉睫的任务。这些行业作为国民经济的重要支柱，其转型升级不仅关乎经济结构的优化与可持续发展能力的提升，更对环境保护与资源高效利用具有深远影响。在此背景下，部分城市如西安，正积极响应国家号召，采取果断措施，坚决淘汰那些不符合现代环境保护标准和能源消耗要求的过时产能。这一举措旨在从根本上遏制资源的无谓浪费与环境的严重污染，推动产业向更加绿色、低碳、高效的方向发展。具体而言，西安等城市通过制定严格的产业政策与环保标准，对高能耗、高排放企业实施严格的监管与评估，对于无法达到标准的企业，坚决予以淘汰或引导其进行技术改造与升级，以确保产业活动的环境友好性与资源高效性。

在推动技术升级与改造方面，西安等城市注重引入先进的生产工艺、节能减排技术以及智能化管理系统，以提升产业的整体能效与环保水平。这些技术的应用不仅有助于降低能源消耗与污染物排放，还能提升产品质量与生产效率，增强企业的市场竞争力。同时，政府还通过提供财政补贴、税收优惠等激励措施，鼓励企业加大研发投入，推动技术创新与成果转化，为产业升级提供源源不断的动力。

此外，西安等城市还注重构建完善的产业升级服务体系，包括提供技术咨询、人才培训、市场开拓等全方位支持，帮助企业克服转型升级过程中的技术难题与市场障碍。通过政府与企业的共同努力，西安等城市正逐步构建起以绿色、低碳、高效为核心竞争力的新型产业体系，为实现经济高质量发展与环境保护双赢目标奠定了坚实基础。

为了加速绿色低碳新兴产业的蓬勃发展，各城市应当将战略重心聚焦于太阳能、风能、水能等可再生能源领域，致力于加速清洁能源技术的研发进程并推动其广泛应用，旨在构建一个涵盖清洁能源生产、存储、传输及应用等多环节的完善绿色能源产业链。这一举措不仅有助于减少对化石能源的依赖，降低温室气体排放，更是实现能源结构转型与绿色经济发展的关键路径。鉴于市场对绿色、低碳产品需求的日益增长，加大对节能环保产业的支持力度显得尤为重要。政府应出台一系列扶持政策，如提供研发资金、税收减免、市场准入优先等，以激励企业投身于高效节能技术和环保产品的研发与制造。这不仅能够提升产品的能效与环保性能，满足市场需求，还能促进节能环保产业的快速发展，形成绿色经济的新增长点。

除此之外，各城市还应积极培育具有战略重要性的新兴产业，如新化工材料、新能源汽车、新一代信息技术以及生物医药等。这些新兴产业以其高技术含量、高附加值以及广阔的市场前景，成为推动产业结构转型升级的重要力量。政府应通过构建创新平台、优化产业布局、强化人才支撑等措施，为这些新兴产业的发展提供全方位的支持与保障。同时，鼓励企业加强技术创新与产学研合作，推动科技成果转化与产业升级，形成具有国际竞争力的产业集群。

为了有效促进产业的深度融合与高质量发展，各城市应当积极引导制造业企业向服务导向型制造模式转型，既顺应了当前市场需求多元化、个性化的趋势，也是提升产品附加值、增强服务品质的关键路径。在此过程中，鼓励企业采纳诸如个性化定制、总集成总承包等创新制造策略，助力企业更精准地捕捉市场需求，提升产品与服务的差异化竞争力，从而在激烈的市场竞争中脱颖而出。个性化定制策略要求企业具备高度灵活的生产能力与精准的市场洞察能力，能够根据客户的个性化需求，快速调整生产流程与产品设计，实现产品的定制化生产。而总集成总承包策略则强调企业从产品设计、生产制造到安装调试、运维服务等全生命周期的全方位参与，通过整合上下游资源，提供一体化的解决方案，提升项目的整体效能与服务质量。

为了进一步提升产业的整体竞争力和绿色发展标准，各城市还需积极推动产业链上下游企业的深度合作与协同。这种合作不仅限于传统的供需关系，更强调基于技术创新、资源共享、市场拓展等多维度的深度合作。通过构建产业集群与生态环境，企业能够在更广阔的平台上实现资源共享、优势互补，共同应对市场变化与技术挑战，推动整个产业向更高层次发展。

产业集群的形成有助于提升产业的规模效应与协同创新效应，通过集聚效应吸引更多的优质资源与高端人才，形成良性循环。同时，构建良好的生态环境，包括政策环境、市场环境、创新环境等，为产业发展提供有力的支撑与保障。政府应出台相关政策，如税收优惠、资金扶持、人才引进等，以优化产业发展环境，激发企业创新活力，推动产业向绿色、低碳、智能、高端方向发展。

为了强化绿色经济的持续健康发展，政府需加大政策层面的指导与支持力度，精心制定并不断优化绿色产业的发展策略与规划蓝图。这一过程中，需清晰界定绿色产业的发展方向、核心任务及阶段性目标，确保绿色经济的推进路径既符合国际发展趋势，又紧密贴合本国或本地区的实际情况。通过明确的发展蓝图，为绿色产业提供清晰的发展导向与预期，降低市场参与者的不确定性，增强其对绿色经济转型的信心与动力。

为了有效减轻企业在绿色转型过程中的成本与风险，政府应进一步加大对绿色产业发展的财政扶持力度。具体而言，可通过设立专项投资基金、提供财政补贴、税收减免等多种财政激励措施，为绿色产业的研发、生产、市场推广等关键环节提供强有力的资金支持。这些财政工具的运用，旨在降低企业的转型成本，缓解其短期内的财务压力，同时激发市场的活力与社会的创造力，促进绿色技术的研发与应用，加速绿色产业的成长与壮大。

此外，政府还应构建完善的政策体系与市场机制，为绿色经济的发展创造更加有利的外部环境。这包括完善绿色产业的法律法规框架，健全绿色产品认证与标准体系，推动绿色金融发展，为绿色项目提供多样化的融资渠道与风险管理工具。通过这些政策的实施，不仅能够有效引导社会资本向绿色产业流动，还能提升绿色产业的透明度与公信力，进一步激发市场的投资热情与创新活力。

第四节 政府对数字的关注度

全国各大城市在增强绿色经济的韧性时，可以通过提高政府对数字的关注度，从而更为高效地推进相关政策和措施的执行。

为了加强数字基础设施建设，城市应致力于构建和优化数字政府平台，包括政务数据共享交换平台和政务数据共享门户网站等，旨在为政府各部门提供一站式的数据资源查询、申请、审核、授权、共享、应用和监管评估服务。加强对数据的收集和整合，对数据资产、数据应用和数据流向进行实时的分析和管理，以确保数据在绿色经济决策过程中的准确性和时效性。

通过加速推进政务服务的在线化处理进程，可以显著减少企业与公众在办理各类事务过程中的物理奔波，进而大幅提升政务服务效率与民众满意度。这一变革不仅顺应了数字化转型的全球趋势，更是构建服务型政府、优化营商环境的重要举措。在此背景下，重点城市应当积极研发与推广一系列具有创新性的政务服务模块，如“无证明城市”与“云踏勘”等，旨在进一步简化政务工作流程，降低企业与公众在办事过程中的时间成本与经济开销。

“无证明城市”概念的提出，旨在通过数字化手段实现政务信息的互联互通与共享共用，从而消除企业在办理审批、许可等事项时所需提交的各类证明材料，极大地方便企业运营与民众生活。这一模式的实施，要求政府部门加强跨部门的信息整合与数据共享，打破信息孤岛，确保数据的准确性、及时性与安全性，为“无证办事”提供坚实的技术支撑与法律保障。

而“云踏勘”作为一种新型的远程勘查技术，则利用高清视频、无人机航拍、卫星遥感等现代信息技术手段，对建设项目进行现场勘查与评估，无须勘查人员实地到场。这一技术的应用，不仅大幅缩短了勘查周期，降低了勘查成本，还有效提升了勘查的准确性与科学性，为项目审批提供了更加高效、便捷的服务。重点城市在推广这些特色模块时，应注重政策引导与技术创新的双重驱动，通过制订完善的实施方案、提供必要的财政与技术支持，以及加强公众宣传与教育，确保这些创新举措能够得到有效落地与广泛应用。同时，还应建立健全监督与评估机制，及时收集反馈意见，持续优化服务流程，确保政务服务在线化处理的持续性与有效性，为构建更加高效、便捷、透明的政务服务环境贡献力量。

在推动绿色经济持续健康发展的进程中，借助大数据与人工智能技术来辅助决策过程已成为一种重要的策略与手段。大数据技术以其强大的数据处理与分析能力，为深入挖掘与绿色经济相关的海量数据提供了可能，进而帮助政府及社会各界准确识别绿色经济发展的主要趋势、关注焦点以及潜在的问题与挑战。通过对这些数据的深度分析，不仅可以揭示绿色经济发展的内在规律，还能为政策制定提供科学依据，确保政策的前瞻性与针对性。与此同时，人工智能技术的引入，进一步提升了决策过程的智能化与精准化水平。利用机器学习、深度学习等先进算法，人工智能能够对复杂多变的绿色经济环境进行高效模拟与预测，为政府决策提供有力的智力支持。这不仅有助于政府在面对绿色经济转型中的不确定性时做出更为准确、迅速的决策，还能为绿色经济的发展制定更为科学、合理的政策与措施，推动绿色经济的持续、健康、稳定发展。

为了全面评估绿色经济政策的效果，全国各大城市应构建一个全面、系统的评估机制。这一机制应基于数据分析与模拟模型，对政策的执行成果进行即时的评价与反馈。通过收集、整理与分析政策实施过程中的各类数据，结合先进的模拟模型，对政策的实际效果进行客观、准确评估，从而及时发现政策执行中的问题与不足。

基于评估机制的反馈结果，政府应适时调整和完善政策手段，确保政策既有效又具有针对性。这一过程要求政府具备高度的灵活性与应变能力，能够根据评估结果快速响应，对政策进行必要的调整与优化。同时，政府还应加强与学术界、产业界的合作与交流，共同探索绿色经济发展的新思路、新路径，为绿色经济的持续健康发展提供源源不断的动力与支持。

在推动绿色经济深入发展的背景下，强化数字化的监督与检测机制成为确保经济活动持久稳定、可持续发展的关键一环。这一机制的核心在于利用先进的数字化技术，对绿色经济的关键领域进行持续、动态的观测与预警，涵盖能源使用效率、污染物排放、碳排放等核心指标。通过实时监测这些关键指标的变化趋势，政府及监管机构能够及时发现绿色经济增长过程中潜在的问题与风险，进而采取有针对性的措施予以应对，确保绿色经济在健康、稳定的轨道上前行。为了实现这一目标，区块链、物联网等尖端技术的运用显得尤为重要。区块链技术以其去中心化、数据不可篡改的特性，为绿色经济的监管提供了全新的解决方案。通过构建基于区块链的监管平台，可以确保数据的真实性、完整性与透明度，增强公众对监管过程的信赖度。同时，物联网技术通过连接各类传感器与智能设备，实现对绿色经济活动的实时监控与数据采集，为政府及监管机构提供了更为全面、准确的信息基础。在此基础上，各城市应致力于构建并不断优化数字监管平台。这一平台应具备实时监控、数据分析、预警提示等功能，能够对企业和个体的行为进行即时的追踪与监控。通过整合来自不同渠道的数据资源，运用先进的数据分析算法，数字监管平台能够深入挖掘数据背后的规律与趋势，为政府决策提供科学依据。同时，平台还应具备预警机制，一旦监测到异常数据或潜在风险，能够立即触发预警，提醒政府及监管机构采取必要的干预措施。此外，数字监管平台的建设还应注重用户体验与公众参与。通过提供便捷的信息查询与反馈渠道，增强公众的知情权与参与感，形成政府、企业与公众共同参与的绿色经济监管格局。这一过程中，政府应加强与各方的沟通与协作，共同推动数字监管平台的不断完善与优化，为绿色经济的持续健康发展提供有力的保障。

为了加速数字化的绿色创新进程，政府应当加大对绿色技术创新的资助力度，通过设立专项基金、提供税务减免等一系列激励措施，旨在激发企业与研究机构投身于绿色技术研发与创新的热情与动力。这些资金与政策扶持不仅能够降低绿色技术研发的成本与风险，还能加速绿色科技成果的转化与应用，推动绿色技术从实验室走向市场，实现产业化发展。在此过程中，数字化技术发挥着至关重要的作用。借助云计算、大数据、人工智能等先进技术手段，各城市能够构建高效的信息传播与应用平台，促进绿色技术的快速传播与广泛应用。这不仅有助于缩短绿色技术的实施周期，提升技术应用的效率与效果，还能加速绿色技术的产业化进程，推动绿色经济的高质量发展。进一步地，促进数字经济与绿色经济之间的深度整合，是实现绿色经济持续发展的关键路径。数字经济以其高效率、便捷性与创新性，为绿色经济的发展提供了前所未有的机遇。通过推动数字经济与绿色经济的深度融合，可以充分利用数字经济的优势，优化资源配置，提升绿色经济的生产效率与竞争力，为绿色经济的长期发展奠定坚实基础。在此基础上，推动数字环保与数字节能等新兴产业的发展，成为催生新的经济增长动力的重要方向。这些新兴产业不仅有助于推动绿色技术的创新与应用，还能带动相关产业链的发展，形成绿色经济与数字经济协同发展的新格局。政府应加大对数字环保与数字节能产业的扶持力度，通过政策引导与市场机制相结合，激发企业的创新活力，推动这些新兴产业快速成长与壮大。

为了全面提升数字治理的能力，以适应绿色经济时代的需求，各城市亟须加强对政府领导干部在数字认知与管理技能方面的培训。这一举措旨在深化领导干部对数字化转型的理解，强化他们在绿色经济决策过程中的数字思维，以及提升其在实践中运用数字化工具与技术的能力。通过系统的培训与教育，领导干部将能够更好地把握数字技术在绿色经济发展中的关键作用，推动政府决策更加科学、精准与高效。在此基础上，为了确保政府各部门在绿色经济发展过程中的协同合作与高效运作，进一步完善数字治理的体系和机制显得尤为重要。包括构建跨部门的数据共享平台，优化数字治理的流程与规则，以及强化数字监管的能力与效率。通过这些措施，可以有效打破信息孤岛，促进政府内部的沟通与协作，提升政府决策与执行的透明度与公信力，为绿色经济的健康发展提供坚实的制度保障。同时，各城市应鼓励社会多元主体，包括企业、社会团体与公众，共同参与数字治理的生态建设。这一过程中，政府应发挥引导作用，通过政策激励、技术支持与公众参与机制，激发社会各界的积极性与创造力，形成政府、市场与社会共同参与的数字治理格局。这不仅有助于提升数字治理的广度与深度，还能增强绿色经济发展的社会基础与可持续性。为了提高全国城市绿色经济在国际上的竞争力，深化与国际社会在数字治理方面的互动与合作成为必然选择。通过参与国际数字治理规则的制定，学习借鉴国际先进做法与经验，以及加强跨国界的数字技术与人才交流，可以有效提升我国城市绿色经济的国际化水平与国际影响力。这一过程中，政府应积极推动国际合作项目的落地实施，加强与国际组织的沟通与合作，共同应对数字治理中的全球性挑战，推动绿色经济在全球范围内的健康、稳定与可持续发展。

第五节　城乡金融的平衡发展

在过去的几年中，我国的国民经济迅速增长，经济结构不断优化，城乡居民的收入有了明显的提高，他们的生活品质也逐步上升。然而，在经济迅猛发展和持续深化的反贫困努力的大背景下，一个能够确保中国城乡居民收入持续增长并平衡收入平等分配的包容性增长机制仍然不够成熟，因此，城乡收入差距的问题依然令人担忧[136]。作为全球最大的发展中国家，中国的城乡二元经济结构长久以来一直是社会发展的障碍。过大的贫富差距可能导致多种社会矛盾，这不仅妨碍了社会公平和正义的实现，也给城市经济的韧性和稳健发展带来了多重挑战[136]。各大城市在增强绿色经济的韧性时，也应致力于推动城乡金融的平衡发展，这有助于为绿色经济提供坚实的金融后盾。

为了优化农村金融资源的配置，促进农村经济的可持续发展，各城市应当依据自身的地域特色与资源优势，积极引导和促进金融资源向农村地区流动，进一步扩大农村金融服务的覆盖面与深度。这一过程中，政策层面的支持与激励措施发挥着至关重要的作用。政府应通过制定并实施一系列的优惠政策，如税收减免、补贴奖励等，激励金融机构在农村区域设立服务网点，提供多元化的金融产品与服务，以满足农村地区多样化的金融需求。同时，加大农村金融基础设施的建设力度，是提升农村地区金融服务能力与质量的关键环节。包括完善农村地区的支付结算体系、提升金融信息化水平、加强金融网络安全保障等。通过这些措施的实施，可以有效降低农村地区的金融交易成本，提高金融服务的便捷性与效率，为农村经济的健康发展提供坚实的金融支撑。此外，提升农民的金融知识与风险意识，也是推动农村金融发展的关键所在。政府及金融机构应加大对农村金融知识的普及与教育力度，通过举办金融知识讲座、开展金融技能培训、发布金融信息简报等多种形式，帮助农民掌握基本的金融知识与技能，增强其对金融风险的识别与防范能力。这不仅有助于提升农民参与金融活动的积极性与主动性，还能促进农村金融市场的健康发展，为农村经济的持续增长注入新的活力。

为了推动绿色金融产品和服务的创新性发展，以适应农村经济的独特性质与绿色项目的具体需求，各城市需采取有针对性的策略，专门设计并推广一系列适用于农村地区的绿色金融产品。这些产品不仅要涵盖传统的绿色信贷与绿色保险，还应拓展至碳汇交易、绿色金融债券等创新业务领域，从而为绿色项目提供更加多元化、灵活化的融资途径。这一过程要求金融机构深入理解农村经济的运行规律与绿色项目的实际需求，精准对接农村绿色发展的痛点与难点，确保绿色金融产品的有效性与针对性。在推广绿色金融产品的过程中，金融科技的应用成为提升服务便捷性与效率的关键。通过利用移动互联网、大数据分析等先进技术，各城市可以构建绿色金融服务的在线平台，实现绿色信贷、绿色保险等产品的在线申请、审批与放款流程。这不仅极大地缩短了金融服务的响应时间，提高了处理效率，还降低了交易成本，增强了农村地区对绿色金融产品的可获得性。以西安市为例，其通过构建绿色金融服务的数字化平台，有效推动了绿色金融产品的普及与应用，为农村绿色项目的融资提供了有力支持。此外，进一步加强银政与银企的合作关系，对于打造绿色金融的生态环境、推动绿色产业链的上下游企业共同发展具有重要意义。政府应发挥引导作用，通过政策扶持、信息共享与协调机制，促进金融机构与农村绿色项目、绿色企业之间的有效对接。同时，鼓励金融机构与绿色产业链上下游企业建立长期稳定的合作关系，共同探索绿色金融的创新模式与业务机会，形成绿色金融与绿色产业协同发展的新格局。

为了强化绿色金融的政策支撑体系，各城市亟须构建一套全面且完善的绿色金融法律框架，既要明确绿色金融的定义、范畴及未来发展方向，还需界定参与主体的核心职责与权利义务，为绿色金融的规范发展提供坚实的法律基础。在这一过程中，法律框架的设计需充分考虑农村经济的特殊性以及绿色项目的实际需求，确保政策导向与市场需求的高度契合。

为了有效降低绿色金融产品和服务的成本，提升其市场竞争力，政府应采取一系列激励措施，包括但不限于财政补贴、税收减免、风险补偿等。旨在通过经济杠杆，引导金融机构增加对绿色项目的资金投入，同时降低其运营成本与风险负担，促进绿色金融市场的健康发展。此外，政府还应探索建立绿色金融的专项基金，为绿色项目的融资提供直接的资金支持，进一步激发市场活力。

在推动绿色金融发展的同时，各城市需加大对绿色金融业务的监督与指导力度，确保其合规性与可持续性。这要求政府建立健全绿色金融的监管体系，明确监管标准与流程，加强对金融机构绿色金融业务的风险评估与合规审查。同时，政府还应通过政策引导，鼓励金融机构采用环境友好型的投资策略，避免绿色金融成为高污染、高能耗行业的避风港。

为了激励金融机构增加在绿色金融领域的投资，各城市还需建立一套科学、合理的绿色金融评价与考核体系。该体系应涵盖绿色金融产品的创新性、环境效益、社会贡献等多个维度，通过定期评估与考核，对金融机构在绿色金融业务上的表现进行量化评价。评价结果不仅可作为政府调整激励政策、优化监管措施的重要依据，还可作为金融机构内部绩效考核、战略规划的参考指标，推动绿色金融的持续创新与优化。

推动城乡绿色经济的整合发展，是实现经济可持续发展与生态文明建设的重要途径。在这一过程中，深化城乡各产业间的合作与互动，优化绿色产业在城乡地区的布局与结构，成为核心任务之一。通过构建城乡产业协同发展机制，促进农业、工业、服务业等传统产业与绿色产业的深度融合，形成优势互补、互利共赢的产业生态，有助于加速城乡经济向绿色转型与协同发展前进的步伐。在此过程中，支持农村地区的生态农业与乡村旅游等绿色产业的发展，对于推动农村经济结构调整与转型升级具有重要意义。生态农业不仅有助于提升农产品的质量与安全，还能促进农村生态环境的保护与改善；而乡村旅游则能够带动农村地区的就业与收入增长，同时增强城乡文化的交流与融合。通过政策扶持、资金引导与技术支持，推动这些绿色产业在农村地区的蓬勃发展，将为城乡绿色经济的整合发展奠定坚实基础。同时，促进土地、资本和技术等核心资源在城乡之间的自由流通与高效分配，是实现城乡绿色经济整合发展的关键保障。政府应建立健全城乡资源流动的市场机制与政策体系，打破资源流动的壁垒与障碍，推动资源向绿色产业与绿色项目倾斜。通过优化土地资源配置、拓宽融资渠道、加强技术创新与推广应用等措施，提升资源利用效率与产出效益，为城乡绿色经济的协同发展提供有力支撑。此外，加强城乡之间的人才交流与培训项目，提升农村地区在绿色经济领域的人才储备与创新能力。政府应鼓励城乡人才双向流动，通过设立人才交流平台、开展职业技能培训、推广先进管理经验与技术成果等方式，促进城乡人才在绿色经济领域的交流与合作，有助于提升农村地区的绿色经济发展水平与竞争力，还能为城乡绿色经济的融合发展注入新的活力与动力。

参考文献

[1] 龚勤林，张冰冰. 数字金融对城市经济韧性的影响研究 [J]. 云南财经大学学报，2023，39（08）：68－84.

[2] 国家发展改革委. 国家发展改革委关于印发“十四五”新型城镇化实施方案的通知 [EB/OL].（2022－07－12）[2025－05－15].

[3] 郭琦. 习近平绿色发展思想研究 [D]. 浙江师范大学，2017.

[4] 江先贞. 保护生态环境做到“三个始终” [J]. 时代主人，2023（05）：11.

[5] 张林江. 如何走出“寂静的春天”？——我国环境社会学的发展困境及其突破路径 [J]. 攀登，2023，42（03）：97－105.

[6] 国家发展改革委. 大力发展新质生产力 促进经济社会发展全面绿色转型 [EB/OL].（2024－05－20）[2025－05－15].

[7] 国务院. 国务院关于加快建立健全绿色低碳循环发展经济体系的指导意见 [EB/OL].（2021－02－22）[2025－05－15].

[8] 国务院. 新时代的中国绿色发展 [EB/OL].（2023－01－19）[2025－05－15].

[9] 国家发展改革委. 国家发展改革委等部门关于印发《绿色低碳转型产业指导目录（2024 年版）》的通知 [EB/OL].（2024－02－29）[2025－05－15].

[10] 国务院. 国务院关于印发“十四五”数字经济发展规划的通知 [EB/OL].（2022－01－12）[2025－05－15].

[11] 国务院. 国务院印发《数字中国建设整体布局规划》 [EB/

OL］.（2023－02－27）［2025－05－15］.

［12］国家数据局. 国家发展改革委办公厅. 国家数据局综合司印发《数字经济2024年工作要点》［EB/OL］.（2024－04－29）［2025－05－15］.

［13］国务院关于加快建立健全绿色低碳循环发展经济体系的指导意见［C］//中国企业改革发展2021蓝皮书. 国务院. 2021：5.

［14］陕西：推动氢能产业发展，建成2—3个千吨级燃料电池级氢气工厂［N］. 央视网. 2021－10－08.

［15］本报评论员. 大力弘扬延安精神推动经济高质量发展［N］. 延安日报，2020－06－22（001）.

［16］陕西省地方金融监督管理局. 陕西省地方金融监督管理局陕西省发展和改革委员会关于印发陕西省“十四五”金融业高质量发展规划的通知［EB/OL］.（2021－09－24）［2025－05－15］.

［17］黄益平，黄卓. 中国的数字金融发展：现在与未来［J］. 经济学（季刊），2018，17（04）：1489－1502.

［18］何宏庆. 数字金融：经济高质量发展的重要驱动［J］. 西安财经学院学报，2019，32（02）：45－51.

［19］Beck T，Demirgüç－Kunt A，Martinez Peria M S. Reaching out：Access to and Use of Banking Services Across Countries［J］. Journal of Financial Economics，2007，85（01）：pp. 234－266.

［20］Sarma M，Pais J. Financial Inclusion and Development［J］. Journal of International Development，2011，5（03）：pp. 613－628.

［21］陈银娥，孙琼，徐文赟. 中国普惠金融发展的分布动态与空间趋同研究［J］. 金融经济学研究，2015，30（06）：72－81.

［22］万佳彧，周勤，肖义. 数字金融、融资约束与企业创新［J］. 经济评论，2020（01）：71－83.

［23］谢绚丽，沈艳，张皓星，等. 数字金融能促进创业吗？——来自中国的证据［J］. 经济学（季刊），2018，17（04）：1557－1580.

［24］宋晓玲．数字普惠金融缩小城乡收入差距的实证检验［J］．财经科学，2017（06）：14－25.

［25］郝云平，雷汉云．数字普惠金融推动经济增长了吗？——基于空间面板的实证［J］．当代金融研究，2018（03）：90－101.

［26］王霞，田霞．外商直接投资、数字普惠金融与绿色经济发展［J］．商业经济研究，2022（07）：168－171.

［27］江红莉，蒋鹏程．数字金融对城市绿色经济效率的影响研究［J］．软科学，2022，36（04）：37－43.

［28］蒋长流，江成涛．数字普惠金融能否促进地区经济高质量发展？——基于258个城市的经验证据［J］．湖南科技大学学报（社会科学版），2020，23（03）：75－84.

［29］王章铭．金融集聚、产业结构升级与绿色经济发展研究［D］．重庆工商大学，2023.

［30］张翀，焦伟伟．风险投资与经济韧性——基于空间杜宾模型的实证研究［J］．投资研究，2021，40（06）：23－39.

［31］彭翀，袁敏航，顾朝林，等．区域弹性的理论与实践研究进展［J］．城市规划学刊，2015（01）：84－92.

［32］陈梦远．国际区域经济韧性研究进展——基于演化论的理论分析框架介绍［J］．地理科学进展，2017，36（11）：1435－1444.

［33］崔耕瑞．数字金融能否提升中国经济韧性［J］．山西财经大学学报，2021，43（12）：29－41.

［34］曾绍伦，林蕴慧．产业链韧性研究进展与展望［J］．科技促进发展，2023，19（Z2）：474－483.

［35］胡晓辉．区域经济弹性研究述评及未来展望［J］．外国经济与管理，2012，34（08）：64－72.

［36］孙久文，孙翔宇．区域经济韧性研究进展和在中国应用的探索［J］．经济地理，2017，37（10）：1－9.

［37］李连刚，张平宇，王成新，等．区域经济韧性视角下老工业

基地经济转型过程——以辽宁省为例［J］．地理科学，2021，41（10）：1742－1750.

［38］Ron M.，Ben G.，Andy P.，et al. Economic Shocks and the Differential Resilience of Places［J］. Regional Studies Policy Impact Books，2021，3（02）：73 85.

［39］徐媛媛，王琛．金融危机背景下区域经济弹性的影响因素——以浙江省和江苏省为例［J］．地理科学进展，2017，36（08）：986－994.

［40］林耿，徐昕，杨帆．佛山市产业专业化、多样化与经济韧性的关系研究［J］．地理科学，2020，40（09）：1493－1504.

［41］周侃，刘宝印，樊杰．汶川 Ms 8．0 地震极重灾区的经济韧性测度及恢复效率［J］．地理学报，2019，74（10）：2078－2091.

［42］张跃胜，邓帅艳，张寅雪．城市经济韧性研究：理论进展与未来方向［J］．管理学刊，2022，35（02）：54－67.

［43］Brown S R. Franchisor market power and control rights in franchise systems：the case of Major League Baseball versus the Los Angeles Dodgers［J］. Service Business，2017，11（01）：1－21.

［44］徐圆，张林玲．中国城市的经济韧性及由来：产业结构多样化视角［J］．财贸经济，2019，40（07）：110－126.

［45］王琛，郭一琼．地方产业抵御经济危机的弹性影响因素——以电子信息产业为例［J］．地理研究，2018，37（07）：1297－1307.

［46］赵春燕，宋晓莹．人口老龄化对产业结构升级的双边效应［J］．西北人口，2021，42（03）：38－51.

［47］Mudambi R，Puck J. A Global Value Chain Analysis of the "Regional Strategy" Perspective［J］. Journal of Management Studies，2016，53（6）：1076－1093.

［48］张振，李志刚，胡璇．城市群产业集聚、空间溢出与区域经济韧性［J］．华东经济管理，2021，35（08）：59－68.

[49] 郭将，许泽庆. 产业相关多样性对地区创新能力的影响——基于市场化程度的门槛效应研究 [J]. 海南金融，2019 (06)：25－34.

[50] 李斌，苏珈漩. 产业结构调整有利于绿色经济发展吗？——基于空间计量模型的实证研究 [J]. 生态经济，2016，32 (06)：32－37.

[51] 武建新，胡建辉. 环境规制、产业结构调整与绿色经济增长——基于中国省级面板数据的实证检验 [J]. 经济问题探索，2018 (03)：7－17.

[52] 朱风慧，刘立峰. 我国产业结构升级与经济高质量发展——基于地级及以上城市经验数据 [J]. 云南财经大学学报，2020，36 (06)：42－53.

[53] 杨虹，王乔冉. 数字普惠金融对产业结构升级的影响及机制研究 [J]. 投资研究，2021，40 (09)：4－14.

[54] 牟晓伟，盛志君，赵天唯. 我国数字金融发展对产业结构优化升级的影响 [J]. 经济问题，2022 (05)：10－20.

[55] Yilin Z, Feng H, Ying F. Research on the Industrial Structure Upgrading Effect of the Employment Mobility of Graduates from China's "Double First－Class" Colleges and Universities [J]. Sustainability, 2022, 14 (04): 2353.

[56] Stanko A M, Henard H D. Toward a better understanding of crowdfunding, openness and the consequences for innovation [J]. Research Policy, 2017, 46 (04): 784－798.

[57] Li L, Tingting G, Hao W. The Coupling Coordination between Digital Economy and Industrial Green High－Quality Development: Spatio－Temporal Characteristics, Differences and Convergence [J]. Sustainability, 2022, 14 (23): 16260.

[58] Shuya R, Ye P, Jianing H, et al. Digital finance and corporate green innovation: quantity or quality? [J]. Environmental science and pollution research international, 2022, 29 (37): 56772－56791.

［59］ Suling F，Yu C，Hongjuan Y，et al. Digital financial development and ecological footprint：Evidence from green – biased technology innovation and environmental inclusion ［J］. Journal of Cleaner Production，2022，380（P2）.

［60］ Shaopeng C，Liang N，Huaping S，et al. Digital finance，green technological innovation and energy – environmental performance：Evidence from China's regional economies ［J］. Journal of Cleaner Production，2021，327.

［61］ 田杰，谭秋云，陈一明. 数字普惠金融、要素扭曲与绿色全要素生产率［J］. 西部论坛，2021，31（04）：82 –96.

［62］ Yuchen L，Yuqiang G，Yu Z，et al. Can the green finance policy force the green transformation of high – polluting enterprises? A quasi – natural experiment based on "Green Credit Guidelines" ［J］. Energy Economics，2022，114.

［63］ 王锋，李紧想，张芳，等. 金融集聚能否促进绿色经济发展？——基于中国 30 个省份的实证分析［J］. 金融论坛，2017，22（09）：39 –47.

［64］ 冯锐. 金融集聚、绿色技术创新和绿色经济效率［J］. 经济经纬，2022，39（04）：150 –160.

［65］ 吴烨. 数字金融、绿色创新对城市经济韧性的影响［J］. 中国流通经济，2023，37（03）：97 –107.

［66］ 杨谦. Lotka – Volterra 模型的扩展与应用研究［D］. 江西财经大学，2022.

［67］ 高峰. 产批 12 家国家数字服务出口基地名单正式公布［N］. 新华社. 2020 –04 –17.

［68］ 勒川. 狂欢盛宴，"科技向北"再启程［J］. 中关村，2021（09）：44 –45.

［69］ 谢天成，朱晓青. 打造服务业扩大开放的北京样板［J］. 前

线，2021（09）：60－63.

［70］北京市人民政府. 服贸会助企业拓展商机 京港合作互利共赢——香港大公报专访杨晋柏［EB/OL］.（2021－09－03）［2025－05－15］.

［71］李诗洋，薄凡. 开创高层次开放新格局［J］. 前线，2022（03）：57－60.

［72］西城区人民政府. “腾笼换鸟”展芳华 协同发展显担当 以西城实践助力京津冀成为中国式现代化建设的先行区、示范区［EB/OL］.（2024－02－27）［2025－05－15］.

［73］武义青，李国平，张强，等. 加快建设京张体育文化旅游带（笔谈）［J］. 经济与管理，2021，35（05）：10－19.

［74］李克强主持召开国务院常务会议部署创建“中国制造2025”国家级示范区加快制造业转型升级［J］. 设备管理与维修，2017（12）：4.

［75］王锦辉. 北京建设全球数字经济标杆城市的实践和成效［J］. 北京党史，2022（06）：45－48.

［76］北京市人民政府. 北京布局20个未来产业，力争到2035年成为全球未来产业发展引领者［EB/OL］.（2023－09－11）［2025－05－15］.

［77］贾璇. 京津冀产次“组团”招商破千亿［N］. 中国经济周刊，2023.

［78］吴丹璐，宰飞. 上海经济发展韧性活力持续显现 呈回稳向好趋势［N］. 金台资讯，2023－03－23.

［79］曾荣艳. 房地产行业宏观调控与可持续发展关系研究［J］. 住宅与房地产，2023（15）：104－106.

［80］南通市人民政府. 14年吸引超300家优质企业投资落户——市北高新区跨江相拥借势跃升南通楼市网［EB/OL］.（2024－11－08）［2025－05－15］.

[81] 上海市人民政府. 上海市国民经济和社会发展第十四个五年规划和二〇三五年远景目标纲要 [EB/OL]. (2021-01-30) [2025-05-15].

[82] 陶希东. 上海全面建设安全韧性城市：经验、问题与策略 [J]. 科学发展，2023 (01)：66-74.

[83] 伍爱群. 上海全面推进韧性安全城市建设的总体思路和举措研究 [J]. 科技中国，2024 (10)：84-87.

[84] 重庆市人民政府. 关于印发重庆市深入实施软件和信息服务业"满天星"行动计划2024年专项行动方案的通知 [EB/OL]. (2024-02-27) [2025-05-15].

[85] 重庆市人民政府. 市发展改革委权威解读重庆上半年经济数据："时间过半任务过半"重庆GDP增速全国第二 [EB/OL]. (2024-07-27) [2025-05-15].

[86] 重庆市人民政府. 探索超大城市现代化治理新路子，打造宜居韧性智慧的国际化大都市 [EB/OL]. (2024-06-02) [2025-05-15].

[87] 重庆市人民政府. 点亮软件和信息服务业"满天星"，重庆怎样发力? [EB/OL]. (2021-07-21) [2025-05-15].

[88] 重庆市人民政府. 关于重庆市2023年国民经济和社会发展，计划执行情况及2024年计划草案的报告 [EB/OL]. (2024-02-09) [2025-05-15].

[89] 成都市人民政府. 经济反弹韧性较强高质量发展态势明显 [EB/OL]. (2023-05-02) [2025-05-15].

[90] 张尚武. 从"3+1"维度理解公园城市的生成逻辑 [N]. 四川日报，2021-09-13 (011).

[91] 成都市人民政府. 中共成都市委关于高质量建设践行新发展理念的公园城市示范区高水平创造新时代幸福美好生活的决定 [EB/OL]. (2021-08-05) [2025-05-15].

[92] 成都市人民政府. 李克强主持召开国务院常务会议，确定实施大规模增值税留抵退税的政策安排 为稳定宏观经济大盘提供强力支撑 [EB/OL]. (2021 - 03 - 22) [2025 - 05 - 15].

[93] 国务院. 6 方面 33 项！国务院公布扎实稳住经济的一揽子政策措施 [EB/OL]. (2022 - 05 - 31) [2025 - 05 - 15].

[94] 成都市人民政府. 四川出台 7 方面措施，支持工业抢进度拼速度保安全 [EB/OL]. (2022 - 09 - 14) [2025 - 05 - 15].

[95] 李菡超. 城市交通系统韧性评估及提升策略研究 [J]. 交通工程，2022，22 (06)：90 - 96.

[96] 2024 年上半年广州经济运行解读 [N]. 广州市工业和信息化局，2024 - 07 - 28.

[97] 广州市人民政府. 2024 年广州市政府工作报告 [EB/OL]. (2024 - 01 - 30) [2025 - 05 - 15].

[98] 南京市人民政府. 会议概要 [EB/OL]. (2024 - 09 - 24) [2025 - 05 - 15].

[99] 鲁钰雯. 南京韧性城市规划建设现状及对策思考 [J]. 城市与减灾，2022 (05)：68 - 72.

[100] 吴海瑾，锻造更强健城市韧性，彰显高质量发展特质 [N]. 南京社科网，2022 - 05 - 11.

[101] 吴嫣然，挑起大梁！南京部署 2024 年十大重点工作 [N]. 现代快报，2024 - 01 - 16.

[102] 河南省人民政府. 郑州 2035 年要建成国际韧性城市标杆 [EB/OL]. (2023 - 12 - 07) [2025 - 05 - 15].

[103] 央媒看河南 | 以新提质 以质催新，河南郑州国家中心城市建设跑出“加速度” [EB/OL]. (2024 - 05 - 24) [2025 - 05 - 15].

[104] 西安市人民政府. 西安市人民政府办公厅关于印发“十四五”时期“无废城市”建设实施方案的通知 [EB/OL]. (2023 - 03 - 18) [2025 - 05 - 15].

［105］杨琳.“汽车城”争夺战［J］. 中国经济周刊，2023（08）：40－41.

［106］西安市工业和信息化局. 西安市工业和信息化局2023年生态环境保护责任落实情况［EB/OL］.（2024－03－19）［2025－05－15］.

［107］陕西省人民政府. 2023年西安市政府工作报告［EB/OL］.（2023－02－24）［2025－05－15］.

［108］史俊斌，王禹涵. 西安高新区培育高质量发展核心动能［N］. 科技日报，2024－01－23（007）.

［109］陕西省人民政府. 陕西明确2023年西咸一体化发展和西安都市圈建设重点任务［EB/OL］.（2023－07－18）［2025－05－15］.

［110］陕西省人民政府. 让文旅产业项目更有“含金量”“含绿量”“含新量”［EB/OL］.（2023－09－15）［2025－05－15］.

［111］陕西省人民政府. 陕西省人民政府新闻办公室举办新闻发布会通报2023年陕西省生态环境质量状况［EB/OL］.（2024－02－28）［2025－05－15］.

［112］陕西省人民政府. 陕西稳步推进“无废城市”建设［EB/OL］.（2024－01－23）［2025－05－15］.

［113］陕西省人民政府.《陕西省“十四五”节能减排综合工作实施方案》印发［EB/OL］.（2023－02－10）［2025－05－15］.

［114］凌晨. 西安能源、非能并举抓工业打造低碳发展新环境［N］. 21世纪经济报道，2024－02－26（009）.

［115］李妮. 西安为国土空间生态修复划定路线图［N］. 陕西日报，2024－06－25（009）.

［116］王赫. 让绿色成为高质量发展最亮的底色［N］. 西安日报，2022－04－26（004）.

［117］陕西省人民政府. 努力建设人与自然和谐共生的现代化［EB/OL］.（2023－07－17）［2025－05－15］.

［118］秋蕊. 数字金融与经济绿色增长：影响效应与作用路径［D］. 内蒙古财经大学，2024.

［119］宋金燕. 绿色金融对经济韧性的空间影响研究［D］. 山东财经大学，2024.

［120］刘成杰，胡钰苓，李虹桥，等. 中国智慧城市试点政策对城市发展质量的影响——基于韧性发展的视角［J］. 城市问题，2021（11）：79 –89.

［121］李淑芬. 金融集聚、创新创业活跃度与城市经济韧性［J］. 经济经纬，2023，40（04）：26 –36.

［122］Martin R. Regional Economic Resilience, Hysteresis and Recessionary Shocks［J］. Journal of Economic Ge – ography, 2012, 12（1）: 1 –32.

［123］Fingleton B, Garretsen H, et al. Recessionary Shocks and Regional Employment: Evidence on the Resili – ence of UK Regions［J］. Journal of Regional Science, 2012, 52（01）: 109 –133.

［124］张振，赵儒煜，杨守云. 东北地区产业结构对区域经济韧性的空间溢出效应研究［J］. 科技进步与对策，2020，37（05）：37 –46.

［125］李连刚，张平宇，程钰，王成新. 黄河流域经济韧性时空演变与影响因素研究［J］. 地理科学，2022，42（04）：557 –567.

［126］白立敏，修春亮，冯兴华，梅大伟，魏冶. 中国城市韧性综合评估及其时空分异特征［J］. 世界地理研究，2019，28（06）：77 –87.

［127］郭峰，王靖一，王芳，孔涛，张勋，程志云. 测度中国数字普惠金融发展：指数编制与空间特征［J］. 经济学（季刊），2020，19（04）：1401 –1418.

［128］Zhou Y K, Ma T, Zhou C H, Xu T. Nighttime Light Derived Assessment of Regional in Equality of Socioeco – nomic Development in China［J］. Remote Sensing, 2015, 7（02）: 1242 –1262.

［129］吉富星. 以"数智化"提升城市治理［N］. 经济日报，

2020, 427 (11).

[130] 马闯. 城市治理的“数智化”路径探索 [J]. 人民论坛·学术前沿, 2020 (20): 116119.

[131] 汪彬. 城市资源空间配置的理论与案例研究 [J]. 贵州社会科学, 2020 (09): 111 - 118.

[132] 肖作鹏, 柴彦威, 张艳. 国内外生活圈规划研究与规划实践进展述评 [J]. 规划师, 2014 (10): 89 - 95.

[133] 栾浩. 演化经济地理学视角下东部地区经济韧性时空差异研究 [D]. 山东师范大学, 2022.

[134] Brown L, Greenbaum T R. The role of industrial diversity in economic resilience: An empirical examination across 35 years [J]. Urban Studies, 2017, 54 (6): 1347 - 1366.

[135] Pudelko F, Hundt C, Holtermann L. Gauging two sides of regional economic resilience in Western Germany—Why sensitivity and recovery should not be lumped together [J]. Review of Regional Research, 2018, 38 (2): 141 - 189.

[136] 熊德平, 陈昱燃. 数字普惠金融发展对城乡收入差距的影响——基于非均衡效应与门槛效应的实证分析 [J]. 长白学刊, 2020 (05): 99 - 106.

